DIREITO PENAL:
TEMAS ONTOLÓGICOS

Dados Internacionais de Catalogação na Publicação (CIP)
(Câmara Brasileira do Livro, SP, Brasil)

Falconi, Romeu
    Direito penal : temas ontológicos / Romeu
Falconi. – São Paulo : Ícone, 2003. – (Elementos
de direito)

    Bibliografia.

    1. Culpa (Direito penal) 2. Culpabilidade
3. Direito penal - Filosofia 4. Falácias (Lógica)
5. Omissão penal 6. Pessoas (Direito) I. Título.
II. Série.

03-4032   CDU-342.2.01

Índices para catalogação sistemático:

1. Direito penal : Teoria   343.2.01

ROMEU FALCONI

Mestre e Doutor em Direito das Relações Sociais pela PUC/SP - Pontifícia Universidade Católica de São Paulo. Professor de Direito Penal nos Cursos de Graduação e Pós-Graduação da UNIVALI-Universidade do Vale do Itajaí. Aposentado como Professor Titular da Cadeira de Direito Penal na UniFMU e Universidade São Judas Tadeu, FIG e FADIVA, onde foi coordenador do Pós-Graduação *lato senso*.

DIREITO PENAL:
TEMAS ONTOLÓGICOS

Ícone editora

Copyright © 2003
Ícone Editora Ltda.

Diagramação
Isabel Reis Guimarães

Revisão
Rosa Maria Cury Cardoso

Proibida a reprodução total ou parcial desta obra,
de qualquer forma ou meio eletrônico, mecânico,
inclusive através de processos xerográficos,
sem permissão expressa do editor
(Lei nº 9.610/98).

Todos os direitos reservados pela
ÍCONE EDITORA LTDA.
Rua das Palmeiras, 213 – Sta. Cecília
CEP: 01226-010 – São Paulo – SP
Tel./Fax: (011) 3666-3095
www.iconelivraria.com.br
E-mail: editora@editoraicone.com.br
edicone@bol.com.br

APRESENTAÇÃO

1. Somente creditando na "conta-corrente" da amizade, da qual sou eterno devedor, pode-se compreender a gentileza e a honra que me foi conferida, que representa uma verdadeira inversão de valores: o Discípulo apresentar o Mestre.

2. Aliás, ROMEU FALCONI, depois de quase meio século dedicado à ciência jurídica, com diversos artigos e trabalhos publicados em revistas especializadas, além de três obras que já se tornaram clássicas, *(Sistema Presidial: Reinserção Social?, Reabilitação Criminal e Lineamentos de Direito Penal, todas pela Ícone Editora)* dispensa apresentação.

3. Por um lado, se a figura do jurista intransigente na defesa dos direitos e prerrogativas do cidadão, e combatente empedernido contra o direito penal do terror, é reconhecida pelos estudantes e operadores do Direito, tornando despiciendo comentários, não posso deixar de realçar de público a simbiose existente no caráter de Falconi que congrega o lado *humanístico* do estudioso do direito, com o lado *humanitário* do homem.

4. Talvez seja este o melhor adjetivo para Falconi: Humanitário com os colegas para quem hipoteca sempre uma solidariedade incondicional; para com os adversários, com quem trava sempre o bom combate, norteado pela ética e lealdade; para os desafortunados que buscam em seus conhecimentos como Advogado, o bálsamo e a solução para seus infortúnios, e principalmente, para com os animais.

5. Falconi que trocou a agitação de São Paulo pela tranqüilidade da bucólica Santo Antônio de Lisboa, em Florianópolis, Santa Catarina, além de cuidar de seus 16 gatos e 9 cachorros, ainda alimenta mais outros tantos bichos abandonados na região, aos quais adotou.

6. A presente obra, é o tomo número um, a primeira de uma coletânea que pretende analisar os mais relevantes aspectos da ciência jurídica penal, abordando os mais relevantes temas com simplicidade, sem prejuízo ao conteúdo epistemológico.

7. O segundo tomo, para o qual já foi "intimado na condição de co-autor", já está em fase adiantada. Entretanto, a exemplo deste,

obedecerá os mesmos critérios, qual seja, o de abordar temas essenciais para a ciência jurídica penal, que nem sempre mereceram a devida preocupação por parte dos doutrinadores. E nem poderia ser diferente, afinal, Romeu Falconi é assim.

8. Enfim, traduz Falconi a preocupação retratada em poema de PABLO NERUDA, de quem é assíduo leitor:

"Eu vou cantando aqui minhas canções
que são como resinas adoçadas
esmagachadas no correr da noite.

Vou apertando aqui os meus rosais
Um meu amor e grande, em cada rosa,
Um beijo meu em cada broto brando...

Eu vou cantando no correr da noite
uma cantiga por ninguém cantada...

Florianópolis, maio de 2003

PROF. CLAUDIO GASTÃO DA ROSA FILHO
Mestre pela UFPR, Advogado Criminalista
Professor de Direito Penal da UNIVALI
e Processo Penal da CESUSC

PREFÁCIO

Não seria eu, certamente, um professor de Processo Penal, o mais indicado para apresentar o trabalho do professor Romeu Falconi, em sua grande parte dedicado a temas específicos de Direito Penal. O pedido a mim dirigido se deve, sem dúvida, ao fato de ter conhecido o autor há muitos anos e, de uma ou de outra forma, ter influído em sua trajetória acadêmica e, em certos momentos, termos partilhado experiências de magistério significativas para as nossas vidas.

Conheci Falconi nas viagens que juntos fizemos pelo interior de Minas Gerais e de São Paulo em virtude dos cursos de Pós-Graduação *lato sensu* por ele e pelo professor Antônio Martin montados em parceria com Faculdades de Direito. Vi nele um idealista que, para difundir o ensino jurídico, realizou trabalho incansável de percorrer as faculdades levando e trazendo professores das universidades da Capital para ministrarem suas aulas. O tempo e a evolução do ensino universitário não permitiram que o Centro de Estudos Pós-Graduados, CEPG, permanecesse, mas nada apagará o pioneirismo de sua iniciativa.

Acompanhei, depois, a sua brilhante vida acadêmica. Mestre e Doutor pela tradicional Pontifícia Universidade Católica de São Paulo. Professor de importantes faculdades como a Universidade São Judas e UniFMU em São Paulo, e, agora Professor Contratado da UNIVALI – Universidade do Vale do Itajaí, em Santa Catarina.

De todo esse caldo de experiência e cultura só podíamos esperar a consagração de Falconi pelas suas obras anteriores, os "Lineamentos de Direito Penal", na 3ª edição, o "Reabilitação Criminal", esgotado, e o "Sistema Presidial: Reinserção Social?", e por este recente trabalho sobre temas Ontológicos de Direito Penal, normalmente não tratados, e, mais ainda, incursiona no exame de aspectos mais amplos de todo o conhecimento jurídico e de sua expressão prática.

O autor, nos dois primeiros capítulos, cuida de temas mais abertos e que dizem respeito a toda a ciência jurídica. Assim, inicia com estudos sobre o conceito de direito e sobre a noção de sistema jurídico. Questiona. Suscita do leitor reflexões. Segue com a análise de ponto importantíssimo para o Direito: sua linguagem. Aí, além de outros aspectos de linguagem jurídica, em interessante classificação, examina o que denomina de falácias do direito, ou seja, aquelas expressões de linguagem que induzem a vícios na difusão e apreensão do conhecimento.

Após estes capítulos voltados a temas mais largos, mais fundamentais, cuida de assuntos estritamente vinculados ao Direito Penal, partindo do exame dos sujeitos ativo e passivo e seguindo assuntos outros, intrincados, como o da culpabilidade, o da responsabilidade penal da pessoa jurídica, o do crime comissivo por omissão.

Falconi alinha-se entre os que são contrários à responsabilização penal da pessoa jurídica, preterindo sanções de Caráter administrativo. Grassa grande polêmica a respeito deste ponto preferindo sanções em todo o mundo. Controvérsias à parte, o que interessa, aqui, é o fato de o autor defender seu posicionamento em sólidos argumentos, trazendo ainda à reflexão questão das mais importantes e de inegável atualidade, aproximação entre o Direito Penal e o Direito Administrativo, que levou a se falar na Alemanha em Direito Penal Administrativo, ou, em Portugal, em um sistema de contra-ordenações em cujo seio seriam punidas as pessoas jurídicas.

Cuida da culpabilidade, dos conceitos a ela atribuídos pelas diversas escalas penais, das teorias fundamentais que procuram explicá-la: a psicológica normativa e a normativa pura. A constância de recentes trabalhos sobre culpabilidade em cursos de Pós-Graduação tem mostrado a importância do tema e a dificuldade em ser enfrentado. O autor não se exime. Coloca a sua posição, expõe-se à crítica, como faz aquele que produz obra jurídica. E mais uma vez, leva o leitor à reflexão.

Interessante capítulo da obra é o dedicado ao sistema normativo da Dominação Holandesa no Brasil. Essa dominação constitui parte da história raramente estudada nas obras sobre o Direito brasileiro e, por isso, desconhecida. Poucos sabem, por exemplo, que, como informa o trabalho, houve a adoção do sistema de escabinato, espécie de julgamento colegiado até hoje adotado na Europa e restrita, no Brasil, em matéria criminal, aos julgamentos na Justiça Militar. O trabalho mostra, ainda, a atuação de pessoas que, grosso modo, exerciam funções semelhantes à do Ministério Público como a exercida pelos escoltetos e pelo Advocaat Fiskaal.

Outro capítulo relevante é o destinado aos crimes omissivos e aos crimes comissivos por omissão. Nos últimos tempos tem a doutrina se preocupado com os crimes comissivos por omissão, pois se faltar uma apurada interpretação da lei, no ponto em que trata deste crime na modalidade, há o risco de seguir alguém somente porque, na situação de garante, não agiu. Salienta o autor, com citação de jurisprudência, que isto não basta, sendo mister demonstrar que o resultado ocorre em razão da omissão. Este é o ponto crucial, sob pena de se causar grande injustiça. Alguém só pode ser punido se, como garante, deixou de agir e sua omissão foi relevante para o resultado. Se este, embora existente a omissão, teria assim mesmo acontecido, não há como punir o agente.

Enfim, produz Falconi uma obra seletiva e diversificada de temas de Direito Penal e de outros ramos do direito, trazidos de forma crítica e numa linguagem peculiar, em que o autor provoca o leitor, o chama a reflexão, usando em certos momentos uma terminologia forte e em outras passagens uma forma coloquial de transmitir conhecimento.

Prof. Dr. ANTONIO SCARANCE FERNANDES

Procurador da Justiça – aposentado – de São Paulo
Professor Titular de Direito Processual Penal na USJ –
Universidade São Judas e na USP – Universidade São Paulo.

Nota do autor

O trabalho que ora se apresenta, dado suas peculiaridades, não terá aquela introdução convencional, como é da tradição. Ao invés de alguma coisa genérica far-se-á, a cada capítulo, o comentário apropriado ao tema em comento. Assim, pensa-se proporcionar melhor aproveitamento para o leitor, sem nenhum prejuízo para o conteúdo literário que se pretende transmitir.

No primeiro tomo estão colocados seis temas de especial validade e utilidade. Não houve aquela preocupação de fincar estacas exclusivamente sobre assuntos diretamente relacionados com a Ciência Jurídica Penal, ou mais diretamente ao Direito Penal. Assim, fica consignada a preocupação de, antes de tudo, transmitir informações outras, ligadas à Teoria Geral do Direito ou mesmo à Filosofia do Direito.

Entendo ser absolutamente imprescindível ao operador do Direito, que saber distinguir correta e coerentemente os conceitos e definições do Direito é tão necessário quanto saber distinguir o alcance de uma norma jurídica penal incriminadora de outra que meramente explicativa ou, quem sabe, permissiva.

No mesmo sentido, a problemática da linguagem lógica de que se deve cercar aquele que postula ou contesta. As falácias ou sofismas nos perseguem diuturnamente. Se prestarmos atenção, todas as vezes que nosso oponente está em desvantagem, lança mão do expediente de argumentar falaciosamente. Destarte, compete ao profissional não permitir que seja derrotado por argumentos falaciosos. E, para que tal não ocorra, torna-se necessário conhecer os meandros da Semiótica. Melhor: da Lógica.

Ainda para esclarecer, justifica-se o Capítulo 5. Pode parecer que o assunto fica fora do contexto, mas não é bem assim. Como regra, a cada novo tomo um novo capítulo sobre a historicidade, quer no nacional, quer no geral. Afinal, o profissional do Direito não pode, e não deve, se esquecer que opera com valores culturais muito mais avançados que outras atividades. Escolhi a Dominação Holandesa, não somente para corrigir um lamentável equívoco dos nossos escritores, mas principalmente para reverenciar essa figura monumental que foi Maurício de Nassau. Num próximo tomo, virá à tona a origem das Ordenações Filipinas, e assim por diante. O escopo é, acima de tudo, fazer com que a cultura geral siga paralelamente com a específica.

Em rápido arrazoado se falará sobre a culpabilidade, as respectivas Escolas e suas teorias. Este não é tema que esteja no ostracismo, mas é sempre bom trazê-lo ao debate. Os outros dois assuntos: Sujeitos do Direito e Omissão. Aquele com especial atenção à figura da "pessoa jurídica", procurando demonstrar quão equivocada é a afirmação que esta pode ser pólo ativo na Teoria Geral do Crime. Esta última, a omissão, por si mesma justifica sua presença logo no tomo I.

Este esclarecimento entendo se faziam necessários, pois essa forma de apresentar questões essenciais é nova, e o "novo" sempre assusta. Portanto, o que se pretende alcançar é um pouco mais que meros "pratos feitos". Juntamente com informações pertinentes ao Direito Penal, e outros tantos segmentos paralelos e afins.

Romeu Falconi

SUMÁRIO

Apresentação, 5
Prefácio, 7
Nota do Autor, 11

Capítulo 1
Os Conceitos e Definições do Direito, 15
1. Particular introdução, 17
2. Divisão Conceitual do Direito, 21
3. A Estrutura Formal do Direito, 32
   3.1. Definição, 35
4. A Estrutura da Lei, 35
   4.1. Definição, 39
5. Estrutura da Norma Jurídica, 39
   5.1. Definição, 43
6. As Anomias, Antinomias, Paranomias e Analogia, 43
   6.1. Anomias, 44
   6.2. Antinomias, 45
   6.3. Paranomias, 46
   6.4. Analogia, 47
7. Direito: "Ciência" ou "Sistema", 48
   7.1. Conceito Genérico de "Ciência", 48
   7.2. Conceito de "Sistema", 52
8. Concluindo, 54

Capítulo 2
A Linguagem, Falácias ou Sofismas no Direito, 57
1. Introdução Pertinente, 59
2. Linguagem, 63
3. Falácias ou Sofismas, 71
   3.1. Formas Sistematizadas, 74
   3.2. Falácia e Raciocínio Dedutivo, 75
4. Falácias que estão fora da Dedução, 80
   4.1. Argumento "ad hominem", 81
   4.2. Argumento "ad ignorantiam", 82
   4.3. Argumento "ad baculum", 82
   4.4. Argumento "ad misericordiam", 83
   4.5. Argumento "ad verecundiam", 84
   4.6. Acidente, 84
   4.7. Falsa causa, 86
   4.8. Petitio Principii, 86
   4.9. Falácias das Estatísticas: Tendenciosas ou Insuficientes, 87
   4.10. Falácia da Ambigüidade ou da Clareza e da Ênfase Enganosa, 88
5. Conclusão, 88

Capítulo 3
Sujeitos do Direito na Teoria do Crime, 91
1. Particular Introdução, 93
2. Conceito de "Pessoa" na Teoria Geral do Crime, 94
   2.1. "Pessoa Física", 94
   2.2. "Pessoa Jurídica", 96

3. Sujeitos: Ativo e Passivo, 98
   3.1. Sujeito Ativo, 100
   3.2. Sujeito Passivo, 105
4. A Posição da "Pessoa Jurídica" na Teoria Geral do Crime, 107
5. Retrospecto Histórico, 111
6. A Normatividade Pátria, 115
7. Conclusão, 120

Capítulo 4
As Teorias da Culpabilidade, 127
1. Rápida Introdução, 129
2. Conceito de Culpabilidade, segundo as Escolas Penais, 131
   2.1. Escola Clássica, 132
   2.2. Escola Positiva, 137
   2.3. Escola Eclética, 141
      2.3.1. Escola Sociológica Francesa, 142
      2.3.2. Escola Sociológica Alemã, 143
      2.3.3. Tecnicismo Jurídico, 144
   2.4. Defesa Social, 144
3. Atual Doutrina da Culpabilidade, 150
4. As Teorias da Culpabilidade, 166
   4.1. Teoria Psicológica, 167
   4.2. Teoria Psicológica Normativa, 168
   4.3. Teoria Normativa Pura, 169
5. Posicionamento Pessoal, 170
6. Punibilidade ante a Culpabilidade, 177

Capítulo 5
O Sistema Normativo na Dominação Holandesa no Brasil, 183
1. Introdução, 185
2. A Ocupação Holandesa, 187
3. A Chegada de Johannes Mauritz Von Nassau-Siegen, 188
4. O Sistema Político, 190
   4.1. A Hierarquia, 191
   4.2. O Conselho dos Escabinos, 192
   4.3. Os Escoltetos, 194
   4.4. A Advocaat Fiskaal, 195
   4.5. O Sistema Normativo, 196
      4.5.1. O Sistema Normativo Penal, 197
5. Concluindo, 210

Capítulo 6
A Problemática da Omissão no Direito Penal, 213
1. Breve Introdução, 215
2. Etimologia e Conceito, 216
3. Estrutura Doutrinária da Omissão, 218
4. Fundamentação da "Comissão por Omissão", 222
5. A Questão Crucial da "Reserva Legal", 228
6. O Direito Positivo, 231
   6.1. O Código Penal, 232
   6.2. Delitos Contra o Consumidor – Lei 8.078/90, 240
7. Concluindo, 243
Bibliografia, 245

Capítulo 1

OS CONCEITOS E DEFINIÇÕES DO DIREITO

1. Particular Introdução.
2. Divisão Conceitual do Direito.
3. A Estrutura Formal do Direito.
   3.1. Definição.
4. A Estrutura da Lei.
   4.1. Definição.
5. Estrutura da Norma Jurídica.
   5.1. Definição.
6. Anomias, Antinomias, Paranomias e Analogia.
   6.1. Anomias.
   6.2. Antinomias.
   6.3. Paranomias.
   6.4. Analogia.
7. Direito: "Ciência" ou "Sistema"?
   7.1. Conceito Genérico de "Ciência".
   7.2. Conceito de "Sistema".
8. Concluindo.

1. Particular Introdução

Como primeira providência, há que esclarecer a nominação do subtítulo. Com efeito, por se tratar este trabalho de uma espécie de solda que haverá que ligar tema, em tese, desconexos, adotei como regra – não geral – sempre que necessário fazer uma minúscula apreciação do que se irá apresentar, evitando o quanto possível e sempre que julgado aconselhável, que o leitor tenha o incômodo de se socorrer, durante a leitura, de outras obras, que nem sempre estão à mão. Isto ocorre de ordinário quando se está pesquisando, não sendo tarefa das mais salutares, entre outros motivos porque desvia a atenção, além de, não raro, não se ter disponível a obra exigida para elucidação.

É necessário que se demonstrem com clareza alguns dos inúmeros *conceitos*, quer filosófica, quer gramaticalmente falando, e, por via de consequência, o mesmo número de *definições*, já que a cada conceito elaborado haverá de surgir uma definição condizente, aproveitando a oportunidade para esclarecer a diferença existente entre uma e outra coisas. *Conceito* é a argumentação articulada, que se elabora sobre determinado tema. *Definição*, por sua vez, é a depurificação, com a emissão desnecessária de qualquer juízo de valor, do que fora anteriormente conceituado. Aqui somente deve permanecer o que for absolutamente indispensável, ressalvando-se a inteireza do conteúdo do conceituado.

Como primeira providência, vem à baila uma questão que sempre nos incomoda, e nem sempre temos o remédio correto para o caso concreto. Trata-se das modalidades dos conceitos, quanto às suas formulações. Como regra, são *determinados* – que têm como antônimos os *indeterminados* – ou aqueles denominados *normativos* e inversamente, *descritivos*, que são, como regra geral, o que nos interessam nesta oportunidade. Neste último nos defrontamos com a figura, *prima face*, aterrorizadora da discricionariedade do Poder. Há, porém, uma justificativa vinda de Jescheck[1] que alude a uma hipótese do que é o **critério juridicamente recto**. Quanto aos conceitos meramente descritivos, quer dizer: aqueles que não estão inseridos no sistema

---

[1] Hans Heindrich Jescheck é citado por Karl Engisch in *Introdução ao Pensamento Jurídico*, Lisboa, editado pela Fundação Calouste Gulbenkian, 3ª ed., 1964, pp.183/189.

jurídico-legal, servem em muito para que se possa, ao nível de *lege ferenda*, trabalhar para um porvir de melhor qualidade. A meu juízo, aí está a finalidade primordial da *doutrina* enquanto fonte do Direito. Os outros, melhor rever, aqui e agora, a preleção de *Eros Roberto Grau*[2]. Para o estimado professor das **Arcadas**, *não há conceito defeituoso, mas termo ou termos mal colocados, que acabam por viciar o conceito no seu todo*[3]. Excelente lição em tão pouco espaço.

Por outro lado, há de se fazer sintética inserção no mundo antigo, visando a localização de *como* e *porquê* foram criados os sistemas normativos atualmente existentes. Com efeito, interessa-nos saber do direito normatizado, ou seja: aquele que saiu do *consuetudio*. Este último vem do primórdio dos tempos, e sempre foi movido pelas *divindades*, embora aquele outro também tivesse utilizado esse mesmo expediente para se impor perante o grupo social ao qual iria servir – ou dominar!

Para justificar tal afirmação, vê-se o que nos vem da Grécia antiga, cuja justiça tinha, inclusive, a sua própria deusa: *Themis*. Relendo Maine[4], um texto chama a atenção e vale ser reproduzido: *"Sabido es que Themis aparece en el Panteón griego de los ultimos tiempos como diosa de la justicia; pero esta es una concepción moderna, una idea ya desarrollada, que tiene un sentido muy distinto de aquel con que se ve figurar á Themis en la Iliada como asesora de Zeus"*. Evidenciando que o conceito e a interpretação da literatura helênica no século XIX[5], já davam outro sentido aos fatos narrados. Afinal, até onde se sabe, os escritores daquela época, como regra, faziam do **fato real** o cerne do enredo apresentado, não trabalhando exclusivamente sobre meras ficções.

Um pouco antes, mencionando os poemas de Homero, o autor aqui reprisado diz: *"Su imaginación pudo exagerar ciertos rasgos de la edad de heroíca, como la proeza de los guerreros y el poder de los dioses; ... Por eso la literatura homérica es más digna de fé que los*

---

[2] *Direito, Conceitos e Normas Jurídicas*, São Paulo, RT, 1988.

[3] Obra citada, p.72.

[4] MAINE, Henry Summer. *El Derecho Antiguo*, Madrid, Editorial Civita S/A,1993. Interessante na obra é a reprodução da capa da primeira edição da obra, onde se lê: "MADRID – Tipografía de Alfredo Alonso – Calle del Soldado, núm. 8 – 1893".

[5] A considerar que Maine nasceu em 1822, portanto, viveu a plenitude de sua vida em meados do século XIX.

documentos que pretenden darnos cuenta de los tiempos primitivos y que han sido relactados ya bajo influencias filosóficas ó teológias". Comparando-se os dois textos, extraídos da mesma página praticamente, "últimos tiempos" e "mas digna de fé", percebe-se uma certa contradição. Afinal, ao se dar crédito aos escritos de Homero, não há como sustentar que *Themis* fosse coisa recente, até mais que o poeta. Ou vem de lá, ou não vem! Prefiro ficar com a primeira hipótese. Sem sombra de dúvida, trata-se de situação coeva.

Mas o que interessa mesmo, nesta oportunidade, é apurar o quanto possível quando surgiu o *direito quirografado* – escrito –, já que o *consuetudinário* vem desde tempos imemoriais. E como não havia nada escrito, fica difícil apurar conclusivamente isto ou aquilo. O mesmo autor inglês dá conta de algumas particularidades que podem interessar para o deslinde da questão. Com efeito, pede socorro a Bentham e Austin, para distinguir *las simples órdenes de las leyes*, explicando que o conceito *themista* de lei era equivocado, quando diz: *"Una verdadera lei ha de prescribir á todos los ciudadanos sin distinción un número de actos de la misma clase y de la misma especie".* Ao detentor do Poder, *Themis* "passava" as ordens [diké] a serem sentenciadas. Algo escrito caso a caso e originário da *divindade*. Até aí nada de novo, pois tal postura se constituía na regra, não um excesso extravagante.

Maine, regionalista fervoroso como vai bem a todo britânico, ao tentar separar a *commow law*, nascida sem dúvida alguma na ancestralidade da *old Engrand*, do italianíssimo *civil law*, diz logo na abertura do primeiro capítulo: *"Dícese que el sistema de jurisprudencia más célebre que conoce el mundo, comenzó por un Código y acabó por otro. El lenguage de los expositores da á entender que aquel sistema descansa en las XII Tablas de los decenviros, y, **por consecuencia, en una base de derecho escrito**: salvo algún caso particular, ninguna anterior á las XII Tablas fue conocida en Roma*[6]. Com todo respeito, permito-me discordar, se não no todo, pelo menos em parte. Outros diplomas escritos anteriormente já tinham seus espaços garantidos, conforme se verá.

A *Lex Decenviralis*[7] ou Lei das XII Tábuas conforme é conhecida, foi elaborada entre 451 e 450 a.C.. *Tito Lívio* afirmou estar ali a

---

[6] Obra citada, p. 13.

[7] Conforme Leib Soibelman na sua *Inciclopédia do Advogado*, Editor Rio, 2ª edição.

gênese de todo o Direito, já que tratava de todos os segmentos da sociedade daquela época. Nem sequer os romanistas mais fervorosos sustentam essa posição. E não lhes falta razão, eis que, pelo menos uma outra lei vem de muito antes.

Interessante informação nos traz Pachukanis[8], no capítulo que versa "Direito e a violação do Direito", ao fazer remição ao Direito Antigo, sobre um direito repressivo hereditário, diz: *As chamadas leis bárbaras das tribos alemãs permitem-nos a mesma observação. Deste modo, por exemplo, dos 408 artigos da **Lei Sálica**, somente 65 não têm caráter repressivo[9].* Do que se infere ser o sistema jurídico, no geral, voltado para o uso compulsório da força, ainda que esta esteja sempre acobertada pela legalidade que o Estado se autoconfere. Daí a grande preocupação em vigiar o quanto possível os órgãos aplicadores da lei, evitando-se, na medida das reais possibilidades, exageros, o que, lamentavelmente, sempre acaba ocorrendo. Isto acontece porque os detentores do Poder invertem os valores, atropelando o que prelecionou *Feuerbach*[10]. ***Originariamente, não é o direito que deriva da lei, mas a lei que deriva do direito.*** Difícil vai ser explicar isso aos tecnocratas de todos os matizes. Logo mais, em longa nota de rodapé trago à colação uma situação que dá bem a dimensão dessa forma de abuso do Poder.

Conforme é de ampla cognição, O ***Código de Hamurabi*** data de entre 2063 e 2047 a.C., quando governou a Babilônia o rei que lhe deu o nome. Tal como a lei retrodiscutida, este também tratou da *propriedade* e da pessoa. Ademais de tudo, não se pode desconsiderar o documento hindu – denominado *"**Manara Dharma Sutra**"* – o **Manu** [11]–,

---

[8] PACHUKANIS, Evgeny Bronislavovich. In *Teoria Geral do Direito e Marxismo*, Editora Acadêmica, 1988, p.117 e seguintes.

[9] Sobre a força repressiva da norma jurídica, volto logo mais, quando tratar das normas jurídicas incriminadoras. De qualquer forma, antecipa-se uma conclusão: como regra, a norma jurídica penal é, por sua própria natureza, incriminadora.

[10] O autor é citado por STUCKA, Petr Ivanovich, no seu *Direito e Luta de Classes*, Editora Acadêmica, 1988, p.117.

[11] É imperioso que se passe adiante esta sintética explicação do significado dos termos que formam a título deste que, sem dúvida, um dos mais antigos documentos jurídicos que se tem conhecimento. ***Manu***, que significa a *"força do poder"*. Segue-se, os demais termos que compõem o título: *Manara Dharma Sutra **manara**:* uma criação que visa a difusão de alguma coisa; ***dharma*** [do idioma sancrito, os dicionaristas]: realidade espiritual de todos os seres humanos [dever]; ***sutra:*** genericamente significa *escrita*, algo relacionado com a *grafia*, grafado. Particularmente, Tratado reunindo a síntese das regras da Moral e do convívio social.

que é um dos sete livros sagrados da antiga Índia, através dos quais se direcionava a vida social daquela nação. Pouco importa se somente no início da nossa era essa informação chegou ao Ocidente. Tal fato não autoriza a ninguém alegar sua inexistência anterior. O *Manu*, documento voltado para a obediência aos ditames da divindade, é deveras mais antigo que a Lei das XII Tábuas. É possível mesmo que se iguale ao Código de Hamurabi. E, como bem ensina *Álvaro Vilaça de Azevedo*, em casos que tais, melhor não firmar posição alguma, deixando a conclusão sempre no condicional: "deita raízes", "encontra fragmentos", etc.

Feitas estas considerações preliminares, como principal e elementar questão a solucionar está a de definir definitivamente se o Direito é uma *ciência*, ou se um *sistema* de regras adrede normatizadas? Existe ou não um *direito subjetivo*? E assim por diante. Por certo, as soluções não se encontram disponíveis, posto que os enfoques diversificados proporcionam ao estudioso a possibilidade de optar por um sem número de resoluções que, para ele, será sempre a *correta*, e não a *mais apropriada*. Aí está a verdade de cada um, pouco importando se houve maiores ou menores equívocos, mais ou menos acertos, vale realmente é essa busca incessante. Desses fatores todos resulta estar-se sempre às voltas com uma questão aporética, se não *real* pelo menos *aparente*. Não se espere que, daqui e agora, a solução da pendenga que desde os tempos de antanho empolga a mente e estimula a pesquisa. Tampouco nos empolga a ilusória pretensão de sermos *donos da verdade*, deslize cometido com reiteração teratológica desde sempre por outros tantos.

Todavia, a despeito da consciência das dificuldades, serão desenvolvidas algumas idéias claves visando a uma melhor assimilação do estudo do Direito, traçando diversas comparações, que poderão, quem sabe, de alguma forma, ajudar futuramente o leitor. Se for possível alcançar esse escopo, me darei por plenamente gratificado, e tal como disse um dia o poeta **Drummond de Andrade**, dirá simplesmente: "*ganhei meu dia*".

2. Divisão Conceitual do Direito

Tendo-se por premissa um referencial conceitual de Direito, são várias as divisões e subdivisões que se conhece quando se estuda o tema na Cadeira de Teoria Geral do Direito, principalmente, e outros segmentos que caminham paralelamente. A mais difundida é aquela proclamada por *Ulpiano*[12]: *"Direito público"* e *"Direito privado"*. Modernamente admite-se também uma terceira vertente: *"Direito do Estado"*, a qual adoto como razoável para a realidade magisterial, já que todo o sistema jurídico é dirigido pelo Estado. A meu juízo, será o *publicismo* que prevalecerá já que adepto e seguidor do *juspositivismo*, tratado por *Norberto Bobbio*[13], entre tantos e tantos outros, que se coloca em contraposição ao *jusnaturalismo de Tomasius, Grotius, Hobbes, Kant*[14], etc. No frigir dos ovos, está no cerne, na gênese filosófica de todo o sistema normativo vigente a adoção do positivismo.

A divisão de *Ulpiano* prevalece até hoje, é verdade, mas há cada dia mais a intromissão do Estado vai aumentando consideravelmente o espaço do Direito Público, em evidente detrimento do Direito Privado. Dizem os mais cépticos que, mais um século e somente o primeiro sobreviverá. Permito-me dizer que, qualquer desses dois ramos cria uma figura até então não discutida ou aventada: como se verá logo mais, a estrutura *jurídico-científica*, elabora e coloca em movimento um *sistema*, ao qual denominamos *Direito*, que por sua vez cria um conjunto de estruturas particularizadas quanto ao tema e conteúdo, denominadas *Lei*. Estas, de sua parte, se reproduzem em partículas ainda menores, verdadeiras *micro-estruturas*, nominadas: *normas jurídicas*.

A resultante disso tudo, tendo em vista o direcionamento e os variados desdobramentos, é o aparecimento de novos componentes. Surge juntamente com a figura do destinatário – individualizado – desse sistema, a figura da *autoridade*. Para *Alf Ross*[15], a definição é deveras simples: *"Autoridad significa competencia como función social; la competencia no es conferida a la persona competente para la protección de sus intereses propios, sino para la protteción de los intereses de una comunidad"* [p.198].

---

[12] A divisão do Direito em "público" e "privado" é do jurisconsulto romano Ulpiano. Entretanto, essa divisão já fora citada muito antes dele por Aristóteles – em *Da Justiça*, Livro V: Éticas a Nicômaco, numa das várias Éticas – no pertinente ao *crime*, que tratou dos *crimes públicos e privados*, para fins de processamento.

[13] BOBBIO, Norberto. *O Positivismo Jurídico*, Ícone Editora, São Paulo, 1995.

[14] Mencionados apenas aqueles que, a rigor, são os mais citados, o que não quer dizer sejam os únicos. Vale, portanto, como amostragem.

[15] ROSS, Alf. *Sobre el derecho y la justicia*, Editorial Universitaria de Buenos Aires 197, p. 198.

Mas, já que temos a dicotomia: Direito Público e Direito Privado, como fica, então, a questão de *autoridade* desta última? Quem é autoridade ante interesses outros que não haja a interferência estatal? O próprio autor, na página seguinte [199], nos dá a resposta ao definir quem é quem: ***"Se dice que una autiridad es pública cuando sirve a la comunidad soberana que llamamos Estado {y sus partes subordinadas, por exemplo, sus cuepor municipales.} En cambio, la autoridad de los padres en el seno de la familia, y la de los órganos en las sociedades privadas y asociaciones diversas, se dice es privada"***[16]. Se em conflito, há de prevalecer a pública.

Ressalve-se, nesta oportunidade, a existência uma minúscula linha do pensamento filosófico denominada **negativismo**, que trabalha sistematicamente em cima do *positivismo*, descartando a existência do um *direito subjetivo*, posto somente admitir o *direito objetivo*. Para *Hans Kelsen*[17], a figura existente é o *direito objetivo* [calcado exclusivamente no texto legal], pois o que denominam *direito subjetivo* nada mais é que um *direito reflexo*. Daí indagar-se: mas *reflexo* do quê? Para ele, Kelsen, este é o reflexo do próprio *direito objetivo*, fora o qual tudo é mera suposição sem conteúdo. Aliás, sobre essa suposição de falta de conteúdo, em reiteradas oportunidades foi acusado o próprio *Kelsen* no concernente à sua obra fundamental: "Teoria Pura do Direito", por seus opositores, entre eles o mais veemente: *Carl Schimitt*[18], o maior e mais brilhante de tantos quantos pensadores possam ter aderido ao Nacional Socialismo alemão. Dizem, foi o filósofo oficial de *Adolf Hitler*, o que não é a melhor das referências, mas nem por isso se pode desmerecer seu embasamento cultural e sua inteligência invulgar.

---

[16] Obra citada, p. 199. Traduzo: *Se diz que uma autoridade é pública quando serve à comunidade soberana que chamamos Estado {e suas partes subordinadas, por exemplo, seus corpos municipais}. Por outro lado, a autoridade dos pais no seio da família, e dos órgãos nas sociedades privadas e associações diversas, se diz que é privada.*

[17] KELSEN, Hans. "Teoria Pura do Direito", Armênio Amado, Editor. Coimbra, Portugal, 3ª edição.

[18] Quem tratou do assunto com muita clareza foi KUNTZ, Josef L., ao publicar suas quatro conferências sobre a obra de Kelsen, na Escuela Nacional de Jurisprudencia, publicadas em um só livro sob a denominação *A Teoria Pura do Direito*, editada no México pela Editora Nacional de México. O assunto é abordado na p. 120.

Permito-se dizer que houve, como sói acontecer, ainda uma vez, outro equívoco teratológico do regime *nacional-socialista* implantado por *Hitler* e seus fanáticos seguidores no concernente a *Kelsen*. Aliás, antes de qualquer coisa, cumpre esclarecer: o equívoco vem desde sua gênese, com o nome, visto que o regime implantado não foi nem *nacional* – já que pregava a teoria do **lebensraun** [espaço vital], sob cujo argumento procuravam sustentar a validade das ocupações dos países vizinhos –, tal como nada tinha de *socialista*. Praticavam, isto sim, um capitalismo extravagante, cujos interesses e resultados eram direcionados, todos eles, aos seguidores do grupo que não estivessem diretamente engajados na Política. O mote era o surrado "esforço de guerra". Relendo *Hans Welzel*[19], quando tratou do problema da Validade do Direito, ao mencionar o fato, faz metalinguagem na obra de *Schmoelz* de 1963: *"Desde el punto de vista de la **ciencia jurídica** [negrito] el Derecho del regimen nazi es un Derecho. Podemos lamentarlo, pero no podemos negar que eso era Derecho"*. [O negrito será útil logo mais, quando for tratada a pendenga sobre se o Direito é "ciência" ou "sistema"].

Mas não somente pelos nazis *Kelsen* foi contestado. Também por alguns de seus mais brilhantes discípulos, por todos o cubano *Bustamante y Montoro*, na sua obra "Teoria General del Derecho", citado pelo professor *Josef L. Kuntz*, de quem se reproduz o seguinte texto: *"Podemos nosotros, los hombres de esta generación, aceptar la tesis de Kelsen de que el Derecho pueda tener cualquer contenido? Continua diciendo que Kelsen, precisamente por haber mostrado el Derecho positivo en toda su desnudez, ha provocado en nosotros 'un nueva sed de justicia'"*. Por certo, para Kelsen e seus seguidores, tudo está posto pela lei, a ela todos devem submissão cega. A isto denominam "normativismo" ou "positivismo", conforme *Giuseppe Lumia*[20] [tal como empresso pela Debate/Unigraf, Madrid, 1993]. Tal a convicção de Kelsen, que, mesmo tendo sido obrigado a fugir da Alemanha nazista, jamais negou validade aos atos praticados por aquele governo de celerados, pois havia ali um sistema normativo vigente!

---

[19] WELZEL, Hans. *Derecho Injusto y Derecho Nulo.* Aguilar S/A., Madrid, Espanha, 1963, p. 77, onde faz referência à obra de Franz Martin Schomoelz: *Das Naturrecht in der politischen Theorie*, Salzburg, 1963, p. 220.

[20] LUMIA, Giuseppe. *Principios de Teoria E ideologia del Derecho*, Debate, Madrid, 14ª edição, 1993.

Partindo-se do raciocínio kelseniano que sustenta a existência de um questionável *direito reflexo*, é possível, por essa via, também argumentar-se que o *tipo penal* realizado pelo meliante é, um *direito subjetivo* seu, pois tal como colocado, é uma figura compatível com o *facultas agendi* que se estuda no espaço da Teoria Geral do Direito, já que colocado à disposição, e somente fará uso dele se assim o desejar. Dessa forma, Tício matará ou não, se quiser [art. 121 – matar alguém...]; furtará ou não, se quiser [art. 155 – subtrair para si ou para outrem...]; estelionatará ou não, se quiser [art. 171 – obter para si ou para outrem...]; incendiará ou não, se quiser [art. 250 – causar incêndio]; usará papéis falsificados ou não, se quiser [art. 304 – fazer uso de qualquer dos papéis falsificados ou alterados], e assim sucessivamente.

Ainda sobre o tema, que enseja debates em razão de evidente aporia filosófica, *Tércio Sampaio Ferraz Jr.*[21], nos transmite alguma coisa de muita valia ao discorrer sobre a crítica feita por *Alf Ross* à teoria de *Kelsen*, literalmente: *"Nestes termos contundente é a crítica de Alf Ross [75], que observa que, para Kelsen, uma norma é válida [obrigatória], significa que os indivíduos devem comportar-se como a norma estipula..."*. Logo mais voltarei outras vezes a discutir essa questão. Ver-se-á que não estava equivocado *Binding* ao afirmar que o Ser Humano não viola norma alguma, quando da realização da **conduta, evento e resultado** – ou não para os casos de conduta omissiva, já que esta modalidade não cobra resultado algum. Em síntese, a prática criminosa é um direito subjetivo de qualquer pessoa, conforme haverei de aprofundar a argumentação um pouco mais adiante.

Mais ou menos coincidente é o pensamento de *Karl Binding*, citado com sistemática reiteração por todos os doutrinadores. Sobre o assunto faço inserção da página 131 do meu "Lineamentos de Direito Penal", precisamente quanto ao *"o fato típico é portador de um juízo de desvalor condicionado"*. A bem pensar, a lei penal não proíbe tal ou qual conduta, apenas apresenta uma contrapartida àquele que realizar o tipo penal. Em síntese, não expressa proibição, apenas a chamada à conscientização de que: se usar pagará pelo uso!

De qualquer forma, ainda que não sendo engajado ou adepto das teorias de *Hans Kelsen*, não se pode renegar sua obra fundamental, a despeito de contradições tais como a *"norma hipotética funda-*

---

[21] No seu livro *Teoria da Norma Jurídica*, Forense, Rio, 1978, p. 129.

mental"[22], respaldante das normas jurídicas constitucionais, posto que tudo se origina de uma norma e a ela se curvará sem protestos ou ponderações! Afinal, é como sempre disse *Eduardo Muylaert:*[23] *"queira-se ou não; goste-se ou não, não há como recusar pura e simplesmente as teorias de Kelsen"*. Agora, passado o tempo, chegada a era da conscientização desapaixonada, mais que nunca hei por bem endossar as prodigiosas palavras desse querido Amigo.

Outro pregador, mais que isso: fundador, da linha *negativista* é *León Duguit*[24], dizia ser o *direito subjetivo* nada mais que *"uma idéia metafísica"*. Na publicação resumida da obra de *Duguit* tem-se as definições por ele apresentadas para esses dois posicionamentos do Direito, *in verbis: "O 'direito objetivo' ou a 'regra de direito' designa os valores éticos que se exige dos indivíduos que vivem em sociedade. O respeito a essa ética, em determinado momento, implica, no âmbito social, a garantia de preservação do interesse comum, e, em contrapartida, sua violação acaba desencadeando uma respectiva reação da coletividade visando, de alguma maneira, o responsável pela violação"... "O direito subjetivo, por sua vez, constitui um poder do indivíduo que integra uma sociedade. Esse poder capacita o indivíduo a obter o reconhecimento social na esfera do objeto pretendido, desde que o seu ato de vontade possa ser considerado deliberadamente legítimo pelo direito objetivo"*. Segundo o autor, nem seria necessário realçar a postura de superioridade deste último em relação àquele outro, posto não depender de prévio reconhecimento de ninguém, ao contrário, impondo-se como *garante* do objeto pretendido, sob pena de este não existir.

Ferrenho crítico da doutrina individualista, *León Duguit* chega ao cúmulo de não reconhecer, ou pelo menos não aceitar, a igualdade congênita do Ser Humano. E diz: *"Não é razoável afirmar que os*

---

[22] A teoria de Kelsen envereda por um caminho sem volta, a partir do momento em que ele afirma a obrigatoriedade da norma jurídica anterior e superior, para o fim de respaldar a seguinte, inferior, possivelmente. Se deve haver, obrigatoriamente, uma norma imunizante – linguagem de Tércio Sampaio Ferraz Jr. – como explicar a norma jurídica constitucional, se antes dela nada existia? Foi daí a criação desse verdadeiro comudus discesso!

[23] Do muito que conversei, aprendi e apreendi de Eduardo Muylaert, esta é uma das lições que carrego comigo, passando-a adiante sempre que possível. Afinal, nada melhor que poder conviver com os mais iluminados nas suas respectivas áreas.

[24] DUGUIT, Léon. "Fundamento do Direito", Ícone Editora.

homens nascem livres e iguais em direito, mas sim que nascem partícipes de uma coletividade e sujeitos, assim, a todas as obrigações que subentendem a manutenção e desenvolvimento da vida coletiva. Disso resulta ter que se posicionar, não raro, de forma incômoda ante uma sociedade democrática, conforme o abaixo transcrito: *"Os homens devem ser tratados de forma diferente, porque são diferentes; o seu estado jurídico, representante da sua situação enquanto referencial na relação com seus semelhantes, deve alternar-se para cada um em particular, uma vez que cada um, em relação a todos, manifesta-se de forma essencialmente diferente".* O fundamento dessa assertiva está alicerçado numa razão até que simplista: essa igualdade não pode ser mesurada matematicamente, daí por que dever ser prescindida, posto que foge à realidade fática.

Encerrando, por ora, essa questão da existência ou não de um *direito subjetivo*, quem muito ajuda o estudioso é *Alf Ross*[25]. Com efeito, realça os elementos que, para ele, são os pilares da estrutura do direito subjetivo: [a] *El sujeto del derecho*, suas posições relações, no particular, com *sujeito* dos interesses em questão; [b] o **conteúdo do direito**, momento em que se discute a *faculdade* do detentor desse direito subjetivo tem de agir ou não agir contra terceiras pessoas; e o poder de que é detentor do poder de usufruir dessa *faculdade*, tomando ou não as iniciativas que o sistema lhe disponibiliza. Esclarece mais. Esclarece que essa é *"faculdad de goce exclusivo"*, portanto, intransferível; [c] a imperiosidade de que o *objeto* desse direito esteja muito bem *determinado* em seu *conteúdo*. Oferece como exemplo uma questão qualquer versando sobre um *"servidão"*, dizendo: *"Cuando un cierto tipo de derecho subjetivo, tal como una propriedad o una servidumbre, es considerado en forma abstracta, el contenido del derecho se define con abstracción del objeto"*; [d] sobre a proteção desse *direito subjetivo*, o autor, como sói acontecer, não deixa margem para dúvidas: *"Puesto que una facultad equivale, en cuanto a sua função jurídica, a la posibilidad de obtener sentencia contra la persona obligada, la protección procesal {o estática} de un derecho no es más que otro aspecto del contenido del mismo. Una facultad no es nada sin la tutela del aparato jurídico"*[grifo]; [e] explica, ademais, neste item, que os elementos indicados como A, B, C e D, constituem, em

---
[25]Obra citada, p. 177/183.

realidade, o fundamento da divisão do *direito subjetivo* em vários compartimentos. Logo abaixo diz tratar-se a proteção processual algo "estático", que não cria nada, apenas aplica o adrede elaborado.

Ao discutir as posições de *León Duguit*, na sua obra: *"Traité de droit constituinel"*, publicado em 1927. Mais precisamente quando o autor francês afirma que o uso de um direito subjetivo seria colocar o Poder Público a serviço dos interesses do particular – *"es ejercido en su beneficio"* –, criando dessa forma uma situação de vantagem em relação ao oponente. *Ross* coloca uma pá de cal em toda a polêmica quando diz: *"à margem deste ingênuo misticismo das palavras, as idéias de Duguit e de Lundstedt {autor sueco por ele mencionado mais de uma vez, tanto quanto Bentham} adoecem de confusão entre o ponto de vista jurídico e o sociológico"* [tradução nossa]. Finaliza afirmando, ainda que em metalinguagem, que o direito subjetivo é uma combinação de interesse e vontade.

Filosoficamente, conforme *André Franco Montoro*[26] e *Antonio Bento Betioli*[27], o Direito pode ser visualizado sob variados prismas. Cinco ao todo, que ambos prelecionam em suas respectivas obras: "Direito-Ciência"; "Direito-Fato Social"; "Direito-Norma"; "Direito-Faculdade" e "Direito-Justo", variantes que se fazem presentes no dia-a-dia.

En passant, apresentar-se-á o que representa, para esses autores, cada uma dessas vertentes. Sobre a primeira já se discorreu longamente. Sobre o primeiro já se discorreu pouco antes. Não é o Direito uma "ciência", mas um "sistema", que obedece rigorosamente aos métodos científicos. Portanto, há, isto sim, uma "Ciência Jurídica", que se desdobra em várias especialidades, de conformidade com o respectivo ramo do Direito, por todos: "Direito Constitucional", "Direito Penal", "Direito Civil", "Direito Processual", etc.

O *Direito Fato Social* – emparelhado com o Direito Justo – é, me parece, o que merece as maiores atenções, posto que ao que se infere, ambos estão voltados diretamente ao destinatário do *sistema normativo*, que é o cidadão. Fazendo alusão a *Tobias Barreto*, *Betioli* traz uma definição de *Direito*, enquanto fato social, deveras significativa para a oportunidade: ***"um conjunto de fenômenos que se dão***

---

[26] MONTORO, André Franco. *Introdução à Ciência do Direito.*

[27] BETIOLI, Antônio Bento. *Introdução ao Direito: Lições de Propedêutica Jurídica,* Letra & Letras, São Paulo, 5ª edição, 1998, pp. 84/89.

na vida social". Só não se pode concordar com o emprego do vocábulo "fenômeno". Afinal, fenômeno é alguma coisa anormal, que esporadicamente acontece, posição que não se pode enquadrar ou atribuir ao *fato social*. Esta não é, definitivamente, a situação do Direito dentro do contexto social.

Logo mais abaixo irei tratar de esclarecer o que se entende por *"lei"* e *"norma jurídica"*, quando então ficará explicado, espero, esse segmento estudado como *Direito-Norma*.

Prosseguindo ainda nessa linha de raciocínio, pode o *Direito* ser enfocado como *faculdade*, que nada mais é do que o próprio direito subjetivo. Versa sobre a possibilidade que cada um tem de, amparado no Direito, exigir de outrem que faça ou deixe de fazer, na medida das suas conveniências momentâneas e teleologia preexistente no fato real: *legalidade e ou licitude. Ortolan diz: "a faculdade de exigir dos outros uma ação ou inação". Emanuel Kant*, utilizando-se de outras palavras, acaba dizendo a mesma coisa: *"faculdade de exercer aqueles atos, cuja realização universalizada não impeça a coexistência dos homens"*.

Finalmente, o *Direito como JUSTO. Santo Tomás de Aquino*, pregou sempre o direito do justo, para ser justo. Está dentro dos parâmetros do *JUSTO*, aquilo que é direito – do sentido de linha reta, não sinuosa ou torta – a ambas as partes. Qualquer desvio ou desencontro nesse particular, cria uma situação de *"direito injusto"* e assim *"direito nulo"*, de que falaram um dia *Gustav Rad Bruch, Eberhard Schmidt e Hans Welzel*[28].

Em conclusão, relativamente ao acima exposto, é possível apresentar com absoluta segurança, o seguinte quadro sinóptico, que, para facilidade de leitura e assimilação, está distribuída em tópicos, pois de outra forma o texto ficaria muito extenso tornando confuso e inteligível o que se pretende explicar. Assim será:

I. o *fato social*, cuja ocorrência é incessante e de versalidade tal que ultrapassa em muito a capacidade humana de entendê-lo pronta e acertadamente a cada caso de direito vivo.

II. Exige, por isso mesmo, a existência de uma **Ciência Jurídica**, ou seja: algo que provenha de observação e experimentação constante e sistemática, surgindo daí a elaboração de um **sistema** que se reveste de eficácia durante sua vigência.

---

[28] Obra já citada anteriormente, escrita a seis mãos.

III. Este, por sua vez, para melhores funcionamento e assimilação, recebe, na oportunidade em que se trabalha filosoficamente com o tema, a denominação de *Direito-norma*, que é o sistema legal detalhado [a lei]; feito partículas ínfimas dentro desse universo, visando à facilitar sua aplicabilidade pragmática, quer no aspecto ontológico, quer do ponto de vista axiológico. As normas jurídicas são, na realidade, os vetores de todo o *sistema*, tal como o são os cabos de fios ópticos para o de comunicação.

IV. Dessa forma, postas coisa nesta ordem, o cidadão chega ao estágio de poder usufruir do *Direito-faculdade*, que é aquele direito de fazer ou não fazer; estar ou não estar, etc. Não há que olvidar um detalhe de muita relevância: o Direito, é composto de um sistema de mão e contramão. Disso resulta que: *a cada Direito corresponde uma Obrigação*. Se não for assim, então haverá conseqüências danosas para toda a sociedade, ferindo de morte o último dos segmentos: *Direito-justo*.

V. Somente é justa aquela sociedade onde *cada um recebe o que lhe é devido*, sentenciou há 2.000 anos *Ulpiano*. Mas, para que isso ocorra, é absolutamente indispensável que cada um honre correta e pontualmente os seus compromissos. Não é possível conviver com dualidades teratológicas como, por exemplo: os tributos vencíveis em dias inúteis [sábados, domingos e feriados] deverão ser pagos no decorrer do último dia útil. Já do outro lado ocorre precisamente o inverso: créditos vencíveis na mesma situação ficam adiados automaticamente para o primeiro dia útil. Indaga-se: se houverem compromissos e obrigações cruzadas? Eis aí uma amostragem do que se pode chamar de *Direito injusto*, pois contemplar um lado, prejudica o outro.

Sobre o *justo/ injusto* no campo do *Direito*, preleção nos vem de *Karl Binding*[29], tratando sobre a atuação do juiz prolator de uma pena capital, e do verdugo [executor da sentença]: *"Esta es justa en cuanto lo cumple, injusta si se aparta de él"*. No particular: pena de morte, meu ponto de vista é outro, pois a pena capital foi, é e será sempre uma brutalidade abominável. Adotar-se a violência – ilícita em si mesma – sob a rubrica de *"violência legal"* à qualquer conduta que o Estado, como regra geral, considera ilícita, é equivalente a convalidar toda forma de violência, pois essa pseudo legalidade não tem

---

[29] [*Tratado de Derecho Penal*, 2º vol., 1905, p. 509].

estofo moral para, na prática, convalidá-la eticamente. Existem outras hipóteses para demonstrar a existência do Direito como *justo*. Sobre a problemática da pena capital, de muito boa valia a leitura da obra do jusfilósofo milanês *Norberto Bobbio*[30], a despeito da extensão dos parágrafos que, a meu juízo, sempre dificulta a leitura.

A despeito do fracionamento do parágrafo retro, em muito pouco foi aliviada a complexidade do tema, em si mesmo de difícil assimilação. Essa forma de escrever – parágrafos muito longos, tal como faz esse monumento chamado *José Saramago*[31] – não me agrada, o que não pressupõe qualquer defeito de natureza técnica ou intelectual, fugindo mesmo ao estilo comumente por mim utilizado. Entretanto, dadas as circunstâncias não há como detalhar ainda mais o texto, sem correr o sério risco de o tornar incompreensível. Todavia, foi possível reiterar ainda uma vez: a *Ciência Jurídica* é a responsável pela elaboração de um sistema [representado por uma infinidade de leis que, quando esmiuçadas, fornecem as respectivas *normas jurídicas*], cujos métodos de elaboração e aplicabilidade haverão de distribuir com justiça o Direito, que é o veículo responsável pela tranqüilidade da social, produza ela tantos e quantos *fatos sociais* produzir. Disso tudo o *direito-faculdade*, representando a independência das pessoas que vivem dentro do tal contexto social. A isso chamam de *democracia* [do grego: *demos* =poder + *classien* = povo]. O povo no Poder, dirige e é dirigido por seus iguais. E ninguém melhor do aquele que está, ao mesmo tempo, nos dois pólos, para interpretar os sentimentos e as necessidades, que são também suas.

Em conclusão, é absolutamente ponderável afirmar, com mínima margem de equivocidade, a seguinte conjugação: *CIÊNCIA JURÍDICA* trabalha diuturnamente com a elaboração e manutenção de um *SISTEMA de DIREITO POSITIVO*, comprometido teleologicamente com o sentimento do JUSTO, que tem como premissas a preexistência do DIREITO-FACULDADE, o qual, por sua vez, encontra amparo único e exclusivo no DIREITO-NORMA. Se

---

[30] BOBBIO, Norberto. *A Era dos Direitos*, 11ª edição, Editora Campus, pp. 161/202.

[31] Saramago – para exemplo: *O Evangelho Segundo Jesus Cristo*, é expert em parágrafos que não têm fim. Se é verdade que isto demonstra grande intelectualidade, não menos o é que dificulta muito a leitura e sua assimilação. Quanto mais sucinto o período, mais fácil o entendimento.

assim for, então é possível pensar-se numa **Sociedade** que cultua sentimentos axiológicos sadios, envolvendo *respeito* ao direito alheio, *seriedade* no trato das coisas, *lealdade* para com seus semelhantes, e *solidariedade* para com os menos favorecidos. Dessa gama de pressupostos – se devida, coerente e sistematicamente aplicados, pode-se acreditar no surgimento de uma SOCIEDADE-JUSTA, onde as pessoas possam viver harmoniosamente. Esta é, a meu juízo, a etiologia da ciência à qual se dedicou uma vida inteira e, se outras houverem, prosseguir-se-á na mesma esteira.

3. A Estrutura Formal do Direito

Como primeira providência é necessário esclarecer o que se pode pretender com a apresentação e sustentação da estrutura aqui exposta. Pode parecer de um primarismo invulgar, mas não é. Como de resto poderá ser dito que se está tratando de tema que é pertinente à Teoria Geral do Direito, ou da Introdução à Ciência do Direito, e não de *Direito Penal*, como se estivesse havendo um desvio de finalidade da obra. Se tal ocorrer estar-se-á a questionar sem razão, pois dos ramos do Direito, o que mais exige sustentação é o penal, tendo em vista suas peculiaridades. Qualquer que seja o argumento, nem por isso se poderá pleitear a dispensa desse saber. Interessa, nesta oportunidade, tratar de afugentar o quanto possível o desembasamento, a desinformação. Se o leitor souber o que aqui se coloca, tanto melhor. Porém, se não souber, que se supere *ad eternum* a deficiência. Assim procedo por razões absolutamente pragmáticas. Não raro, o operador do Direito se defronta com situações que exigem dele conhecimentos mais além do tema posto em debate. Por isso, impõe-se alastrar um pouco mais e consignar qual a estrutura desse *sistema*, que se constitui na sustentação da boa e sã aplicabilidade do Direito, enquanto conduto de distribuição da Justiça.

O **Direito**, enquanto *sistema*, obedece a uma formulação sistemática quanto às suas elaboração e aplicação, esta última comprometida também com etiologia pertinente, *habitat* natural dos respectivos ramos do Direito. Tanto faz se codificado ou não, quer dizer: composto exclusivamente de leis esparsas. Apenas uma observação: se codificado o *sistema*, essa estrutura terá compartimentos mais amplos que as leis ordinárias. Como contrapartida, o *sistema* codificado se deteriora muito mais rapidamente do que aquele constituído exclusivamente de leis individualizadas. Não raro surge a discussão sobre a *supra-legalidade* da lei penal, e até mesmo porquê não utilizar o instituto da *analogia*. O tema é de difícil solução, tendo-se em vista a exigibilidade indeclinável do *nulum crimen, nula poena sine lege*. Nesse particular, leia-se *Paulo José da Costa Jr.*[32]

Essa estrutura, tendo-se por parâmetro o nosso sistema que é codificado, contém títulos, capítulos, seções, artigos, parágrafos, incisos e alíneas. Dentro de um título é possível a inserção de vários capítulos, o que ocorre em cascata. Vale dizer: o capítulo pode comportar vários artigos; o artigo pode conter vários parágrafos; um parágrafo com vários incisos; e o inciso pode trazer várias alíneas. Esta, de sua parte, vive solitariamente, não tem suporte para alimentar qualquer outra subdivisão.

Há que ter em conta uma exigência indispensável em qualquer sistema: a obediência cega à hierarquia. Não é possível trabalhar sem considerar e respeitar rigorosamente essa premissa elementar. Destarte, um título poderá suportar um ou mais capítulos, mas a recíproca não é verdadeira, e assim sucessivamente. Portanto, se necessário, o *Título* criará condições para a existência de tantos quantos *Capítulos* forem necessários. Este, por sua vez, poderá conter com uma ou mais *Seções*; um ou muitos *Artigos*, que agirá da mesma forma em relação ao parágrafo, ou criará em linha direta *Inciso[s]* e *Alíneas[s]*. Todavia, a recíproca não se faz verdadeira. O que não pode é um *Artigo* surgir de um *Parágrafo*, *Inciso* ou *Alínea*. Há que manter a obediência irrestrita à hierarquia. O que vai regular esta distribuição é precisamente o conteúdo de cada tópico. Sistematicamente, um tema hierarquicamente inferior deverá estar posto na seqüência acima. Todo cuidado recai sobre a atenção necessária para que se evite que subtemas desconexos sejam agregados no contexto, confrontando-se com seu superior imediato.

---

[32] O professor Paulo José esteve presente num evento realizado na cidade de Bilbao, Espanha, em 1965: "Estudios Penales. Homenaje a J. PENEDA, S.J., cuja coordenação esteve a cargo de Antônio S.J. Beristain. O trabalho apresentado tinha por título: *Consideraciones Acerca del la Supra-legalidad en el Derecho Penal*. Na oportunidade, o autor disse aceitar a analogia em casos que tais, porém somente em *bonam parte*. Seguiu a regra não fazendo concessão alguma.

Nos bem elaborados ensinamentos que nos transmite *Miguel Reale*[33], essa estrutura pode e deve ser analisada sob duas vertentes. A que trata da *validade*[34], cujos componentes são: **vigência, eficácia** e **fundamento**, o que o autor sugere seja o: *"plano de caráter formal"*[35], dizendo: *"É claro que, nessa procura de novos caminhos, visando a atingir o direito concreto, ao qual já me referi em páginas anteriores, o problema da efetividade ou da eficácia assumiu posição de primeiro plano, passando os juristas a se preocupar com soluções forjadas, ao calor de experiência social, ainda que com sacrifício dos valores da certeza e da segurança"*[36]. Alavanca sua assertiva em outro trabalho produzido por nada menos que *Jhering*. É fatal que o tema, pelas suas peculiaridades, marchas e contramarchas, vai se polemizar logo mais, inclusive dentro da própria dissertação deste jusfilósofo pátrio aborígene, ombreado aos maiores nomes do mundo – para orgulho nosso –, no dizer de *Recanséns Siches*.

A outra variante é aquela explicitada na página 57[37], onde define sua Teoria Tridimensional do Direito, apartando-a, segundo diz, das outras existentes. Aqui, *Reale* empresta o caráter, não somente de *"concreta"* como também de **dinâmica** à sua teoria, dando-a como elementos de concreção a preexistência do **fato**, sem o que nada feito; este deve portar o conteúdo **valor**, para que a **norma** possa ser aplicada axiologicamente. Mais adiante, ao definir o Direito, utiliza os três: ***"O Direito é uma integração normativa de fatos segundo valores"***. Um pouquinho antes, ao falar sobre sua obra *"Funda-*

---

[33] REALE, Miguel. *Teoria Tridimensional do Direito*. Saraiva, 4ª edição, 1986.

[34] Sobre a questão da **validade**, tem-se também Welzel, Capella e Kelsen, entre outros tantos. Este último, ao trabalhar sobre o tema, dá a dimensão que, a seu juízo, é a mais correta. Para ele, tratando então da *lei* simplesmente como "*norma jurídica"*, e não do *Direito* como um todo. A *norma jurídica* deve ser *vigente e eficaz* para ser perfeita. *Vigente* é aquela norma jurídica [no sentido de Direito ou lei] que permanece viva; quer dizer: não foi ainda derrogada ou revogada, pouco importando quanto à sua efetividade. *Eficaz*, de sua parte, é aquela que está em perfeita consonância com o *sistema* na sua inteireza.

[35] Obra citada, pp. 14 e seguintes.

[36] Obra citada, p. 18.

[37] Eis o texto: *"Como se vê, a Teoria Tridimensional do Direito e do Estado, tal como venho desenvolvendo desde 1940, muito embora não empregasse então aquele termo, distingue-se das outras de caráter genérico ou específico, por ser* **concreta** *e* **dinâmica***, isto é, por afirmar que:* Citando os termos-chaves, guindando-as à condição de **categorias**, na linguagem de *Pasold:* **fato, valor e norma**, p. 57 da obra retromencionada.

mentos do Direito", vê-se comentário, ainda uma vez, sobre estes três componentes objetivos[38].

Assim, o renomado autor deixa claro que o Direito somente existirá se presentes estes pressupostos, que na sua natureza meramente formal, quer na ontologia do fato concreto, o que induz à afirmação da materialização. De resto, é bom deixar consignado que, o aqui dito, não reflete sequer um milésimo do que se poderia desenvolver sobre o tema e suas infindáveis variantes. O que não seria admissível era deixar passar *in albis* a oportunidade de relembrar MIGUEL REALE. Esse péssimo hábito de não reverenciar os nossos valores não me agrada e não o pratico, até mesmo por consciência do dever ético.

3.1. Definição

Por Direito, em sentido amplo, é possível dizer tratar-se de *um sistema de regras comportamentais que regula a conduta social das pessoas; uma vez violadas essas regras, denominadas LEIS, haverá a aplicação de uma sanção.* Já no sentido restrito, restrição esta imposta pela especialidade, o Direito Penal acolhe uma outra definição: *"o Direito Penal é composto por um conjunto de normas jurídicas [que o fraccionamento da LEI], através das quais o Estado pretende coibir, pela via do jus puniendi, certas condutas, sob a ameaça da sanção penal"* [39]. Por certo, será sempre possível acrescentar ou excluir alguns vocábulos, mas nunca um termo-chave.

4. A Estrutura da Lei

O *sistema normativo,* apartados inicialmente em dois grandes grupos, funciona sob a égide de princípios e conceitos diferentes, a despeito de perseguirem – os respectivos sistemas – a mesma teleologia. Lançam mão, isto sim, de avatares diversos, utilizando critérios axiológicos diversos entre si. Trabalha-se na atualidade com

---

[38] Obra citada, p. 92.

[39] Outras definições estão postas no *Lineamentos de Direito Penal,* Ícone Editora, São Paulo, 2ª edição, p. 27

os *sistemas*, o anglo-americano, cuja denominação é ***commow law*** [lei comum] e o denominado *civil law* [lei civil], que opera sob os desígnios do romanismo. Este, segundo se sabe, de muito maior adoção e penetração. Isto, todavia, não quer dizer que um seja melhor ou pior que o outro. Se superam em alguns aspectos tanto quanto se inferiorizam em outros.

O ***commow lau***, tem uma estrutura completamente diferente da que conhecemos e utilizamos: o *civil law*. Ali utilizam os julgados antecedentes como parâmetro para a decisão de caso atual. Conforme *Alf Ross*[40] nesse sistema a *lei* é mera diretriz ao juiz, não ao destinatário. Isto é possível devido a flexibilidade da Carta Magna de cada país que adota este sistema. Na Inglaterra, como exemplo geral, não são as leis que devem aderir à Constituição, mas esta àquelas. Vale dizer: o que as *partes* avençam, combinam, não havendo decisão anterior em contrário, passa a valer e será usado em casos futuros como precedente. Mas não só isso. Se, por exemplo, o tribunal decidiu sobre um caso de menoridade diferentemente daquele anteriormente aplicado, passará a valer o posterior, com tácita derrogação do primeiro. Em síntese: trabalha-se incessantemente sobre a ***jurisprudência***, tendo a ***doutrina*** uma função especialíssima e de altíssimo significado: cambiar a opinião dos juízes. Diz-se que, enquanto aquela nasce do entendimento dos julgadores, esta surge dos anseios do povo, que, em suma, deve exercer plenamente o Poder.

O *civil law*, de ampla utilização, funciona mediante a elaboração adrede de todo um sistema de leis. Cá entre nós, usuários deste, somente a *lei* é fonte imediata do Direito[41]. Vale dizer: fora da lei não há Direito disponível. A utilização despropositada da ***jurisprudência***, tal como estamos assistindo, se constitui numa aberração, a qual me atrevo denominar: ***detournement du pouvoir et finalité***[42]. Desvio do Poder, sim. Porque ao Judiciário não compete criar artificiosamente, através de interpretações de textos le-

---

[40] Obra citada:*Sobre el derecho y la justicia*, com tradução de *Genaro Carrió*.

[41] GARCIA, Basileu em *Instituições do Direito Penal*, quando discorre sobre as fontes do Direito Penal.

[42] Traduzo: ***desvio de poder e finalidade***.

gais, não raro, extravagantes[43], senão que conhecê-las e aplicá-las no caso concreto. Procedendo-se de forma diversa, ocorre o desvio de finalidade, pois legislar é responsabilidade de outro Poder constituído. Alegam os apologistas dessa prática, que nem todas as normas jurídicas são claras o bastante para sua pronta aplicação. Ainda que assim seja, há os doutrinadores à disposição. Lamentavelmente, estes últimos preferem fazer *colagem* em suas publicações – digo publicações porque não me sinto seguro para dizer: obra literária. Poucos, muito poucos, entre nós, estão doutrinando. Um número considerável prefere rechear os livros de metalinguagem, não levando em consideração se certa ou errada a decisão. Um comodismo que agride não somente nossa inteligência, mas principalmente *direitos líquidos e certos*. Essa submissão à essa forma de ditadura não é nada útil à Ciência Jurídica, e muito menos ao Direito, pois não raro viola direitos .

Uma vez elaborada esta divisão maior, cumpre que se discorra, ainda que *en passant*, sobre a divisão interna e sua microdivisão. Ter-se-á por parâmetro o sistema normativo nacional. Entre nós vigora o sistema constitucional rígido. Vale dizer: a Constituição fornece os princípios e as normas que não podem ser contrariadas, sob pena de nulidade absoluta. Sinteticamente, adota-se o modelo **piramidal** de *Kelsen*[44]. Quer dizer: as leis obedecem rigorosamente a uma hierarquia. Para facilitar a assimilação: a Constituição designa qual o espaço legislativo do Estado-membro, não podendo ele ultrapassar aquele limite. Dessa forma, não pode o Estado-membro ou o Município por exemplo, criar um tributo sobre as rendas obtidas pelos cidadãos. Da mesma forma, não pode a União tributar o IPTU ou o ISS, cuja prerrogativa tributária é da municipalidade.

Num espaço mais restrito quanto mais específico, vem a competência a **ratione materae**. Dessa forma, cada segmento do Direito

---

[43] Neste momento, nossos tribunais – em todos os níveis – têm interpretado equivocadamente o preceituado no inciso I, do art. 109, da Carta Magna, desviando dos juízes federais para os estaduais a jurisdição sobre casos que envolvem o SUS, órgão vinculado ao Ministério da Saúde. O que se tem visto é uma verdadeira aberração.

[44] Para Kelsen, o sistema legal funciona sobre a forma de uma pirâmide, ficando as normas de menor impacto na soleira e, no topo, alguma coisa que ele denominou "norma hipotética fundamental". Aí, talvez, o *calcanhar de Aquiles* de toda sua obra, já que, por ser "hipotética" ela não existe. E não existindo, como assim o é, então cai por terra toda a argumentação do grande autor germânico.

tem sua própria legislação, que poderá ser codificada ou não. Temos consolidado entre nós, por exemplo, os códigos tratando do direito privado, mais precisamente "Direito Civil", com cinco *livros*: Parte Geral; Das Obrigações; De Família e Sucessões, Das Coisas, tudo enfeixado num só codex. A par de um sem-número de leis esparsas, que não raro criariam um quadro de antinomia, não fosse a existência do princípio da ***lex especialis derrogat lege generali***[45].

O Direito Penal também está codificado, tendo sua divisão bem mais simples: Parte Geral e Parte Especial. A primeira dá o norte a seguir. Ou seja: implanta toda a filosofia adotada na área específica, dividido em Títulos [ao todo 8]. Capítulos e Seções [esta em número de 3, e presente somente no Capítulo I, do Título V]. Nem seria necessário dizer do amontoado de leis ordinárias que atravancam o trabalho do operador do Direito. Não somente juízes e promotores, mas também os advogados e outros profissionais que lidam na área. E é precisamente por esse desmesurado acúmulo de leis, que surge de ordinário a figura do *concurso aparente de normas*, já que muita coisa assemelhada é posta à disposição, desconsiderando-se a exigência de que, em matéria penal, não é possível trabalhar com normas de *textura aberta* [normas sem precisa e correta definição].

A segunda trata das condutas típicas e as respectivas sanções, obedecendo a mesma estrutura. O que se percebe, é o fato de alguns assuntos aparecerem tanto do diploma de direito privado quanto neste. Por exemplo, o Direito de Família. A parte privada se resolve por ali. Todavia, se o assunto envolve aspectos também de natureza criminal, e havendo previsão legal, cada um desses ramos que cuide sua parte, sem se intrometer com o outro. Vale dizer: o Código Penal jamais determinará uma pensão alimentícia, tal como o Código Civil não prenderá os pais por "maus tratos" aos filhos, etc.

A par disso, outros tantos como o Código Comercial, que data de junho de 1850! O Código Tributário, outra verdadeira "colcha de retalhos". Os códigos adjetivos, em número de dois. No mais, algumas leis, impropriamente, são tratadas por "código", quando, na realidade, não o são, por todos: "Código de Trânsito Brasileiro", "Código do Menor e do Adolescente", etc. Todas estas são meras leis ordi-

---

[45] No Código Penal, por exemplo, o art. 12.

nárias, a despeito de tratarem de temas diversificados, como Direito Administrativo, Direito Penal, etc.

4.1. Definição

Tratando-se **termo equívoco**[46], impõe-se delinear desde logo sobre qual segmento vai-se trabalhar. Sendo a LEI, uma regra categórica, como dizem alguns dicionaristas, interessa aqui aquelas **regras que são prescrições escritas e emitidas pela autoridade competente, direcionada para um determinado corpo social, a ela todos estão obrigados, se desobedecidas, o desobediente sofrerá sanções adrede convencionadas.** As leis são a primeira parte do fraccionamento do sistema, outros de menor envergadura virão. Todavia, esse desmembramento em nada deve violar o sistema, pois tal partição é da sua natureza: ser vertebrado. Sem esse esfacelamento em partículas, o próprio sistema, como um todo indissolúvel, não sobreviverá.

5. Estrutura da Norma Jurídica

Interessa neste trabalho analisar, principalmente, a **norma jurídica** penal. Por certo, seria impossível avaliar o seu pleno alcance, dada as infindáveis variantes que se apresentam no percurso, mesclando-se, não raro, aspectos do direito material com outros do direito formal, além das vinculações ocasionais com outros ramos do Direito[47]. De qualquer forma, tratarei de temas que, a meu juízo, sejam os mais apropriados para o escopo deste trabalho, que visa aplainar um sem-número de omissões que ocorrem diuturnamente.

Como primeira e imperiosa providência, cumpre averiguar quais as hipóteses de *norma jurídica penal* no pertinente à sua teleologia. Analisadas sob o prisma de um amplo e genérico aspecto, classificam-se estas em: I. **normas incriminadoras**; II. **normas penais permissivas** e III. **normas penais explicativas.** Se formos felizes

---

[46] Termos equívocos são aqueles que se prestam para variadas significações. Antônimos são os unívocos, que ostentam um só significado.

[47] Assim, o Código de Trânsito Brasileiro [Lei 9.503], trata não-somente do Direito Administrativo como também do Penal. Idem a Lei 8.069, que versa sobre o Menor e o Adolescente.

na explanação e esclarecimentos destes marcos distintivos, boa parte do trabalho já estará recompensado.

I. Por *normas incriminadoras* têm-se aquelas compostas de preceito e sanção, na linguagem clássica [*Karl Binding, Giuseppe Bettiol, José Maria Rodriguez Devesa, Francisco Muñoz Conde, Nélson Hungria, Paulo José da Costa Jr., Edgar Magalhães Noronha, Heleno Cláudio Fragoso, entre outros]; dever-ser subjetivo e objetivo [Hans Kelsen]*; ou ainda *preceito primário e preceito secundário*, na boa doutrina de *Manuel Cavaleiro de Ferreira*. Como regra, a norma jurídica penal é sempre incriminadora [ou norma de proibição como dizem alguns], estando alicerçada no binômio: *preceito* e *sanção*, pouco importando a redação que se lhe dê. As exceções são as retromencionadas, as quais se exporá sinteticamente neste espaço. São normas regularmente divididas em duas partes distintas, onde o *preceito* está representado pela proposição, exemplificando: *"matar alguém"* ou *"cometer adultério"* ou *"obter para si ou para outrem...."* [normas comissivas], *"deixar de prestar socorro..."* ou *"deixar o funcionário de..."* [norma omissiva], etc.

II. Aqui uma exceção no sistema de Direito Penal: as *normas penais permissivas*. Qual a razão de ser da existência dessa hipótese? É precisamente o que foi tratado mais acima: Direito como *fato social*. Ocasionalmente, o indivíduo se vê cercado por tais e quais circunstâncias, não tendo o Estado como exigir outra postura que não a adotada naquela oportunidade. Assim, o sistema normativo autoriza certas condutas que, como regra e em situações normais, seriam punidas como se crimes fossem. Aqui, o que tratamos por *excludentes*. Autores existem [os *finalistas*, seguidores da doutrina de *Welzel* e *Kalfmann*. Entre nós *Francisco de Assis Toledo, Álvaro Mayrink da Costa, Damásio Evangelista de Jesus*, entre outros], que afirmam haver a exclusão da *ilicitude*.

De minha parte penso diferente. A ilicitude, no geral, permanece inalterada ante o sistema. No caso particular, o que fica excluído desse contexto é a *culpabilidade*, posto que o agente agiu sem desfrutar da sua *vontade livre* e *consciente*. A culpabilidade, reitera-se, dos elementos que compõem a teoria do *crime*, é algo intrínseco do ser humano. Aliás, o único, pois os demais são todos externos. Ou ainda, diante de outras tantas oportunidades, presentes as circunstâncias em que o agente não pretendia ou não atinava sobre o *resultado*, não se pune o tal procedimento. A isso denominamos **dirimentes**. Aqui, fica consignado que o agente agiu ilicitamente, realizando conduta tipificada, mas motivos outros inibem o de **entender o caráter ilícito do fato**. Disso resulta a exclusão da **punibilidade**, já que não usufruía, na ocasião, daqueles elementos descritos na composição da culpa lata, e que lhe são fundamentais. Destarte, sem a culpa cabalmente comprovada, não pode – e não deve – haver a aplicação de sanção de qualquer natureza.

III. São raras as oportunidades dessas figuras: **normas explicativas**, mas existem. Muitas vezes o tipo penal fica à deriva, como "letra morta", ou mesmo como aquilo que *Binding* chamou de "*corpo sem alma*", por falta de esclarecimentos melhores e maiores. Veja-se o art. 327 do diploma substantivo penal, que define com absoluta clareza quem pode ser considerado "funcionário público", para os efeitos penais. Idem o art. 63, para os efeitos da reincidência. Ou ainda o art. 12, que determina a orientação a seguir em casos de antinomias normativas que possam ocorrer entre as *normas jurídicas* originárias de *leis especiais* e as pertencentes à *lei geral*[48].

Para se ter idéia do alcance e utilidade dessa hipótese de norma jurídica, basta ler com cuidado o art. 149 do Código Penal. Com efeito, tal norma jurídica, do ponto de vista estritamente técnico, é inaplicável. Duplamente inaplicável, como se verá. Primeiro porque contém termo defeso ao Direito Penal: "*análogo*". Neste ramo do Direito não se aceita a **analogia**, salvo se para beneficiar o réu, *in bonam parte*, dizem os latinistas. Mas, pior que isso é a não definição do termo "*escravo*". A norma jurídica diz: "*reduzir alguém à condição análoga a de escravo*". Afinal, quem pode ser considerado escravo? Não criando **uma norma explicativa**, o legislador condenou o **tipo penal**.

De outra parte, é perceptível que a **norma jurídica incriminadora** não deixa consignado claramente o sentido de proibição, embora seja da sua natureza essa proibição das condutas descritas. A proibição existente fica nas entrelinhas. Eis porque *Binding* afirmava que o meliante, ao praticar o crime, não violava norma jurídica alguma, senão que realizava o **tipo penal**, ao conduzir-se da forma prescrita no **preceito**. É por isso que, do meu ponto de vista, o

---

[48] No mesmo sentido, para melhor assimilação, sugere-se também a leitura do art. 1º da Lei das Contravenções Penais [3688/42].

delinqüente, ao praticar o *fato típico*, exercita um direito subjetivo seu: o de delinqüir. Pode parecer irônico, mas não é, pois sendo o Direito um sistema que opera sob uma dicotomia, uma pista de mão dupla [direito x obrigação], aquele que realiza tal ou qual conduta, um direito seu, fica obrigado a uma obrigação, que se constitui em um direito do Estado: o de punir. Essa obrigação poderá alcançar até mesmo a vida, o patrimônio, e fatalmente o seu *status dignitatis e libertatis*.

Em síntese: sobre essa peculiaridade da *norma jurídica penal*, cumpre realçar: aqui as coisas são ou não são. Vale dizer: ou o **agente** se conduz de conformidade com a proposição jurídica [descrição normativa] pertinente, e, assim, realiza do tipo penal; ou então a **pessoa** não faz o que fez o anteriormente citado, e, portanto não se liga ao Direito Penal. Sobre o assunto, boa doutrina nos vem do jusfilósofo inglês *Hart*[49]: "*El derecho penal es algo que obedecemos o desobedecemos; lo que sus reglas exigen es calificado de "deber". Si desobedecemos se dice que há habido una "inflación" al derecho y que loque hemos hecho es juridicamente" incorrecto", la "trangresión de un deber", o un delito. La ley penal cumple la función de establecer y definir ciertos tipos de conducta como algo que deber ser omitido o realizado por aquelles a quienes esa ley se aplica...*". Na prática, a lei penal, fique claro, não defende ninguém, apenas trata de punir quem realiza precisamente o que está escrito: "*cometer adultério*", "*participara de rixa*", etc. Portanto, não se conduz – como dizem – em sentido contrário ao texto escrito. Sobre o assunto já se falou antes, mas nunca é demais repetir.

Sobre a problemática da intercomunicação das normas jurídicas, julgo oportuno discorrer, ainda sinteticamente, sobre a figura das denominadas **normas primárias** e **normas secundárias**. Aproveito, ainda uma vez, Tércio Sampaio Ferraz[50], que trata o tema sob a rubrica: *imunização da norma jurídic*a. Para ele, a **validade**, sobre o que tratou também *Welzel*, em obra catalogada, implica em que o emissor de uma ordem tenha capacidade para tanto e, do outro lado, o receptor esteja, de alguma forma, a ela obrigado. Essa validade fica condicionada, portanto, à existência de uma outra norma de inferior qualidade, ou melhor: capacidade e alcance. Exemplo se tem naquela contida no § 8º

---

[49] HART, Herbert L. A.., in *El Concepto de Derecho*, p. 34.
[50] *Teoria da Norma Jurídica*, pp. 104 a 112.

do art. 129, que faz uma remição ao § 5º do art. 121, todos do diploma substantivo penal. A *norma imunizante* aqui é esta última. No mesmo sentido, o art. 304, da mesma lei, que somente sobreviverá se avaliados outras tantas normas jurídicas, que lhe proporcionaram a parte que lhe falta, mais precisamente, o *dever-ser objetivo* ou a *sanção*[51]. Arrisco-me a afirmar que, a norma imunizada somente existe porque a imunizante lhe dá vida e sustentação, tal como ocorre com as secundárias, que vivem na periferia das normas primárias. Não se trata de hierarquia, como pode parecer, apenas uma questão de mera *validade*. Concluindo: uma pode viver solitariamente, posto que completa, o que lhe proporciona luz própria, mas a recíproca não é verdadeira.

5.1. Definição

A norma, enquanto **gênero próximo**, é o componente que representa a regulamentação de procedimentos, atos, regras, etc. Surgindo a **diferença especial** que se constitui no vocábulo **_jurídica_**, de sua parte, é o detalhamento da lei fracionada. O preceito sobre uma proposição, por todos: *"matar alguém"*[52]. A *norma jurídica*, já se viu, como regra, é *incriminadora*, mas não somente nesta se encontram o *preceito*. Às outras, sempre falta aquilo que Kelsen denominou dever-ser objetivo, qual seja, a sanção. Assim sendo, pode-se dizer que *a norma jurídica é a descrição detalhada da conduta, e tem como regra geral duas partes: um preceito e a sanção correspondente.*

6. As Anomias, Antinomias, Paranomias e Analogia

No momento em que se está tratando de vários fundamentos do Direito, no que é pertinente à sua essencialidade [ontologia], não teria sentido e nem seria de boa política deixar ao relento alguns dos mais efetivos fenômenos que vivem assombrando o operador do Direi-

---

[51] Kelsen falava em dever-ser objetivo ao referir-se à sanção. A partir de Binding, simplesmente 'sanção'. Cavaleiro de Ferreira dizia de uma norma primária e outra secundária, argumentando mesmo com absoluta precisão sua posição.

[52] Trata-se do preceito contido no art. 121 do Código Penal. Convém relembrar: não há na norma jurídica [penal] a proibição explícita, ela é, como já dito anteriormente, o "direito subjetivo". Essa proibição fica subentendida. Ocorrendo a realização do preceituado, haverá, como dizia Montoro, uma sanção premial, que seria a contrapartida, a paga, pela conduta.

to na sua lide diária. Ainda que muito superficialmente, vamos nos introduzir nesses meandros, e fazer uma sintética amostragem sobre essas figuras.

6.1. Anomias [ausência de lei]

São aquelas situações em que o legislador não foi previdente o bastante para antever a hipótese de um fato potencialmente factível, relegando-a ao ostracismo que, quando adentra no mundo real, reúne possibilidades de transformar-se em conduta impunível, dada a ausência da norma jurídica compatível com o quadro apresentado. Vale dizer: a não descrição para aquela tal conduta [na linguagem do diploma repressivo penal], eximindo, destarte, o realizador de qualquer responsabilidade, em homenagem à reserva legal. Nunca é demais repetir as palavras de Kelsen, quando diz ser o *fato* uma *tela* artística [uma pintura], e a *norma jurídica* uma *moldura*. Deve esta se ajustar àquela, não cabendo a recíproca.

Sobre *anomia*, houve recentemente um caso no futebol catarinense[53]. Jogavam dois times quando um jogador foi ao chão sendo retirado de campo. Nesse momento, outro entrou como se tivesse substituído o lesionado. Minutos depois, o jogador lesionado, solicitou seu reingresso em campo, o que lhe foi deferido. A partida terminou com 23 jogadores em campo! Diz a imprensa que não há retrospecto do fato. Tampouco a lei esportiva prevê a hipótese. O clube perdedor pretende seja anulado o jogo, o que é justo. Na teoria de *Alexander Graf Zu Dohna*, poder-se-ia pensar num eventual *"justo meio para um fim justo"*[54]. Na hipótese penso que seja possível, já que se trata de questão que envolve o direito privado, coisa entre particulares. Outra solução, também justa, seria a perda dos pontos do clube lesador em favor do lesado. Aqui, talvez mais eficiente que uma nova partida, pois na hipótese de um segundo jogo, o lesador poderá repetir o feito, ganhando o jogo. De qualquer forma, a *anomia* já causou seu prejuízo. Ademais disso, o Código Civil prevê soluções para todos os casos de lacuna normativa, preve-

---

[53] O jogo ocorreu em Florianópolis, no dia 3 ou 4 de novembro de 2001, e envolveu o *Figuerense* e o *Joenvile.* Até quando escrevia-se esta parte, não havia solução alguma.

[54] Citado por Paulo José da Costa Jr., na obra já citada sobre a supralegalidade.

nindo três fontes alternativas, que poderão ser utilizadas pelo magistrado ao prolatar a sentença[55].

Em síntese, as anomias existem, para o Direito Civil, principalmente, não se descartando sua presença em outros setores do sistema. Quando surgem deixam estragos grandes, posto que, deixar ao julgador o poder de decidir qual critério aplicar, não é o que de melhor se pode pretender do Direito. Não se prestam, entretanto, para o Direito Penal que, na falta de previsão legal, inexistirá *fato típico* a apurar, julgar e punir.

6.2. Antinomias[56] [conflitos de normas jurídicas]

O que denominamos de ordinário: *"antinomias normativas"*, que é como são usualmente denominadas. No Direito Penal dizemos *"conflito aparente de normas penais"* [57]. São os conflitos que ocorrem entre normas jurídicas da mesma hierarquia, tratando-se de situação com constante incidência ante o sistema jurídico, em todos os seus segmentos. É que, em homenagem à codificação, cujas normas jurídicas se vêem atropeladas com rapidez fantástica, surge a necessidade da proliferação das leis esparsas. Elas são, como bem preleciona *Maria Helena Diniz*[58], produzidas pelo próprio Direito, que é a quem incumbe agilizar a aplicação das **normas jurídicas** postas à disposição do grupo social ao qual deve servir.

Aproveitando a oportunidade, permito-me fazer um comentário comparativo, embora meio que a destempo, entre o *jusnaturalismo* e o *juspositivismo*. Aqui o *velho* cede espaço ao *novo*. Ali funciona ao contrário, prevalecendo aquele sobre este. Há uma série de incon-

---

[55] Lei de Introdução ao Código Civil [D.L. 4.657/42]:*"Art. 4º. Quando a lei for omissa, o juiz decidirá o caso de acordo com a analogia, os costumes e os princípios gerais de direito".*

[56] Sobre os temas:"anomia" e "antinomia", sugere-se a leitura da obra do jusfilósofo argentino, CÁRCOVA, Carlos Maria. A Opacidade Do Direito, editado em português pela LTR.1998, pp. 59/64.

[57] Sobre o assunto alguns autores já publicaram suas obras, entre eles José Cândido de Carvalho Fº in *Concurso Aparente de Normas Penais*, em 1972, e o Desembargador e professor do Mackenzie, Marcelo Fortes Barbosa, que também escreveu sobre o tema.

[58] O assunto foi a tese da profª Maria Helena Diniz, perante a Banca do Departamento de Filosofia da PUC/SP. A obra contém nada menos que 400 folhas, e tive a satisfação de compulsá-la. Quando pesquisava naquela Magnífica Pontifícia Universidade Católica de São Paulo.

venientes no positivismo, mas ainda assim fico com ele. Nada pode garantir que o *bom* de ontem o seja também hoje. A sociedade, já se disse, está sempre em constante movimento, provocando, por isso, sistemática correção no curso dos acontecimentos. Por outro lado, os hábitos se alteram dia a dia, obrigando-nos à adaptação permanente.

Exemplificando a ocorrência da antinomia, tem-se a questão dos prazos para a concessão da reabilitação criminal. Conforme o art. 94 do Código Penal, o interregno é de 2 anos a contar da extinção da punibilidade. Entretanto, o diploma adjetivo penal oferta outra orientação: 5 anos. Qual adota? O princípio da lex mitior? Não. Mas um outro: aquele que indica que o direito substantivo rege sobre o adjetivo. Aquele pode criar, modificar, etc. Este não, devendo apenas regulamentar os atos procedimentais.

No "Lineamentos"[59], discorro sobre os quatro critérios possíveis para a correção do "concurso aparente de normas penais", quando surgem. São eles: *a especialidade; a consunção; a subsidiariedade e a alternatividade*. Para o Direito Penal, está adotado legalmente o princípio da *especialidade*, regulamentado no art. 12 do diploma substantivo penal[60], e em outras duas vezes: oportunidades: arts. 40 e 360.

Em síntese, as *antinomias* existem, e são responsáveis por transtornos enormes, em certas oportunidades, alimentando inúmeras discussões em nossos tribunais. Não raro, elas sequer se sustentam em pé, mas ainda assim, criam embaraços ao aplicador do Direito e aos demais operadores, posto que, cada qual quer *"puxar a sardinha para a sua brasa"*, disso resultando um sem-número de casos que se arrastam eternamente.

6.3. Paranomias [condutas contrárias ao descrito na lei]

Trata-se de termo originário do Direito Antigo, em desuso entre nós. Entre os gregos havia crime em alguém apresentar a outrem qualquer proposta que fosse contrária à lei[61]. Imagine se tal norma jurídica vigesse na atualidade aqui entre nós! Mais modernamente, usa-se a expressão para identificar conduta contrária à lei. Não se trata, já se disse, de vocábulo de

---

[59] *Lineamentos de Direito Penal*, Ícone Editora, S. Paulo, 2ª edição, Ponto 22, pp. 266/271.

[60] Eis a redação do art. 12 do CP: "Art. 12. As regras gerais deste Código aplicam-se aos fatos incriminados por lei especial, se esta não dispuser de outro modo".

[61] *Michaelis*, p. 1552.

uso corrente, mas quando se não quando ele se faz presente, embaraçando o interlocutor, que sequer pode se socorrer de qualquer dicionário.

6.4. Analogia

Análoga é toda situação, abjeto ou coisa que não sendo *idêntica* a qualquer destas, se presta para a perfeita substituição. Por sua vez, *idêntico* é algo absolutamente *igual* ao outro posto em confrontação. Para efeito de comparação, aproveite-se o *análogo* como congênere ao *fungível*, que tem a faculdade de poder substituir as coisas na espécie, peso e valor. A *fungibilidade* é instituto com o qual tomamos conhecimento ao estudarmos os institutos fundamentais do Direito Civil.

Se na seara do direito privado é possível a utilização da analogia, conforme já visto, em relação ao ramo penal, especificamente, a recíproca não se faz verdadeira. No Direito Civil a utilização está normatizada, já no Direito Penal é defeso, salvo se *in bonam parte*. Isto se dá em homenagem ao princípio da reserva legal. Portanto, não havendo disponibilidade de norma penal incriminadora para uma tal hipótese, há de se considerar o *fato atípico*, o que torna impossível qualquer forma de punição na esfera criminal, por mais grave ou prejudicial que ele possa parecer. Disso resulta uma constatação irrefutável: nenhum outro ramo do Direito é tão positivista quanto o penal.

A *analogia*, enquanto instituto estudado como tema da *Lógica*, se apresenta sob duas formas: *analogia a pari* e *analogia contrário sensu*. A primeira conduz o raciocínio na mesma direção: vale dizer: sempre a mesma conclusão. Por exemplo: *"Se entre as atribuições do magistrado que judica na área criminal está o poder de mandar prender, por certo ele poderá também mandar libertar quem estiver preso por decisão sua"*. Sintetizando, se pode para um lado, há de poder para o outro, não havendo vício fatal.

A forma denominada *contrário sensu*, produz efeito inverso quanto ao seu produto acabado. Vejamos: *"Se o tabagismo induz o surgimento do câncer no pulmão. Então, a abstinência do fumo coíbe a possibilidade de aquisição desse mal fatal"*. Percebe-se nitidamente, que o procedimento inverso produz automaticamente, que o procedimento inverso produz automaticamente o resultado inverso. Por certo, em se tratando de assunto relacionado com a Lógica, estará sempre presente a real possibilidade da existência das falácias ou sofismas, tema que se irá tratar em outra oportunidade, o que implica em redobrado cuidado por parte do usuário.

Ao concluir este tópico, é imperioso não só justificá-lo como também dizer da sua importância no dia-a-dia das atividades profissionais em geral, porque não dizer.

Mas, principalmente para o operador do Direito as coisas são muito mais complicadas. O bem argumentar e contra-argumentar *pode levar ao sucesso*. Mas o inverso – as fracas ou más argumentação e contra-argumentação – *leva*, desgraçadamente, ao *insucesso*. Esse estado – o de insucesso – traduz uma sensação de fracasso, que puxa cada vez mais para baixo a auto-estima do protagonista, acabando por privilegiar sistematicamente o mais dotado culturalmente, o que não é saudável para o todo do grupo social.

Ademais, quanto maior e melhor o embasamento cultural que o profissional demonstrar, quando necessário, maiores serão suas chances. Exemplo disso fica evidenciado nos concursos públicos, onde esses elementos se exteriorizam. Portanto, para melhor desempenho profissional, há que ter melhor cultura geral, máxime na esfera do Direito Penal, onde nem sempre as coisas estão postas conforme os interesses das partes, e onde a derrota – principalmente para a Defesa – é sempre motivo de grande constrangimento, em virtude da sua condição de *Ministério Privado*, como bem colocou certa feita *José Roberto Batóchio*[62]. Portanto, aquilo que pode parecer supérfluo, nem sempre o é. Melhor ter guardado do que pedir emprestado!

7. Direito: "Ciência" ou "Sistema"?

7.1. Conceito Genérico de "Ciência"

Como preliminar, cumpre discorrer sinteticamente sobre o termo-chave, ou *categoria*, conforme *Pasold*[63]. *Antônio Houaiss*[64],

---

[62] José Roberto Batóchio foi presidente da Seccional da OAB/SP, assumindo posteriormente a OAB federal. Sua colaboração na elaboração da Lei 8.904/94 [Estatuto do Advogado] foi fundamental. Na ocasião lançou essa categoria: "Ministério Privado", designando a função do advogado defensor.

[63] PASOLD, Cesar Luiz. *Prática da Pesquisa Jurídica*, OAB/SC Editora, 4ª edição, pp. 27/38.

[64] Trata-se do recentíssimo *Dicionário Houaiss da Língua Portuguesa*, em sua 1ª edição, Editora Objetiva, Rio de Janeiro, 2001, de excelente qualidade, que leva seu nome.

nos proporciona algumas visões de como se poderá interpretar o vocábulo. Interessa nesta oportunidade aqueles aspectos diretamente ligados ao Direito como um todo e, sempre que possível, o penal e suas peculiaridades. Com efeito, vê-se na página 715 uma definição bastante útil, embora não conclusiva para o nosso escopo: *"Ciências normativas: ciências que estabelecem normas para a conduta humana com respeito a valores éticos"*. Por seu turno, o Michaelis[65], página 497, nos proporciona algo um pouco mais consistente: *"{do Latim: scientia} 1. Ramo de conhecimento sistematizado como campo de estudo ou observação e classificação dos fatos atinentes a um determinado grupo de fenômenos e formulação das leis gerais que o regem"*.

Arriscamos, já agora, conceituar o termo **ciência**. Trata-se, como regra geral, de uma série correlacionada de conceitos e sistemas conceituais que se desenvolveram em virtude de obediente e criteriosa *observação, experimentação e verificação* – conforme Euzébio Rocha Fº[66], no seu "Apontamentos de Economia" – cujo objeto final será sempre a busca da *certeza* sobre o perfeito ou melhor a ser utilizado nas diversificadas atividades às quais se dedica a pessoa humana. Tal pretensão prende-se, principalmente, ao fato de que, estes três pressupostos, devem surgir de uma análise exata, criteriosa, isenta, imparcial e desapaixonada, relativamente ao *tema objeto* colocado sob observação. Portanto, não será jamais o Direito – enquanto ferramental de promoção da justiça – uma ciência, mas sim o resultado obtido na sua fonte produtora que é a Ciência Jurídica, a quem compete esmiuçar diversificados aspectos, explorando todos os ângulos de cada assunto posto em discussão, transformando ou não em *tipo penal*.

Uma advertência há de ser feita: por mais perfeita que tenha sido essa pesquisa, não há garantia de eficácia plena, eis que a sociedade, destinatária do Direito, está sempre em movimento, motivo pelo qual Kelsen colocou, acertadamente, o Direito no universo do *dever-ser* e

---

[65] MICHAELIS, Moderno Dicionário da Língua Portuguesa, edição da Melhoramentos, São Paulo, 1998.Outro dicionário de qualificação elevada, ferramenta indispensável para quem está trabalhando na pesquisa ou elaborando qualquer escrito.

[66] ROCHA Fº, Euzébio. *Apontamentos de Economia*, obra editada pelo próprio autor.

não no do *ser*[67]. As *normas jurídicas* dizem como deve ser o comportamento diante tal ou qual situação. Uma vez contrariada tal proposição, faz-se necessária a intervenção do Direito. Afinal, desde *Ulpiano* o Direito deve *dar a cada um o que é seu*. Se ele não alcançar esse objetivo, perde o seu objeto e, então, a ciência jurídica falhou. Sempre poderá haver conflito. Nesse sentido, muito bom reler o professor catalão *Juan-Ramon Capella*:[68] *"Pero no existe orden social alguno que realice automáticamente el mejor de los mundo posibles, y la contradición es una posibilidad latente en cualquer cuerpo de normas"*.

A aplicação do Direito virá somente após esse trabalho realizado pelo *cientista jurídico*, que será, salvo melhor juízo, um jusfilósofo. A sociedade tem assistido atordoada os resultados das leis que não obedecem esse itinerário. Não raro, normatiza-se algum assunto – faz-se uma lei – apenas para atender interesses imediatistas, procurando justificar o injustificável perante a opinião pública. O atropelamento, ou desobediência, dessa exigência cronológica tem produzido verdadeiros absurdos, inclusive agredindo o vernáculo, como é o caso dos *crimes hediondos*. Não crime algum que, em si mesmo já não se constitua numa conduta hedionda, posto que toda a conduta típica é um ato de hediondez[69]. Destarte, ser *hediondo* é da natureza intrínseca do **fato típico**, seja ele qual for. Portanto, irrelevante se *furto* ou *roubo*, apenas que este é mais grave que aquele.

Feitas estas observações, passemos à análise do problema sob o prisma da obra fundamental do pranteado professor *André Franco Montoro*[70]: "Introdução à Ciência do Direito". O leitor descuidado pode incorrer no equívoco de pensar que o autor retro afirma ser o Direito uma "ciência". Não é bem assim. Ao citar *Pontes de Miranda* e a sua obra: "Sistema da ciência positiva do direito", vol. II, p. 28,

---

[67] Afinal, nas ciências sociais, por excelência, as coisas se apresentam ante os fatos como "deveriam ser", diferentemente do que ocorre nas demais ciências, onde eles são como são. Ciências exatas, por exemplo.

[68] CAPELLA, Juan-Ramon. *El derecho como lenguage*. Ediciones Ariel S/A., Barcelona, Espanha, 1968.

[69] Não só eu, mas muitos outros têm apresentado protestos. Afinal, não fosse hedionda a conduta, e a criação do tal *tipo penal* não teria razão de ser. Não fosse esse elemento que representa uma verdadeira "diferença especial", na linguagem de Maria Helena Diniz, no contexto da conduta, e a pendenga se resolveria em qualquer outra rama do Direito.

[70] *Introdução à Ciência do Direito*, Editora Livraria Martins, São Paulo, 1970.

reproduz um texto que dá bem a dimensão do seu raciocínio: *"Para ser **ciência**, o direito tem de ser natural, porque todas o são"*[71]. Dessa forma, vemos descartada a hipótese de um Direito *ciência*, pelo menos como ciência positiva. Por certo, no compulsar a obra, se perceberá que *Montoro* trabalha o tempo todo empregando a *linguagem descritiva*[72], a qual *Genaro Carrió*[73] denomina de *"linguagem inteligente"*, no que tem razão, posto que esta não compromete o emissor.

Por certo, é possível admitir tenha havido a tentativa de guindá-lo à categoria de *"puramente teórica, pois à moral e o direito não se podem dizer ciências práticas, aplicadas ou normativas, pela simples razão de que não há nem pode haver ciências práticas, aplicadas ou normativas{4}, como diz Pedro Lessa"*[74]. Essa pregação de uma formulação teórica do Direito nada acrescenta para firmar este como *ciência*, já que toda a ciência surge precisamente de formulações meramente teóricas. Somente após as experimentações é que, possivelmente, venha a vingar, sobrevivendo, aí sim, como ***ciência***.

Tanto é assim, que o próprio *Montoro* tenta buscar guarida em outros autores de nomeada como *Comte*, cuja classificação não socorre a tese do Direito como ciência, já que vivemos sob a égide do *juspositivismo*, como bem colocado por *Norberto Bobbio*, no seu "Positivismo Jurídico", obra essencial para quem quiser entender a fantástica diferença entre este e o *jusnaturalismo*. Menciona o sociólogo mexicano *Luis Recánsens Siches*[75] transcrevendo um trecho do volume I.

Também nós fomos beber naquela fonte, onde encontramos um texto que nos induziu a uma metalinguagem sobre a obra de Recánsens Siches que, por sua vez, fazia o mesmo em relação a *Lundberg*: *"Esse estudo dos motivos não é científico, argumenta Lundberg: depende das preferências subjetivas de quem formula a pergunta. Um mesmo acontecimento pode ser atribuído a motivos econômicos, ao complexo de Édipo ou à conjunção dos planetas, conforme aquele que formula a questão seja economista, psicanalista freudiano ou astrólo-*

---

[71] Montoro, obra citada, p. 60.

[72] Sobre as formas de linguagem falarei logo mais, em tópico próprio.

[73] Genaro Carrió, jusfilósofo argentino, escreveu *Notas Sobre el Derecho y Linguage*. Mais adiante voltarei à obra deste autor.

[74] Montoro, obra citada, p. 59.

[75] SICHES, Luis Recánsens. *Tratado de Sociologia*, Editora Globo, 1965.

go. Para um cientista, os motivos duma pedra que cai ladeira abaixo ou dum rapaz que mata o pai são simplesmente o conjunto total de circunstâncias que intervêm no fato, e podem ser objeto de cabal estudo científico em ambos os casos"[76]. Com a criação do Direito não é diferente, pois os interesses que envolvem o legislador e o aplicador nem sempre são os mesmos do destinatário final: o povo. Exemplificando, tem-se alguns raciocínios hermenêuticos que realizam os detentores do Poder, neste momento, o Parlamento pretende ver corridos os índices progressivos do I.R., enquanto que o Executivo, oportunisticamente, tem planos de alterar – para maior – o número de contribuintes. Por certo, interesses conflitantes[77].

7.2. Conceito de "Sistema"

Poucos vocábulos são tão equívocos quanto ao aqui tratado. Para se ter uma idéia do quão amplo é o termo, o mais recente dicionário pátrio: *Houaiss*, ocupa uma folha e mais quase um terço de outra, tratando de detalhar o melhor possível. Tentando exemplificar, virão à colação apenas três hipóteses dos 37 numerais e outros 11 referenciais derivativos que não versam especificamente sobre o que nos interessa, e uma versando diretamente, conforme abaixo: *"1. conjunto de elementos, concretos ou abstratos, intelectualmente organizados. ... 2. estrutura que se organiza com base em conjuntos de unidades inter-relacionáveis por dois eixos básicos, ... 2.1. qualquer conjunto natural constituído de partes e elementos interdependentes. ...s. jurídico. jur. conjunto de preceitos e instituições resultantes de uma origem comum que têm desenvolvimento metódico semelhante"*[78]. O aqui exposto seria suficiente não fosse o afã de esclarecer o quanto possível, e é o que vamos prosseguir tentando fazer, apesar das dificuldades próprias quando se trabalha com *termos equívocos*.

---

[76] Página 82 da obra citada.

[77] Alguns parlamentares querem corrigir os índices para o recolhimento, considerando-se que esses parâmetros estão estagnados desde há 6 anos, criando uma defasagem assustadora; o Secretário da Receita somente aceita reformulações se forem criados outros patamares, o que resultará, finalisticamente, em aumento de arrecadação!

[78] *Dicionário Houaiss*, pp. 2585/6.

Dessa forma, chega-se ao **Michaelis**, não tão prolixo mas igualmente eficaz, de onde foram aproveitados dois textos: *"1. Conjunto de princípios verdadeiros ou falsos, donde se deduzem conclusões coordenadas entre si, sobre as quais se estabelece uma doutrina, opinião ou teoria. ... 2. **Corpo de normas ou regras, entrelaçadas numa concatenação lógica e, pelo menos, verossímil, formando um todo harmônico"**.* Embora não trate direta e objetivamente do Direito, ao falar de um **_corpo de normas_**, deixa claro ser possível admitir o *termo* como hipótese para o campo específico.

Na doutrina, é muito bom ler *Tércio Sampaio Ferraz Jr.*[79]. Com efeito, na página 9, um texto digno de realce: *"A palavra sistema, epistemologicamente do grego **_systema_**, provém de **_syn-istemi_** e significa o **_composto_**, o **_construído_*** [na oportunidade faz metalinguagem ao trabalho de *Alois von dier Stein*]. *... Conservando a conotação originária de **_conglomerado_**, a ela agregou-se o sentido específico de **_ordem_**, de **_organização_**. ..."*

Finalizando esta questão, que versa sobre considerar ou não o Direito um *"sistema"*, encontramos na obra de *Juan-Ramon Capella*[80], um trecho de rara oportunidade para o momento: ***"De este modo el sistema ésta determinado por la experiencia, y es ésta la que revela la necesidad de revisión. Pero en esa revisión de las leyes cientificas existen unas prioridades que es preciso respetar procurándose perturbar lo menos posible el aspecto de la ciência salvo que al hacerlo pueda obtener una simplicidad diferencialmente mayor"***. Portanto, ainda uma vez, fica evidenciado um ponto crucial de toda a sistemática da **Ciência Jurídica** e seus diversificados métodos de aplicação: *em Direito tudo é, e tudo não é.* O que estava conforme num certo momento, muito provavelmente não estará em outro, eis que a sociedade vive em constante movimento, desajustando certos valores e ajustando outros para a oportunidade. É precisamente a sensibilidade da sociedade que irá impor ao **cientista jurídico** o que deverá ser ela-

---

[79] FERRAZ Jr., Tércio Sampaio. *Conceito de Sistema no Direito* [coedição Rt e Editora da USP, 1976].

[80] Obra citada, pp. 83/84.

borado cientificamente para o consumo empírico. Afinal, o *sistema* funciona bem quando a *ciência* lhe proporciona meios adequados de aplicabilidade, e encontra ressonância junto aos destinatários. Da mesma forma que não funciona, quando colocado a serviço de interesses pessoais ou particulares[81].

8. Concluindo

Sem pretender fugir às eventuais críticas que poderão surgir, além de possíveis questionamentos conceituais, parece-me não caber, a esta altura, maiores ou melhores esclarecimentos quanto à posição do Direito dentro do sistema jurídico-normativo, que se sustenta, inquestionavelmente, num sistema adrede *pensado* e *elaborado* sob rigorosa organização metodológica. Aliás, grande parte do aqui exposto, faz parte da preleção por *Maria Helena Diniz*, nas suas aulas de Filosofia do Direito, na PUC/SP. Para ela o Direito é um conjunto de "*sistemas*", no que contraria o discurso de *Hans Kelsen*, de quem se diz discípula, sendo ferrenha defensora de algumas – não todas – de suas posições.

No que me concerne, desde sempre entendi ser o Direito não mais que um conjunto de sistemas entrelaçados entre si, procurando alcançar o mesmo escopo ao seu final: o equilíbrio social, consoante os ensinamentos de *André Franco Montoro*[82]. Ao mencionar "ciência do Direito", o autor tinha por suporte o termo *método*. Todavia, nem todo *método* atende aos rigores da ciência, podendo tranqüilamente ser um método empírico, com o qual trabalha sempre o pesquisador laico, mas que, nem por isso, estará obrando mal.

---

[81] Como exemplo, ainda uma vez um órgão de Estado [Receita Federal] dirigido por uma pessoa deveras egocêntrica, autoritária, intransigente, prepotente, etc.,etc. etc. que vê nas suas atitudes a "perfeição", agindo tal como se "*l'estat c'est moi*", seguindo fielmente o estilo implantado em 1964 pelos "economeses". Com efeito, a última de um sem número de ingresias: a correção da tabela do I.R.[exercício 2002]. Os parlamentares propuseram o reajuste tal como ocorreu aos salários no decorrer dos seis últimos anos, o que é justo; todavia, o *superman* da Receita achou por bem mexer sim, mas para aumentar a arrecadação! Esse pseudos "donos da verdade" aparecem de quando em quando, e invariavelmente se colocam como se "insubstituíveis" fossem. Pior: sempre conseguem o apoio do Poder imediatamente superior! No caso em tela, tudo está a indicar que, se o Parlamento não ceder, haverá boicote no Plenário, evitando-se desta forma o uso do voto! Coisa feia!

[82] Obra citada, vol. II, p. 7.

Da mesma forma, tal como o estimado amigo professor *Rogério Lauria Tucci*[83], vejo na Ciência Jurídica, e aí sim, a gênese de todo o sistema normativo, legal, ao qual denominamos Direito. Tanto é assim, que a produção jurídico-científica, quando da sua elaboração, é perfeita, porém, é quando o *"sistema"* se torna algo palpável, que se irá perceber os acertos e desacertos do que foi preparado cientificamente para aquele tal fim. Tal como qualquer artista, o cientista do Direito, ao elaborá-lo, não tem idéia precisa de como irá se comportar sua criação quando se materializar. É a pragmática quem irá dizer.

No frigir dos ovos, o Direito está direcionado para o *homem médio comum,* que pouco ou nada entende de *ciência*, mas percebe claramente o que lhe é bom e o que lhe é prejudicial. A partir daí, passa a cobrar a elaboração da lei que é, em última análise, a partícula essencial do Direito dentro daquele determinado contexto. Portanto, se o Direito fosse *"ciência"*, muito dificilmente poderia alcançar seu escopo, pois dependeria de pressupostos outros que não a sensibilidade empírica. Porém, enquanto *sistema*, é assimilado facilmente por seu destinatário. Como ficou amplamente demonstrado, e sobre o tema não sou nem estou solitário. Afinal, qualquer estudioso ou estudante que tiver do seu lado doutrinadores do estofo de *Hans Kelsen*[84], entre tantos outros, não pode temer sobre o que da matéria for exposto, quer no pertinente ao gênero, quer no relacionado com as variadas espécies que complementam o sistema idealizado pela ciência utilizada por este e por tantos outros pensadores em todas as quadras do tempo.

---

[83] Em reiteradas ocasiões tive a oportunidade de conviver com aquela sapiência tranqüila e desapaixonada, condição somente usufruída por quem realmente sabe. Rogério Lauria Tucci, mais e antes de ser um cientista, é "gente". Que bom para mim ter a honra de ser seu Amigo!

[84] Ao citar exclusivamente Kelsen não assumi nem insinuei ser seu adepto incondicional, tampouco qualquer forma de desqualificação ou desapego a quem quer que seja. Apenas uma singela e sincera homenagem póstuma a esse grande cientista jurídico. Afinal é uma forma de "pagar" – se é que isso é possível – o que ele nos deu durante toda sua vida.

Capítulo 2

A LINGUAGEM, FALÁCIAS OU SOFISMAS NO DIREITO

1. Introdução Pertinente.
2. Linguagem.
3. Falácias ou Sofismas.
    3.1. Formas Sistematizadas.
    3.2. Falácia e Raciocínio Dedutivo.
4. Falácias que estão fora da dedução.
    4.1. Argumento "ad hominem".
    4.2. Argumento "ad ignorantiam".
    4.3. Argumento "ad baculum".
    4.4. Argumento "ad misericordiam".
    4.5. Argumento "ad verecundiam".
    4.6. Acidente.
    4.7. Falsa Causa.
    4.8. Petitio Principii.
    4.9. Falácia das Estatísticas.
    4.10. Falácia da Ambigüidade ou da Clareza e da Ênfase Enganosa.
5. Conclusão.

1. Introdução Pertinente

Pode parecer curioso e indevido que um criminalista adentre a seara da Filosofia e da Teoria Geral do Direito, com a pretensão de abordar temas tão controvertidos quanto complicados como os deste e do capítulo anterior. Pode parecer que esses temas sejam impertinentes ao Direito Penal e que se percam na universalidade dessa área do Direito e de sua ciência. Pode, até mesmo, insinuar certo pedantismo ou atrevimento. Quem assim interpretar, estará laborando em teratológico equívoco, pois o embasamento cultural cada dia mais se faz necessário no desempenho profissional de cada um de nós. Por outro lado, esta pode ser considerada também uma abordagem que se classificaria como propedêutica cognoscitiva, sem muita preocupação com a epistemologia, jamais descartando-a, porém. É absolutamente essencial que a linguagem seja compreensível a um número cada vez maior de pessoas, tanto quanto os conceitos e definições. Deve ela, a linguagem, ser sempre a mais clara possível, maneira pela qual se evitarão inconvenientes não raro intransponíveis[1]. Tal como toda conceituação ou definição, deve estar comprometida com a precisão, concisão e objetividade.

Por certo, não se pretende transmitir muito mais que o mínimo necessário para uma primeira incursão nesse universo multifacetado e posicional. Inquestionável, todavia, é que, pelo menos esse *minus,* há de saber, de dominar, o operador do Direito. Se assim não for, o protagonista haverá de arcar com o elevadíssimo ônus pelo ocasional ou eventual desinteresse, o qual evidenciará um desembasamento que, no futuro, será deveras

---

[1] A esse respeito, uma fábula que ouvi nas Minas Gerais quando ainda menino: *Numa Delegacia de Polícia, certa noite, adentra um 'rapaz alegre' e, quebrando a tranqüilidade reinante, foi logo se dirigindo à autoridade dizendo:* **Excelentíssimo Senhor Doutor Delegado, vim participar-lhe que foi subtraído da residência de minha genitora um galináceo que o vulgo denomina peru. Não é pela importância intrínseca do semovente, mas é que minha genitora pretendia imolá-lo em holocausto pelo natalício de seu primogênito Chico, meu irmão.** O delegado, atordoado, perquiriu o 'cabo velho', então de serviço naquele momento: *Afinal, o que quer o jovem, Cabo? Ora, doutor,* responde o policial, **afanaram o peru da mãe dele!** Nada melhor que essa narrativa para demonstrar o quão inconveniente é a linguagem rebuscada, na maioria das vezes.

comprometedor. Neste momento, procede-se em sentido contrário ao que disse Zaratustra[2], com quem sempre, ou quase sempre, concordei. Assim, por agora, melhor – ou essencial – saber pelo menos o mínimo, do que se perder ao tentar saber tudo em absoluta profundidade.

Para certas oportunidades, nada melhor que reler alguns pensadores, como *Milan Kundera*[3], por exemplo, na sua impressionante *A Insustentável Leveza do Ser*: *"O que diferencia aquele que estudou do autodidata não é a extensão dos conhecimentos mas os diferentes graus de vitalidade e de confiança em si"*. Essa assertiva dá a justa dimensão do que se pretende alcançar com este tópico. É, por assim dizer, pedra de toque de tudo o que se almeja neste espaço, bem como expõe a teleologia com que está comprometido o cerne do pensamento que se desenvolverá.

É absolutamente necessário que o profissional do Direito, máxime aquele enredado com a rama repressiva, porte consigo grande porção de sensibilidade. Afinal, há muito mais entre o céu e a terra do que pode imaginar a nossa sempre pretensa sapiência sobre tudo e sobre todos[4]. Quem achar que sabe tudo, está na hora de aprender e apreender uma lição indispensável: a *humildade*. Somente quando assim entender, ou melhor, tiver a coragem de dizer de si para si mesmo: *je sais que je ne sais*

---

[2] NIETZSCHE, Friedrich. *Assim Falava Zaratustra*. Edições e Publicações Brasil Editora, Rio, 1969, p. 229: *"Antes não saber nada do que saber muitas coisas por metade! Antes ser louco por seu próprio critério, que sábio segundo a opinião dos outros! Eu por mim, vou ao fundo"*. Concordo com Nietzsche no geral, mas no particular não. Na nossa área, haveremos de saber de tudo um pouco, posto que uma multiplicidade enorme de ciências específicas nos circundam, como é o caso do momento. Por outro lado: quero ser louco, se é assim que pensam alguns incautos, por meus próprios métodos e valores, nunca porque alguém ache ou pense assim ou assado. Quanto à terceira proposição, também concordo: de minha parte, vou mesmo até o fundo, se isso puder ser útil aos que me brindam com a leitura dos meus escritos. E assim procedo em sinal de profundo respeito e gratidão.

[3] KUNDERA, Milan, escritor checo-eslováquio, no romance *A Insustentável Leveza do Ser*, ultrapassa em muito o espaço reservado ao romance – obra de ficção –, para adentrar os meandros de lições filosóficas da vida, tal como ela se nos apresenta. Por isso, para o advogado, principalmente o criminalista, essa sensibilidade é de suma importância para as tarefas humanas que lhe surgem.

[4] Aqui, parafraseando William Shakespeare, em Hamlet: *Há muito mais entre o céu e a terra do que pode alcançar a nossa vã filosofia.*

pas[5], a partir daí sim, estará mais perto do verdadeiro saber. Ah, que falta faz a humildade, diria nesta oportunidade *Zaratustra*[6]. Muitos pensam que sabem o que efetivamente não sabem, e não sabem exatamente o que sabem. Ao estudioso cumpre manter-se sempre próximo da nova cultura, sem contudo desvencilhar-se da antiga, eis que uma é conseqüência natural da outra.

Eis por que me atrevo a discorrer sobre temas de tamanha envergadura, arrostando com pouco ou nenhum temor a complexidade que fatalmente irei enfrentar. Não me empolga a idéia de ser um *experto* nesta área. Mas aquela confiança do autodidata de que falou *Kundera* se apossa de mim nesta oportunidade, cobrando apenas que eu seja sincero e humilde nas minhas proposições. Afinal, faço, ainda uma vez, metalinguagem no asseverado por este escritor fenomenal, para repetir: *Uma pergunta sem resposta é um obstáculo que não pode ser transposto*. É precisamente aqui que reside a razão de ser deste capítulo e do anterior. Nós, operadores do Direito, vivemos às turras com a linguagem, suas variadas formas e intenções. Argumentações e contra-argumentações, nem sempre das mais éticas, que visam quase sempre colocar-nos em desvantagem, pois, afinal, no nosso *métier*, um perde e outro ganha, não cabe o meio-termo. Saber laborar neste terreno, nem sempre muito firme, é diligência indispensável aos profissionais do Direito, máxime àqueles que militam na

---

[5] Trata-se de um dos últimos trabalhos do polivalente artista francês Jean GABIN, ao demonstrar a importância da idade no amadurecimento das pessoas. Afinal, é a vida a grande mestra dos nossos destinos. Ao texto "*Quand j'avais 18 ans, je disais: je sais; je sais; je sais. Quand j'avais 25 ans, je disais dejà: je disais dejà sais; je disais dejà sais. A 40 ans, je disais: je pense que je sais; je pense que je sais. Maintenant que j'ai passé les 60 ans; je dis avec tout ma conviction: Je sais que je ne sais pas*". Traduzindo: Quando eu tinha 18 anos, eu dizia: eu sei; eu sei; eu sei. Quando eu tinha 25 anos, eu dizia: eu já sei; eu já sei; eu já sei. Ao completar 40 anos, eu dizia: eu acho que sei; eu acho que sei; eu acho que sei. Agora, que passei dos 60 anos, digo com toda minha convicção: eu sei que não sei!"

[6] *Zaratustra*, fenomenal personagem criado pelo filósofo alemão Friedrich Nietzsche, através de quem o autor teceu severas e irrebatíveis críticas aos seres que se consideram superiores. Nietzsche escreveu outras grandes obras: *Gaia Scientia*, *Ecce Homo e Genealogia da Moral*, entre outras, mas foi em *Assim Falava Zarathustra* que ele realmente se revelou como um dos mais brilhantes pensadores do século XIX. Pode-se até não concordar com suas idéias de profunda lucidez e extravagante loucura – o que não é o meu caso –, mas daí a desmerecê-lo, nem pensar. Teve a hombridade e a sublime coragem de arrostar a mediocridade e a subserviência interesseira, fazendo o com maestria invulgar, como tudo que escrevia. Afinal, era um gênio, e por isso morreu louco, como vai bem a todo gênio!

nossa área: Direito Penal. Se em outros espaços as coisas já são apertadas, imagine-se aqui, onde se joga o tempo todo com dois valores fundamentais ao ser humano: **liberdade** e **dignidade.**

No transcorrer deste capítulo, procurarei demonstrar algumas das tantas armadilhas que nos apresenta no dia-a-dia a problemática da *linguagem*, que é particularmente diferenciada, posto que vive e sobrevive mercê do convencimento, ou não, sobre o que se pretende. Atividades existem que criam linguagem ininteligíveis para o *homem médio comum*[7]. Menos para esclarecer e mais para escamotear o verdadeiro escopo da empreitada. Empregando terminologia técnica que nada tem que ver com o cotidiano da sociedade, muito possivelmente, seus usuários se sentem protegidos. Diferentemente ocorre entre nós, que devemos nos expressar o mais clara e convincentemente possível. Da clareza e concisão da linguagem que se empregar dependerá o sucesso sobre o que postulamos. E o pior de tudo está em que – a nosso juízo – tudo aquilo que não vivenciamos nos parece despiciendo. Somente quando nos defrontamos com o problema concreto é que nos apercebemos das nossas deficiências[8].

Da mesma forma se demonstrará, o quanto possível, que não há como negar a utilização e a utilidade das *falácias* ou *sofismas* no campo do Direito, máxime para aqueles que exercem o *Ministério* em ge-

---

[7] Veja-se, por exemplo, a medicina, cuja terminologia científica é utilizada sistematicamente, pouco importando se o receptor está ou não compreendendo. Recentemente, o governo determinou que as receitas "devem ser datilografadas", para que a linguagem possa ser entendida por todos. Não é diferente a prática – ou tática – dos economistas, com seu "economês", somente entendido pelos iguais, com o que se pretende explicar o inexplicável! E assim por diante.

[8] Certa feita, quando ainda cursava a graduação de Direito, tive a oportunidade de optar entre "Contratos" ou "Cooperativas", durante um semestre. O professor desta última seria nada menos que Waldírio Bulgarelli. Como, na ocasião, trabalhava no Mercado de Capitais, lendo e elaborando contratos o tempo todo, fiz a opção teoricamente lógica e pragmática, mas factualmente comodista. O castigo não tardou. Logo no início da vida profissional, surgiu um caso que envolvia uma Cooperativa. Convidei o estimado professor Bulgarelli para um almoço, ocasião em que expus o caso. Ouviu-me pacientemente, para ao final me dizer: "*o problema exposto está em um daqueles três livros que você não quis ler*". Li as obras mencionadas e resolvi o problema. Entretanto, o maior proveito que obtive foi a convicção que se apossou de mim, e que insistentemente procuro passar adiante: ao advogado não é permitido dizer: isto é irrelevante; daquilo não vou precisar, etc. Aí, talvez, a razão principal destes dois primeiros capítulos. Perceba-se, ainda uma vez, que me socorro do *direito vivo*, ao justificar ou explicar uma hipótese.

ral[9], mas principalmente o criminalista – *come me* –, sempre às voltas com a necessidade mais premente de persuadir, quer quando ***defende***, quer quando ***acusa***. Aqui com muito menor impacto, e com muito maior preocupação com os valores éticos. Esta posição se me apresenta como cláusula pétrea.

Neste reduzido espaço, procurarei desmistificar o lamentável equívoco de que o uso da falácia pressupõe, na maioria das vezes, engodo desnecessário. Destarte que, militante na área criminal, admito sem maiores problemas o emprego deste recurso, conquanto somente *in bonam parte*: apenas para os labores da *Defesa*, nunca para os da *Acusação*. Esta, por suas características, deve viajar por terreno mais sólido e menos comprometedor da **Lógica**, que está preocupada não com a realidade fática, mas com a validade dos argumentos articulados.

Argumentos lógicos são essenciais, mas devem estar o mais próximo possível da ***verdade real*** se não com ela inteiramente comprometidos. Somente esta interessa ao Direito Penal, descartando-se o quanto possível a outra: ***verdade formal***. Se, na parte adjetiva, a forma é imprescindível, na área substantiva quer-se o ***fato*** em toda a sua inteireza, pouco importando se cruel ou não. Se brutal ou não. Se a vida criou o fato assim, é assim que ele deve ser retratado. Maquiá-lo de nada adianta. Esta, quiçá, a mais cruel das armadilhas a que ficam expostos os que militam no Direito Penal. Eis por que há de dominar a linguagem, procurando, destarte, fazer parecer o ***real*** menos cruel, menos bárbaro, menos chocante, se isso for possível.

2. Linguagem

Em sentido amplo, e por que não dizer, filosófico, entende-se por ***linguagem*** todo meio empregado pelos seres vivos para o fim de

---

[9] Não é demais repetir: a expressão é da autoria de José Roberto Batochio, quando Presidente do Conselho Federal da OAB. *Ministério Privado,* designando a atividade do advogado no desempenho do seu mister. O outro: *Ministério Público,* é privativa e exclusiva prerrogativa do Estado. Portanto, equivocam-se os que insistem no discurso de que o Promotor Público deve acusar sistematicamente. Ele tem o dever constitucional, isto sim, de fiscalizar a correta aplicação da lei, coibindo a prática de equívocos que possam levar uma pessoa potencialmente inocente a ser processada, quando a prova é nenhuma, ou quase, para ao final, ser absolvida. Esta é uma questão aporética, que carece ser repensada por tantos quantos possam alterar o curso dos inúmeros *equívocos* que vêm ocorrendo diuturnamente.

se comunicarem[10], utilizando, cada um à sua maneira, os recursos e as peculiaridades de cada segmento. Alguns com métodos sofisticados, devidamente elaborados, outros nem tanto, e alguns rudimentarmente, ao menos entender o ser humano. Mas, de alguma maneira ou forma, todos mantêm um sistema disponível para esse fim: o de se comunicar[11].

Aliás, este termo: **linguagem**, é marcado pelo estigma da **equivocidade**[12] assunto a ser tratado logo mais. Sendo assim, presta-se para várias finalidades. Dada a escassez de espaço, discorrer-se-á apenas sobre alguns aspectos julgados relevantes para o escopo deste trabalho, colocando-se à disposição do leitor apenas o minimamente essencial.

Lieb Soibelman lança mão de uma frase de Túlio Ascarelli – monstro sagrado do Direito Comercial: *A desgraça da ciência jurídica está nas incertezas terminológicas* e Taine, na sua *"Correspondance"*, vol. IV, p. 320: *"As palavras que designam as coisas morais e sociais são vagas e inexatas e não transmitem jamais ao leitor a impressão precisa e total que tinha o autor"*[13]. Aí está uma síntese da complexidade do assunto a ser abordado, com o que se pretende deixar clara a imperiosidade do desenvolvimento do

---

[10] Pode parecer uma afirmação muito elástica, mas não é. Não somente os seres humanos se comunicam. Também os animais nos entendem, embora quase nunca os entendamos. José Mauro de Vasconcellos, escritor goiano que morreu bastante jovem ainda, autor de *Meu Pé de Laranja Lima*, escreveu também *Rosinha Minha Canoa,* onde o pau da barca, ao viajar pelo rio, conversava com as árvores ainda em pé, que o viam passar! Ao final, o barqueiro fica conhecendo esse segredo que lhe foi transmitido por aquela lasca de madeira que, com o passar do tempo, ficou sua amiga. Noutro livro: "Confissões de Frei Abóbora", descreve a doentia paixão de uma lagartixa pelo Frei Abóbora e a maneira pela qual eles se comunicavam! Também a luta do personagem na sua incessante comunicação com Deus, com quem ora brigava, ora acariciava! Vale a pena observar a forma de intercomunicação que o autor acreditava existir entre todos os seres que habitam o universo. Finalmente, veja-se *Central do Brasil.*

[11] Sem pretender ser repetitivo, vejam-se, por exemplo, as baleias, cujos sons emitidos viajam distâncias imensas para o fim de intercomunicação. Os gatos são outro exemplo. Emitem diversos tipos de miado, cada qual significando um comunicado: agradecimento, reclamação ou pedido de socorro, e assim por diante. Sugere-se assistir a um filme francês: *Mon Oncle d'Amérique* – Meu Tio da América, que demonstra, cientificamente, a grande coincidência entre as reações humanas e dos animais.

[12] Os *termos,* ou vocábulos, são *equívocos* quando se prestam para diversas finalidades, significações; e *unívocos* quando atendem objetivo único. Exemplo de termo equívoco é o vocábulo **direito**. Um só exemplo esclarecerá tudo: *Tício, mercê de concurso ingressou na* **Faculdade de Direito** *da Arcadas. Agora, depende exclusivamente dele usufruir da faculdade de aprender direito a matéria.* Dois vocábulos reprisados, significando coisas diferentes.

[13] *Enciclopédia do Direito*, Editora Rio, 2ª ed., 1979, página de abertura.

texto. É precisamente no emprego da linguagem que reside, da mesma forma, o sucesso ou insucesso da tarefa à qual se dedica o operador do Direito.

A despeito de todo o exposto e todas as justificativas, além de todo o esforço despendido, o problema, posto que aporético, continuará a nos perseguir para muito além deste modesto trabalho. Diante de tal infungível circunstância, impõe-se que cada um trate de fazer sua parte. Mas é fundamental, reitere-se, que seja algo novo, não a *mesmice* de sempre já criticada antes. De minha parte, vou em frente. Se acertar, tanto melhor, se me equivocar, tratarei de corrigir o curso do raciocínio, restando, ainda, a certeza de ter tentado com afinco e seriedade acertar, o que já é bom, muito bom. Aqui convém relembrar Brecht: *El hombre que lucha un dia és bueno. El que lucha muchos dias és mejor. El que lucha mucho tiempo es muy bueno. Pero el que lucha la vida intera és lo imprescindible*[14]. Importante mesmo é deixar consignada a intenção de ofertar alguma colaboração para o futuro. Sempre vale a pena tentar. E, por isso, vou prosseguindo enquanto é possível.

Interessa, todavia, saber quais as formas de que o ser humano dispõe para se comunicar com seus semelhantes. São elas: **glótica, gráfica** e **mímica.** Todas elas importantes, dependendo da ocasião e das circunstâncias. Dessa forma, não há como nem porque descartar qualquer delas. A primeira é, indubitavelmente, a mais utilizada. Através dela o ser humano emite sons articulados que, respeitada a questão idiomática, transmitem a comunicação pretendida. Para Tércio Sampaio Ferraz Jr., aquele que quer se comunicar é o *emissor*, enquanto o destinatário do comunicado é o *receptor*.

Como regra, todas as pessoas **falam**. As alterações apresentadas pela *Lingüística*[15] ficam por conta das variações provocadas pelo

---

[14] BRECHT, Berthold *in Poemas Escolhidos*. Traduzindo: "O homem que luta um dia é bom. O que luta muitos dias, é melhor. O que luta muito tempo é muito bom. Porém o que luta a vida inteira é o imprescindível".

[15] No particular, questionando a plena eficácia de uma possível Lingüística Jurídica, leia-se Eduardo Carlos Bittar, em *Linguagem Jurídica*, p. 6. *In verbis: "A Lingüística, esta sim, apresentar-se-ia como forte candidata para cumprir essa finalidade, porém como estudo científico da linguagem humana"*, fazendo menção às obras de André Marinet e Gerard Cornu. Na p.7, coloca sua tese: "*É por oposição a essas perspectivas redutoras que se poderá melhor dimensionar o estudo da Semiótica Jurídica, incumbida da tarefa de investigação do movimento sistemático do Direito por meio de seus discursos (movimento macrossemiótico), não se desconsiderando as perspectivas internas em que se desdobram as manifestações jurídicas de sentido por meio de seus discursos próprios (movimento microssemiótico)"*.

idioma local. A linguagem gráfica, mais exclusivista, padece do mesmo problema de origem e destino. Vale dizer: necessário, mas não como regra fixa, que remetente e destinatário sejam da mesma nacionalidade. Finalmente, a mímica. Esta, por suas peculiaridades, alcança a todos indistintamente, pois gestos e sinais são universais. Entre nós, advogados, funcionam as duas primeiras, as quais temos obrigação de dominar. A mímica por sua vez, via de regra, é acessório da linguagem glótica, através de que se complementa o pensamento e a mensagem que se pretende transmitir.

Sobre a **Semiótica Jurídica** pouco a falar, tendo em vista o sintético espaço a ela reservado neste trabalho, que lhe dedica atenção meramente propedêutica[16]. E sem perder de vista a anterior premissa, segue-se que a *"semiótica é a arte dos sinais"*, conforme Caldas Aulete. Teoria através da qual se procura harmonizar os signos, dando-lhes conjunto e significado perceptível. Sintetizando ainda mais: sinais utilizados nas comunicações, na linguagem. Modernamente a Semiótica tem na figura do professor de Milão Umberto Eco seu maior expoente, que não somente se dedica à matéria pedagógica mas, com muito sucesso, é autor de obras de ficção excelentes[17]. A **Semiótica** está dividida em três partes:

sintaxe: do grego *sintaxis*, a quem incumbe o estudo das relações entre as palavras e a frase; e a relação entre estas no discurso, proporcionando uma conotação lógico-gramatical à comunicação. Não fosse por ela e todo o transmitido perderia o sentido e, como conseqüência, o conteúdo.

semântica: também do grego, *semantiki*, se constitui no estudo analítico das alterações havidas no significado das palavras, quer por provocação do tempo, quer por outras razões genéricas ou específicas daquele determinado grupo que a está utilizando.

pragmática: ainda do grego *pragmatiki*. A Pragmática é uma linha doutrinária que estuda a praticidade, o valor prático das coisas. Nem seria necessário mencionar a sua importância na área jurídica. Os discursos, sejam ele orais – glóticos – ou escritos – grafados –, tanto melhores quanto mais práticos forem. Louvem-

---

[16] Para melhores esclarecimentos, leia-se Bittar, obra citada, pp. 8/20.

[17] Entre outras, *O Pêndulo de Foucault* e *O Nome da Rosa*, ambas traduzidas para o português.

se aqueles que possuem o dom da síntese, pois seus discursos são melhores para digerir[18].

O interesse é, pois, consignar que a **Semiótica Jurídica** trata de uma linguagem que é própria do operador do Direito, com seus significados e símbolos. Através do aqui exposto resta a convicção de que nós, mais que outros, dependemos do domínio que tivermos sobre a linguagem como um todo. Bom profissional é aquele que fala e escreve com facilidade. Cansa menos!

Outra particularidade da linguagem está em que nem sempre o que está explícito, ou parece estar, é precisamente o que pretende o *emissor*. Disso resulta a necessidade de utilizar a *hermenêutica*, que é a ciência que se dedica ao labor de interpretar o verdadeiro conteúdo da linguagem[19]. Exemplo disso é a obra de Hans Kelsen, no ramo do Direito, em Friederich Nietszche e seus escritos filosóficos[20], para não alongar a lista[21].

A linguagem pode ser enfocada sobre o prisma do *fraseológico*, forma pela qual distintos grupos de pessoas se comunicam, fazendo-

---

[18] Poder de síntese: veja-se Paulo José da Costa Jr., não-somente quando escreve, também quando fala.

[19] Entre nós, leia-se a obra de Carlos Maximiliano. Temos também outros, entre os quais Tércio Sampaio Ferraz Jr., Eduardo Carlos Bianca Bittar. Lá fora vários autores, por todos Juan-Ramon Capella e Genaro Carrió. Aceite-se o aqui colocado como uma ínfima amostragem da produção intelectual existente na área.

[20] De ambos, temos, a esta altura, a interpretação da interpretação. Sempre é possível entender de forma diferente o mesmo texto. Não-somente eles, mas fundamentalmente eles, que mais sobressaem. Exemplo disso está no "super-homem" ou "homem superior" de Nietszche ficção que aparece na boca do personagem Zaratustra. Nem estudiosos nem tradutores, para quem as coisas são sempre mais fáceis, conseguiram chegar a um acordo a respeito do tema.

[21] Mesmo não pretendendo alongar a lista, não seria sensato deixar *in albis* pelo menos outras três fontes esclarecedoras. Veja-se nas letras musicais de Chico Buarque e Milton Nascimento. O primeiro diz: "*apesar de você, amanhã há de ser outro dia*". Fica a nítida impressão de que a comunicação versava sobre uma mulher. Mas não era, não. Milton diz *fugir às armadilhas da mata escura*. Afinal, que mata escura é essa? Não um matagal fechado, onde a visão se torna precária e difícil, mas os percalços diuturnos que nos circundam, contra os quais quase sempre estamos desatentos. Finalmente, outro filme: *Muito Além do Jardim*. No enredo, o homem sem cultura e sem maldade alguma, mas profundamente sensível, falava das coisas da sua profissão: jardineiro, e o receptor da comunicação entendia outra coisa completamente diferente. Muito bom!

se entender mutuamente[22], acabando por interagir entre si [por amostragem, o "economês", maneira irônica de se fazer menção à linguagem utilizada pelos economistas]. Maneira particular de falar de um certo grupo, ou mesmo de uma só pessoa. Por exemplo, *aquele grupo desenvolve uma linguagem altamente intelectualizada.* Isto quer dizer que ali o nível cultural é alto. Outro exemplo: *dirigiu-se ao público utilizando linguagem debochada e inconveniente* ou então: *"trata-se de pessoa cuja cultura se percebe por sua linguagem tosca."* E assim sucessivamente. Pela linguagem que utilizar o emissor-interlocutor – poder-se-á aquilatar o rumo das tratativas. Há de se prestar muita atenção na linguagem que está posta, pois ela é o referencial das relações humanas[23]. Se, no geral, essas atenção e cuidado são imprescindíveis, imagine-se na diuturnidade do operador do Direito, principalmente no labor diário do advogado!

Variadas são as formas de linguagem de que somos emissores e receptores, conforme se viu nesta rápida amostragem. Entretanto, e no mesmo compasso: poucas palavras e objetividade, tem-se como premissa a destinação do **comunicado**. Segundo Genaro Carrió, jusfilósofo argentino, a linguagem, quando mal despachada, passa por um processo de enfermidade. Isto se dá precisamente quando, ao

---

[22] Sobre a forma grafada de comunicação, trago algo do *direito vivo*. Certa feita advogávamos, Ivan Carlos de Araújo e eu, num caso de seqüestro ocorrido no Norte do Paraná, cujo local exato, nomes das respectivas autoridades e outros detalhes identificadores a Ética impõe o dever de sigilo. Havia no processo duas pessoas absolutamente inocentes, que ali estavam exclusivamente em homenagem ao **nome de família.** Com o primeiro magistrado, as coisas correram bem, havendo total e absoluta isenção, predicado este presente também na conduta ilibada do digno Promotor Público da comarca. Um dos rapazes preso foi liberado logo após a interrogatório e auto de reconhecimento. Quanto ao outro, estávamos negociando sua apresentação. As coisas começaram a complicar quando saiu da comarca o primeiro magistrado substituído por outro que ali chegara. Desde então, a Defesa se via, invariavelmente, acuada no cumprimento de seus deveres. Foram tantas as decisões que demonstravam visível parcialidade, que assim nos manifestamos numa petição: "MM. Juiz. São tantos os equívocos e desencontros, que a Defesa chega a duvidar e questionar o **mero acaso**". O magistrado, ao ler a petição, disse não ser aquela a área do Direito com a qual melhor lidava. Ficasse a Defesa tranqüila quanto a qualquer preconceito, etc. Ao final, deu-se por impedido, tendo em vista a manifestação da Defesa, que ele, juiz, acolhia como suspeição. Veja-se a força da linguagem, e a interpretação a ela ofertada pelo magistrado!

[23] Utilizei a expressão "relações humanas", porque esta é a tônica do discurso e este o referencial do trabalho neste momento. Todavia, não-somente entre os seres humanos poder-se-ão aferir as relações existentes. Entre os animais, por exemplo, é facilmente perceptível se há amistosidade ou animosidade. E assim por diante.

invés de esclarecer, a linguagem confunde àqueles a quem deveria esclarecer. Por isso, tanto melhor a linguagem quanto mais clara e precisa. Disso resulta haver uma divisão essencial a seguir, visando a dominar a destinação da comunicação. Essa divisão tem quatro compartimentos principais, sobre os quais se discorrerá sinteticamente.

Linguagem Descritiva. É a forma de comunicação, que pode ser verbal ou grafada, pela qual o emissor não se expõe, apresentando seu ponto de vista. Limita-se com toda a isenção a relatar o fato e suas circunstâncias, sem jamais emitir qualquer forma de juízo axiológico, objetivando tão-somente o ontológico. Chamam-na "linguagem inteligente", posto não estar comprometida com o conteúdo transmitido. Exemplo simples: *Ao amanhecer chovia copiosamente, e os trabalhos com a colheita não tiveram início naquele dia.* Percebem-se em todo o período apenas duas informações: muita chuva naquele momento; a colheita ficara interrompida. Em ponto algum se afirma que a colheita estava parada por causa da chuva. O receptor é quem terá de interpretar e valorar a causa da interrupção do trabalho. Afinal, mesmo com chuva a colheita poderia ter sido realizada. Ou não?

Linguagem Diretiva. Esta porta consigo um conteúdo autorizativo, quando não autoritário. Sempre há uma voz de comando do emissor para o receptor. Esse comando pode ser autorizativo a fazer, tal como pode estar liberando ou proibindo quaisquer ações. Para ilustrar, as intimações policias: *De ordem do Doutor fulano de tal, autoridade que preside o I.P. nº xxxx, fica V.Sa. intimado para prestar esclarecimentos nesta Delegacia de Polícia, no dia xx, às xx horas. Advertência: se não comparecer sem motivo justificável, poderá ser processado por desobediência, art. 330 do CP.* Há na parte descritiva o conteúdo autoritário, incisivo. Outros exemplos: *sirva-nos café e água, por favor; os interessados deverão retirar a senha e aguardar pela chamada do número; favor anunciar-se antes de entrar.* Posto que muito incisivos esses comunicados, a essa linguagem reagem, não raro, as pessoas de maior sensibilidade. Existem maneiras mais amáveis de utilizar essa espécie de linguagem, conforme ficou demonstrado. Mas, como regra, ela sugere prepotência, arrogância, etc. de seu emissor.

Linguagem Operativa. Esta a linguagem com a qual se mantém o universo em constante mutação. Afinal, as coisas nunca são como antes exatamente porque o mundo vive em constante movimento. Nessa linguagem compreendem-se aqueles comandos responsáveis por todas as alterações, tanto faz se de natureza material ou meramente formal. Aí alguns exemplos para facilitar as coisas: *De ordem do Senhor Ministro do Racionamento, os municípios tais terão feriados compulsórios todas as segundas-feiras. Visando a economizar energia.* Qual a alteração? A sensível diminuição da produção. *Por decisão deste Tribunal, expeça-se imediatamente o Alvará de Soltura...* Em que consistiu a alteração: alguém, que estava preso, viu-se livre. Muitos outros exemplos poderiam ser trazidos, mas por ora basta.

Linguagem Expressiva. Esta, a meu juízo, a mais importante para a instrução do processo judicial em geral e, particularmente, para o criminal. Aqui, pouco de que se fala e se transfere para a grafia pode estar representando integralmente o que quis dizer o emissor. Lamentavelmente, nosso sistema trabalha em cima da fala e da transcrição, e nem sempre a verdade aparece na sua inteireza[24]. Nem sempre, ou melhor: nunca o sentimento do informado passa para o papel; ali só chega a frase fria e, por vezes, até sem nexo, já que completamente desconsideradas as entrelinhas. Num Júri em São Paulo, diz a acusada, quando do seu interrogatório em Plenário: *"Durante o dia, quando são, era um anjo; à noite, quando bebia, se transformava num demônio"*[25]. Matara seu companheiro com três tiros, de cima para baixo. Para esboçar estas poucas palavras, demorou cerca de quinze minutos, precisando o Juiz solicitar a vinda do enfermeiro, pois a mulher já não falava, balbuciava. Somente quem assistiu àquela cena seria capaz de entender tanta dor, tanto desespero! Tratava-se de um crime passional.

---

[24] Certa feita, instruía-se um caso de exploração do lenocínio, em Poços de Caldas. A acusada era uma mulher com 62 anos de idade, que aparentava muito mais. Doente e sem poder continuar a lavar roupa para fora, que era o que sempre fizera, montou uma casa para receber casais em curta permanência. Coincidentemente, ao lado da Delegacia Regional de Polícia! Fora autuada em flagrante delito. Assumi o patrocínio da sua defesa, já que não tinha sequer o dinheiro para as fotocópias! Na instrução, quando por mim indagado, depôs o Senhorio: *"Ah, a Fulana! É uma véinha, coitada!".* Uma "véinha" que nem sequer tinha dinheiro para as despesas processuais como as antigas fotocópias. Resultado: absolvida por *estado de necessidade*, com sucesso absoluto.

[25] Julgamento realizado em 05/12/85, no 1º Tribunal do Júri da Capital, São Paulo, onde atualmente está instalado o Tribunal de Justiça. Historicamente, este foi o antepenúltimo julgamento naquele plenário. Depois, ficou muito tempo fechado e, agora, funciona como museu.

Antes de deixar para trás estas considerações genéricas, convém consignar: todos os seres possuem sua linguagem. Algumas são rudimentares, mas ainda que assim seja, sempre se prestam para a intercomunicação daquele determinado segmento. O fato de não entendermos a linguagem de outras categorias que não a humana não nos autoriza a depreciá-la. Toda linguagem tem sua própria estrutura. O ser humano é, dos animais, é o que dispõe de mais recursos para intercomunicar-se, embora nem sempre utilize a mesma linguagem que seu antagonista. Por fim, havendo empatia entre o ser *emissor* e o ser *receptor*, sempre haverá interação, precária ou não, mas interação[26]. E assim por diante. Há sempre real possibilidade de intercomunicação. Provar que são válidos os argumentos empregados constitui o ápice da tarefa obrigatória de convencer para quem postula, quem contesta, quem decide. Se, ao contrário, o protagonista não consegue tal intento, então jamais será um bom profissional, pouco importando sua área de atuação.

3. Falácias ou Sofismas

A utilização da **falácia** ou **sofisma** é usual na labuta do militante na área jurídica, máxime aqueles que representam as *partes* no processo. Entretanto, essa prática, equivocadamente, é considerada um engodo desnecessário. De minha parte, militante na área criminal, aceito o uso da falácia ou sofisma, desde que para o mister da Defesa, nunca para a Acusação. Esta, por suas características, deve trilhar no terreno mais sólido e menos comprometedor da *Lógica*.

Um dos principais motivos do emprego e facilitação desse expediente está em que um *termo* nem sempre tem o mesmo significa-

---

[26] Exemplo se pode tirar da relação entre os animais de estimação e seus donos. Os cães, após algum tempo de relacionamento com seu dono, obedecem à voz de comando. Mais que isso: sabem quando estão sendo reprovados ou aprovados pelos seus atos apenas pelo tom de voz ou pela expressão de seu dono. O mesmo ocorre com os gatos, embora com maior dificuldade, tendo em vista o espírito de liberdade e independência desses animais, irreverentes por índole, o que os faz desobedientes, não por precariedade de percepção da comunicação, mas pela maneira de ser de cada um deles, pela sua própria natureza.

do[27], representando às vezes situação inversa do que dele se pretendia. Interessa entretanto, analisar as *falácias* do ponto de vista jurídico, adequando-as ao ***raciocínio lógico,*** sempre que possível. Todavia, quando impossível o seu emprego sem provocar perdas, melhor adotar outro instrumento a se expor à condição de profissional antiético, mendaz[28], etc. Da linguagem logicamente escorreita surge a credibilidade que se dispensará ao ex-adverso, seja ele do ramo público seja do privado. Todavia, se assim não for, que não insira no contexto o dolo: vontade de ludibriar.

A *falácia* ou *sofisma* – do grego *sophisma* – é aquele argumento enganoso, mas que ostenta a aparência de verdadeiro. Lexistas dizem-no "raciocínio capcioso", o que induz a má-fé do emissor termo categórico empregado por Tércio Sampaio Ferraz F° designar aquele que transmite o argumento. No mesmo sentido a *falácia* do latim *fallatia,* que consiste no argumento que porta consigo a burla, o engodo, o dolo, utilizado pelo *falaciador*, emissor de tal linguagem.

Conquanto a *falácia* ou *sofisma* enfoque, não raro, uma posição de pejo, evidenciando via de regra um argumento capcioso, como dito acima, não se pode desprezá-la, à guisa de moralismo acadêmico, quando não hipócrita. Seria pelo menos infantil e irresponsável desdenhar tal recurso, apenas fingindo não querer ferir a ***Ética*** e a ***Moral***. Pior que a imoralidade é o falso moralismo. Vem do querido e saudoso amigo, professor João Bosco Vieira, Promotor Público que viveu sempre em São Carlos, a quem presto esta humilde homenagem póstuma, a lição de honestidade e sinceridade que agora reproduzo: *A Moral não tem regra fixa.* Daí então ser permitido dizer que: o que pode ser afirmado, logo, pode ser negado[29]: ***a correção ou a incorreção lógica é inteiramente independente da validade das premissas*** [30]. Sem olvidar que

---

[27] ***Termos equívocos*** são aqueles a que se prestam diferentes significados e, portanto, também interpretações. Os ***unívocos*** são fixos quanto ao seu comunicado. Os primeiros se constituem em verdadeiros "calcanhar de Aquiles" no cotidiano, pois podem estar a representar coisa diversa da pretendida, ou mesmo induzindo em erro o opositor.

[28] De ordinário se confunde um argumento falacioso com aquele que é mendaz ou antiético. Mendaz é mentiroso, burlesco, mal-intencionado. Antiético é aquele que não respeita princípios mínimos de seriedade. Nada disso ocorre – nem pode ocorrer – com o argumento falacioso.

[29] MILL, John Stuart. *Sistema de Lógica Dedutiva e Indutiva*, Victor Civita, Editor, São Paulo, 1979, p.172.

[30] SALMON, Wesley C., in *Lógica*, Zahar Editores, Rio de Janeiro, 1978, p. 17.

em todos os feitos os contendores se defrontarão sempre com *duas verdades*: a *real* e a *judicial*[31], conforme disse Calamandrei.

Além da pertinência, importância e variados significados da *linguagem* no cotidiano, hei por bem aqui procurar demonstrar que não somente os militantes na área jurídica – magistrados, membros do Ministério Público e Privado, juristas e advogados – são usuários dos meios de comunicação o quanto possível inteligíveis, como das falácias ou sofismas. Também outros segmentos lançam mão não só dos recursos oferecidos pela **Lógica**, como também de suas variantes: **falácias** ou **sofismas**. Forço a discussão de tais temas, visando escapar da *mesmice* que vem sendo adotada por considerável parte dos nossos doutrinadores, até mesmo por aqueles que, com justiça, ostentam tal título, já que outros tantos dele se apossam sem nada produzirem que possa justificar a postura adotada.

Do pouco que já foi dito – e não pretendo me expandir além do estritamente necessário – dá para inferir que, principalmente na defesa do *status libertatis* da pessoa humana, é tolerável o uso de *falácias* ou *sofismas*. O antigo Estatuto dos Advogados (Lei 4.215, de 27 de abril de 1963, substituída pela Lei 8.906/94), dizia no inciso XII do art. 87: *"recusar o patrocínio de causa que julgar imoral ou ilícita, salvo a defesa em processo criminal"*. Não fosse essa permissão normativa e as relações de convivência social desses profissionais se transformaria em um amontoado de argumentos insustentáveis, por problema de um pseudoconceito de Ética. Impõe-se, todavia, que este expediente não se torne regra geral ou de matizes meramente pecuniários, sob pena de aumentar, ainda mais, a crise de crcdibilidade por que passa a atividade profissional, como de resto todas as outras subsidiariamente vinculadas ao Direito e ao Judiciário[32].

---

[31] Conta Piero Calamandrei – *Eles, os Juízes, vistos por nós, os Advogados* – que, certa feita, chegou a uma pequena cidade um jovem magistrado. Pela ausência de outros durante muito tempo, os processos estavam todos atrasados. Urdia colocar ordem na casa. Assim, tomou conhecimento que trabalhavam na comarca 100 advogados, demandando em 50 causas. Como primeira providência julgou aqueles casos de uma só vez. Deu ganho de causa aos 50 advogados de uma banda, sob a argumentação de que eles "*falaram a verdade*". Noutra oportunidade outras 50 causas e novamente os mesmo profissionais. Desta feita, deu ganho de causa aos 50 advogados antes derrotados, usando o mesmo argumento: eles "*falaram a verdade*". Moral da história, todos os advogados eram mentirosos!

[32] Por todas, a situação das perícias em geral, que vivem expostas a questionamentos infindáveis, cada qual pretendendo impor como "boa" a ofertada pelo seu perito! Não se trata de regra fixa, mas que comumente surge nas pendengas judiciais.

3.1. Formas Sistematizadas

Conceito

Por *falácia* ou *sofisma* denominam-se todas as argumentações – ou contra-argumentações – que procuram arrimar-se em premissas aparentemente válidas ou verdadeiras, com o quê se pretende afirmar ou negar certa proposição.

Diz-se que foi Aristóteles, com o fito de resguardar as obras de Sócrates e Platão – seus antecessores –, o criador do argumento sofista[33], e que exercitou tal arte na Escola de Filosofia que fundou quando do seu regresso a Atenas. Escola essa que ficou conhecida pelo nome de *peripatética*, posto que o grande filósofo lecionava caminhando pelas ruas com os seus discípulos.

São raros os autores que definem a falácia e o sofisma. No dizer de Luiz Fernando Coelho, professor de Filosofia do Direito no Paraná, falácias são: *raciocínios enganosos, os quais, embora observem rigorosamente os princípios da Lógica Formal, levam a conclusões que distorcem a realidade, muitas vezes de má-fé*[34]. Já o dicionarista Aurélio Buarque de Holanda, no verbete **sofisma**, diz: *argumento aparentemente válido, mas, na realidade, não conclusivo; silogismo crítico*[35]. Sobre a falácia, o mesmo autor diz ser a qualidade do falaz, que é igual a enganador, ardiloso, fraudulento, etc.

Reitera-se, então, a necessidade de que o uso da falácia ou sofisma deve ser criteriosamente policiado pelo jurista, advogado, promotor de Justiça, magistrado, etc., evitando-se, dessa forma, os agravamentos nas relações da linguagem jurídica, já em si mesma tão precária, como explana o jusfilósofo *Genaro Carrió*[36]. No mesmo sentido outros autores, entre os quais o espanhol Juan-Ramon Capella e o patrício Tércio Sampaio Ferraz Jr., este último professor da FADUSP e PUC/SP.

---

[33] Cf. *BARSA – Enciclopédia Britânica Editores Ltda.* Edição 1965, vol. 2, p. 140.

[34] COELHO, Luiz Fernando. *Lógica Jurídica e Interpretação das Leis*, Editora Forense, 1979, pp. 179/180.

[35] *Novo Dicionário Aurélio.* Editora Nova Fronteira, 1ª edição, 1976, p. 1.327.

[36] Trata-se de jusfilósofo argentino, que escreveu sobre a Linguagem Jurídica, dizendo das "enfermidades del linguaje jurídico."

3.2. Falácia e Raciocínio Dedutivo

Seria pouco ou nada racional prosseguir arrazoando sobre o tema, sem antes examinar o que seja um *raciocínio dedutivo válido*, já que se tratará sempre dos denominados *raciocínios dedutivos não válidos*[37]. Por *raciocínio dedutivo (silogismo)* entende-se aquele no qual as *premissas* estão de tal forma relacionadas entre si, que a conclusão será, irremediavelmente, conforme e harmônica – premissa maior e premissa menor. Veja-se, como exemplo, o silogismo que se montará a seguir:

A) *Todo **auto de prisão em flagrante delito deve ser presidido por um** Delegado de Polícia* – premissa maior.

B) *Este é um auto de prisão em flagrante delito* – premissa menor.

C) *Logo, deve ser presidido por um Delegado de Polícia* [conclusão].

O silogismo acima versa sobre regra geral do Processo Penal. A autoridade policial, em tais casos, será sempre um Delegado de Polícia, ou quem lhe faça as vezes por disposição normativa[38].

Nos crimes militares, o *oficial-de-dia* é autoridade competente para presidir o auto de prisão em flagrante delito. Trata-se, bem de ver, de situação especialíssima, que se curva, inclusive, à legislação e jurisdição especiais.

Falácia dedutiva, por sua vez, é composta de argumento cuja forma não é válida, mas que pode, facilmente, induzir a erro o menos avisado. Isto porque se confunde com muita facilidade com as formas válidas, levando o interlocutor a conclusões errôneas. Veja-se a demonstração abaixo:

"Todo auto de flagrante delito deve ser presidido por delegado de Polícia. Tício é delegado de Polícia. Logo, Tício deve presidir o auto de prisão em flagrante".

Aparentemente esse raciocínio está correto, posto que lógico. Mas, quando da realidade fática, poder-se-ia dizer que Tício, pelo

---

[37] Estes são os denominados raciocínios falaciosos ou sofismáticos.

[38] Esta é a regra. Existem exceções em alguns Estados-membros, onde a autoridade de Polícia Judiciária é exercida por pessoa não concursada – e sem grau de bacharel em Ciências Jurídicas – nomeada pelo governador. De qualquer forma, trata-se de situação anômala, e, por isso mesmo, deve ser ventilada para não se incorrer em aplicação de uma falácia.

simples fato de ser delegado de Polícia, deve mesmo presidir autos de prisão em flagrante? Por certo, não. Afinal, nem só e exclusivamente de prisões em flagrante se subsume o cargo de delegado de Polícia. Se esta autoridade estiver investida nas funções de responsável por um setor de atendimento público congênere e afim, tudo bem. Mas, por outro lado, se estiver lotado em outras funções que não o Plantão Policial ou a Delegacia de polícia, então não. Há certo ilogismo na afirmação, porque nem todo delegado de polícia tem como obrigação funcional a responsabilidade de presidir autos de prisão em flagrante delito.

Saliente-se, ademais, que a ***verdade*** é propriedade de enunciados isolados, ao passo que a ***validade*** é propriedade dos argumentos. Dessa forma, a validade de um argumento depende muito mais de sua forma, e muito menos do seu conteúdo. Dessa maneira, se as premissas forem verdadeiras, também o será a conclusão, e a recíproca se faz verdadeira.

Enunciados Condicionais. Entre as formas válidas do ***argumento dedutivo***, temos duas que contêm um ***enunciado condicional***: *modus ponens*[39],[que é a afirmação do antecedente]; e o *modus tollens*[40], [que é a negação do conseqüente]:

É facilmente perceptível que essa semelhança: *–Se "p", então "q" – "q", "p"* ou *Se "p", então "q". Não "p"; Não "q"*, poderá se tornar danosa quando em confronto com o ***direito vivo.*** Como exemplo prático desse paralogismo, tome-se emprestado um fato real – direito vivo –, em que se imputa aos acusados o delito de apropriação indébita, na sua forma de pena agravada[41]. Os acusados, donos de uma estamparia, retiveram a mercadoria – tecidos – de um cliente que, segundo eles, lhes devia certa importância. A Defesa argumentou que eles exercitaram, legitimamente, o direito privado de retenção. Todavia, a mercadoria retida era de valor infinitamente superior

---

[39] SALMON, Wesley C. *Lógica*, Zahar, Editores, Rio de Janeiro, 4ª ed., 1978, p. 41.

[40] SALMON, obra citada, p. 42.

[41] Apropriação indébita simples, art. 168; sua forma de pena agravada está nos incisos do § 1º. Aproveito a oportunidade para tentar reparar um lamentável equívoco que, na generalidade, se comete: *crime qualificado* é aquele em que, no *dever-ser* objetivo – Kelsen – há acréscimo: *furto simples*, art. 155, *caput*, pena: de 1 (um) a 4 (quatro) anos; *furto qualificado*, § 4º, pena de 2 (dois) a 8 (oito) anos. Percebe-se que, aqui, altera o abstrato. Já no *crime com pena agravada*, a pena em concreto sofre um aumento percentual, tal como está no art. 168.

ao eventual débito que a vítima de apropriação indébita pudesse ter com os acusados. Com base no exposto, formulam-se duas hipóteses de argumentação, uma válida, outra não:

Se os acusados exerceram legítimo direito de retenção, eles são inocentes. Os acusados exerceram legítimo direito de retenção. Logo, são inocentes – afirmação do antecedente. Em seguida, a forma falaciosa de argumentar, a qual denominaríamos: falácia da afirmação do conseqüente:

Os acusados exerceram o legítimo direito de retenção, eles são inocentes. Os acusados são inocentes. Eles exerceram legítimo direito de retenção – afirmação do antecedente. Partiu-se do *antecedente*: *débito*, para justificar o *conseqüente*: *retenção*, sem qualquer outra forma de preocupação, como a avaliação da mercadoria retida para confrontação com o débito alegado.

Ainda uma outra situação de *direito vivo*, que será de muita valia para o *day-by-day* do profissional, já que versa sobre acareação entre a vítima e o suspeito de autoria de uma ocorrência do crime de furto. A forma válida de argumento seria: negação do conseqüente.

Se Tício for reconhecido pela vítima como sendo aquela pessoa que lhe furtou o dinheiro das mãos, então ele é ladrão. Tício não é ladrão. Logo, não será reconhecido pela vítima.

Todavia, no curso da instrução criminal, a Defesa poderá argumentar, com amparo no fato meramente circunstancial de que a vítima não reconheceu Tício, da seguinte forma:

Se Tício fosse reconhecido pela vítima como sendo aquela pessoa que lhe furtou o dinheiro das mãos, Tício seria o ladrão. Tício não foi reconhecido pela vítima. Logo, Tício não é Ladrão – falácia da negação do antecedente.

Nem seria necessário argumentar que a falácia acima proposta seria utilizada por qualquer advogado numa situação real, diante do dever de defesa criminal. Ante tal circunstância, não seria válido falar em falta ou quebra da ética. O Ministério Privado está comprometido umbilicalmente com o *status libertatis* do seu constituinte. Todavia, a recíproca não é verdadeira. Ao Ministério Público incumbe promover a Justiça, além de fiscalizar a correta aplicação da lei, e isto somente será possível se o processo alcançar o Direito como *JUSTO*.

À evidência, o argumento que se prestou para a ilustração dessa modalidade de falácia não ostenta concreta validade lógica. Ainda que suas premissas fossem verdadeiras, a conclusão não o seria necessariamente. Tício poderia muito bem ser ladrão, embora não tivesse sido reconhecido naquele contexto de *conduta/evento/resultado*, o que acabou dificultando a confirmação de existência ou não do *nexo causal* específico. Poderia, entretanto, ter sido *autor mediato*[42]. Dessa forma, o fato circunstancial de não ter sido reconhecido não garante com absoluta precisão que Tício não seja ladrão, ou mesmo que não tenha participado daquele delito.

O método mais eficaz e seguro para a identificação do argumento falaz é compará-lo com outro da mesma categoria, que contenha as *premissas verdadeiras* e *conclusão falsa*. Este é o que os *experts* denominam *método do contra-exemplo*, explicado com maestria invulgar por Salmon[43], no que é seguido por Copi[44], onde este autor discorre longamente sobre a questão da *validade*, ocasião em que informa quatro regras essenciais para o fim pretendido: evitar a aplicação da falácia, quando assim interessar.

Por oportuno, neste ponto julgo imprescindível, uma vez que se examina a *falácia da afirmação do conseqüente*, que se utilize o *método do contra-exemplo*. Serão empregadas *premissas verdadeiras*, mas, ao final, sugere-se uma *conclusão falsa:*

Se o consumo de substância tóxica for matéria regida pelo Código Penal, então tal conduta será criminosa.

O consumo de substância tóxica é crime.

O consumo de substância tóxica é regida pelo Código Penal.

Como se vê, temos duas premissas: a maior e a menor, já a conclusão é falsa, eis que a problemática das drogas tem legislação especial, não estando inserida no Código Penal[45].

---

[42] Autor *mediato* é aquele que não tem o domínio do fato. Tecnicamente, denomino o *partícipe*. Exemplo: o motorista do automóvel para um assalto a banco. Nem sequer entra no local do crime.

[43] Obra citada, pp. 37/39.

[44] "Lógica", pp. 34 e seg..

[45] Lei 6.368/76, que substituiu o antigo art. 282 do Decreto-lei 2.848/40 – Código Penal –, cuja Parte Especial ainda sobrevive, a despeito dos seus mais de sessenta anos!

Eis aí um exemplo simples, claro e objetivo da hipótese de *afirmação do conseqüente*. Sem sombra de dúvida, tal argumento poderá apanhar de surpresa o interlocutor, direcionando-o a erro axiológico, o que não é bom para o profissional, posto que, em tais casos, fica evidente ou o desembasamento ou o desinteresse.

Além do método acima exposto e descrito, existem ainda outras três regras das quais fala *Copi*, em trecho já mencionado, que permitem estabelecer a validade dos *silogismos categóricos*. Nunca é demasiado repetir a estrutura do *silogismo*[46]:

Todo homem é mortal.

Sócrates é homem.

Logo: Sócrates é mortal. Premissa maior – ou geral: *todo homem*; – premissa menor – ou individualizadora: *Sócrates homem*, e conclusão: *Sócrates mortal*. Conforme o consignado, o silogismo só possui três termos distintos, um dele surge uma única vez em cada premissa. A este denominamos *termo médio*. Os demais termos volta à baila na *conclusão*. Esta é uma dedução *válida*, portanto, não comprometida com qualquer forma de falácia, que a tornaria *inválida*, se alterado – ou substituído – algum termo. Ainda no texto de *Salmon*, é empregada a expressão "termo extremo", que ali está representada pelo vocábulo "cão". Num primeiro momento parece muito complicado, mas não é. Uma coisa é certa, complicado ou não, teremos de conviver com essas regras o tempo todo. E, já que é assim, então tratemos de dominá-las, pelo menos o mínimo necessário, que é o que se pretende neste espaço.

Para que se possam entender as regras que permitem estabelecer a *validade* do silogismo, há de se ter em mente a distribuição tradicional, que é a clássica: uma *proposição*, que trará consigo o *termo*, que faz referência a todos os membros da classe por ela designados. Algumas afirmações podem ser verídicas, ao tratar dessa *classe* como coleção, entretanto, tornam-se *falsas*, portanto não válidas quando aplicadas aos elementos individuais, o que faz a recíproca também verdadeira.

---

[46] O célebre silogismo dedutivo de Aristóteles. Copi, na p. 57 da obra citada, apresenta outro silogismo: "*Todos os cães são mamíferos. – Todos os mamíferos são animais. Todos os cães são animais*". Chamam-no "silogismo categórico", os que, como ele, partem do TODO animal, que é *absoluto*, passando por uma *individualização*, representadas pelos *CÃES*, concluindo afirmativamente sobre um detalhe: se todos cães são mamíferos; e todos mamíferos são animais; então todos os cães pertencem à raça animal!

Vale realçar duas categorias de *falácias,* originárias da confusão entre *enunciados coletivos* e *distributivos.* São elas:

a. *falácia da divisão,* que consiste em concluir que todos os elementos de uma determinada classe têm certa propriedade, partindo da premissa – falsa – de que a tal classe é detentora de uma tal propriedade. Como exemplo, pode-se citar um caso de processo-crime que a Justiça Militar promove contra um policial militar, acusado de ter praticado o delito de homicídio. A Promotoria investe contra a classe, imputando a toda corporação a pecha de violenta, truculenta e arbitrária, concluindo, daí, que o acusado, sendo membro daquele grupo, é homem violento, arbitrário e truculento!

b. *falácia da composição*: que é aquela que induz à conclusão de que uma classe possui determinada propriedade, a partir da premissa de que todos os componentes desse tal segmento são revestidos dessa tal qualidade. Como exemplo:

Todos os médicos do IML são bons.
Este é um IML.
Logo, este IML é bom.

Existem regras essenciais que permitem distinguir eficientemente a *não validade* de um silogismo:

a} o *termo médio* deve estar distribuído uma única vez;

b} nenhum *termo* deve estar distribuído apenas uma vez;

c} o número de *premissas negativas* deve ser igual ao número de *conclusões negativas.*

Por certo, como já se reiterou em outras oportunidades, o pouco aqui apresentado servirá muito mais de advertência para que o leitor procure outras fontes de embasamento e aprimoramento do que como base definitiva. Como exercício propedêutico, não mais. Mas que, no dia-a-dia, poderá socorrer o necessitado de atendimento de emergência. Afinal, o estudo das *falácias dedutivas* é muito mais profundo do que se possa imaginar, posto que a *falácia*, em si mesma, é imaginosa, ardilosa, dissimulada, etc. E, quanto mais bem elaborada, maiores serão as dificuldades daquele que tem o dever de se defender dela.

4. Falácias que estão fora da Dedução

Existem outras tantas *falácias* que não se comunicam com as até agora relatadas, estas originárias da *dedução silogística*. Vou enumerar sinteticamente apenas as que, de rigor, são as mais usuais e, a meu juízo, as mais importantes. Ao todo são dez, e para elas dedicam-se o tratamento de *argumento,* e não falácia, como até então se vinha designando.

4.1. Argumento "ad hominem"

Que ostenta na sua especialidade duas modalidades: o **ofensivo** e o *circunstancial.* Com o emprego do primeiro, procura-se persuadir através de processo psicológico de transferência. Induz-se à desaprovação em relação a uma pessoa ou coisa. Essa desaprovação se reverte em desacordo com o que diz ou representa. Exemplo dessa forma de argumento viciado – falacioso – é a tática do ataque sistemático à pessoa da vítima, como se ela é quem estivesse sendo julgada por seus atos. Melhor explicando: deixa-se de lado o fato típico praticado pelo agente, e inicia-se uma série de críticas quanto ao comportamento da vítima em casos que nada têm que ver[47]. De ordinário esse expediente é utilizado nos julgamentos da jurisdição do Tribunal do Júri.

O segundo, *circunstancial* – lança-se mão de situação estranha ao caso em debate, mas que, de alguma forma, liga a *parte* ao julgador, com o que se procura angariar a simpatia deste para os interesses daquela. É o que August Comte[48] denominou de "solidariedade do grupo de iguais". Segundo esse raciocínio, ambos: *parte* e *juiz,* são partícipes do mesmo grupo. Sendo assim, supõe-se que a *parte* deva ser absolvida[49], ou mesmo não ter responsabilidade pelo que se lhe imputa. Exemplo clássico que se aproveita é o julgador c a parte pertencerem à mesma sociedade filantrópica, ou meramente social. Do

---

[47] Se por acaso os fatos denigridores na conduta da vítima tivessem qualquer relação, então poder-se-ia tratar de uma situação que, no Direito Penal, chamamos de vitimologia. Então não haveria falácia alguma.

[48] August Comte é considerado o pai da moderna Sociologia. Uma de suas teorias diz respeito à formação sistemática quanto sintomática do "*grupo de iguais*", através do que fica bastante evidenciado que pessoas com os mesmos hábitos, vícios, gostos, etc. se ajuntam sempre. Há alguma coisa entre os "iguais" que os interidentificam. Durante muito tempo procurei fazer uma avaliação empírica, e cheguei à conclusão do acerto quanto a tal assertiva.

[49] Isto se o caso for de natureza criminal e quem está sendo defendido seja o acusado. Poder-se-ia também admitir a mesma regra nos processos outros. Afinal, se houver tal argumento e ele procedendo: havendo qualquer forma de ligação entre julgado e julgador, este deve ser declarado *suspeito,* por razões éticas. Se não ocorrer de *moto propriu,* o ex-adverso poderá suscitar o incidente.

direito vivo, o caso de um magistrado que tinha por hobby colecionar um certo objeto de adorno masculino. Isto o fazia pertencente à mesma confraria daquele que estava sendo julgado. Provocado, o magistrado se deu por impedido.

4.2. Argumento "ad ignorantiam"

Na esfera criminal denominamos *"negativa do fato ou da autoria"*. Exemplo relativamente recente ocorreu no Estado do Paraná, onde a Defesa alegou que o acusado servia de *"instrumento de elemento sobrenatural"*[50]. Outra prática usual é a responsabilização de outrem pelos atos praticados. Ao **responsabilizado** uma **excludente**, sempre[51]. Francesco Carrara denominava este de *longa manus*: a mão longa do criminoso.

4.3. Argumento "ad baculum"

Trata-se de uma forma de argumento que pressupõe o recurso à força, usualmente praticado pelo homem. Pela força ou pela ameaça de usá-la, pretende-se fazer prevalecer certa posição ou ponto de vista, ou mesmo impor sua aceitação. Exemplo típico tivemos certa oportunidade, quando vivíamos nos extertores da ditadura, com um discurso pouco ou nada ético que asseverava que se os anistiados voltassem à Política, os militares forçariam o governo a uma reação violenta e, portanto, seria fatal a decretação de mais um "recesso político".

Numa outra oportunidade, a frase lapidar de um parlamentar capixaba: *"Se derrotarmos o governo, não voltaremos para casa"*. Coisas daqueles dias negros de recaída, em 1977[52], da ditadura então moribunda. Palavras proferidas com o escopo único e exclusivo de

---

[50] O caso foi rumorosíssimo, e pretendia-se que os acusados "sacrificaram" algumas crianças para atender aos desígnios do "Senhor das Trevas, Rei da Magia Negra"!

[51] Atualmente, todo traficante faz-se acompanhar de um menor de 18 anos, que é sempre o "dono da droga". Inimputável, saca todos os envolvidos da responsabilidade criminal.

[52] Esse era o discurso, entre outros, do então deputado *Marcelo Linhares*, que prestava seus serviços para a classe governante, quando da decisão sobre a eleição indireta para governadores de Estado, reagindo ao forte movimento em sentido contrário. Claríssima *falácia ad baculum*, que funcionou muito bem para eles naquela ocasião.

amedrontar os parlamentares que estavam propensos a votar contra mais uma extinção dos Partidos Políticos. Anteriormente tinham feito a mesma coisa: fecharam o Congresso Nacional e extinguiram todas as agremiações políticas.

Um mero remanejamento das forças políticas, de regra cambaleantes nesses momentos. Porém realizado pelo pela via da ameaça, da coação e da coerção. Estávamos no começo do fim daqueles dias negros da ditadura que se abateu sobre nós por quase três lustros, e em tais ocasiões, o ***argumento ad baculum*** vivia seus momentos de glória. Por último, um discurso de um senador que, sentindo-se ameaçado com um escândalo, usou a tribuna para apresentar alguns documentos, dizendo: *iguais a este tenho mais quinhentos e quarenta mil!*[53]. Nessas ocasiões, a tautologia se faz sempre presente: ameaçar intimidando, inibindo dessa forma vontades livres e conscientes.

4.4. Argumento "ad misericordiam"

Aqui, o mote é apelo à comiseração, visando conseguir conclusão que beneficie o acusado ou seus interesses, ainda que mediatos. O ***estado de necessidade***, tratado no art. 23 do Código Penal, por exemplo, é, quiçá, o mais evidente dessa categoria. Caso exemplar nos vem de uma sentença prolatada há uma geração na comarca de Ribeirão Preto, oportunidade em que o magistrado prolator diz entre muitas outras coisas bonitas, irônicas, mas principalmente de alta sensibilidade: *Valdomiro, a sociedade o quer na cadeia, porque você é perigosíssimo; porque você não venceu na vida; você é pobre e fracassado. E agora, Valdomiro? Por derradeiro, é óbvio que o réu agiu em evidente estado de necessidade*[54]. Homem de coragem como poucos para aquela época, e como quase nenhum para os nossos dias.

---

[53] Faço menção ao escândalo da Gráfica do Senado. O político, um homem forte daqueles dias, que via ameaçada uma parente sua.

[54] Matéria publicada, na íntegra, pelo jornal "O Estado de S. Paulo", edição do dia 15 de julho de 1976, p. 34. A sentença decidia um caso de "exploração do lenocínio". O acusado, Valdomiro, tinha 84 anos e era viúvo, além do que criava uma filha de 39 anos, paralítica. Alugava dois quartos – para curta permanência – nos fundos de sua modesta casa. O nome desse fenomenal humanista: magistrado Almeida Prado, que não tive a honra de conhecer pessoalmente, mas hei por bem dignificá-lo o quanto puder. Que pena que haja tão poucos como ele!

4.5. Argumento "ad verecundiam"

No cotidiano da advocacia é usual esse argumento, que consiste em citar reiteradamente a *doutrina* ou a *jurisprudência*[55], principalmente. Mas não só isso. Também a autoridade e a credibilidade de outrem para socorrer e respaldar a argumentação esboçada, afirmando, destarte, aquele tal ponto de vista, que é, na aparência, convergente com o de algum nome famoso, algum autor de renomada, com isso criando, aparentemente, uma *verdade absoluta*,[56] que inexiste. Não há nada de errado se o texto vem completo e não ocorreu qualquer distorção no conteúdo, sendo efetivamente coincidente[57]. As coisas se agravam quando há desvirtuamento entre o que pretendeu o doutrinador e o que quer alcançar o usuário. Lamentavelmente, esse expediente está cada vez mais em pleno uso.

4.6. Acidente

Ocorre essa figura ao se aplicar uma regra geral a um caso particular, cujas circunstâncias tornam a regra empregada inaplicável. A isso denomina-se, ante a Lógica, *acidente.* Um exemplo que nos vem à memória ocorreu num julgado do Tribunal de Santa Catarina, onde aquela Colenda Corte entendeu inaceitável uma confissão feita por indiciado menor perante a autoridade policial, tendo em vista um equívoco de natureza formal: o *curador* nomeado era um *comissário de polícia* participante da diligência que resultou na prisão[58]. A regra geral era no sentido de que o menor, por essa sua condição, deveria ser assistido por um curador, e essa formalidade teria sido cumprida.

---

[55] Quanto à doutrina, pouco, muito pouco, se vem usando, por falta de doutrinadores, que preferem citar jurisprudência em suas "obras". Já esta última, após o fracasso da pretensão em se criar e implantar a *súmula vinculante,* ao arrepio, está adotada. Atrevo-me a dizer, reiterando: estamos sob a égide da ditadura da jurisprudência!

[56] Exemplos são muitos: *"Louvo-me nos ensinamentos de Bento de Faria*'; ou "*O insigne professor Sebastian Soler assim asseverá*'; ou ainda "*Vejam-se os elevados ensinamentos vindos de Giuseppe Bettiol e Paulo José da Costa Jr.*", ou "*Esta a doutrina moderna que nos transmite Claus Roxin*', e assim por diante.

[57] Situações tais ver-se-ão no capítulo seguinte, quando da polêmica sobre possibilidade ou não de a *pessoa jurídica* ser *pólo ativo* na teoria do crime. Alguns autores sustentam que sim. Isso dá azo aos mais jovens a adentrarem nessa terrível aporia, tendo como trampolim obras publicadas anteriormente.

[58] Apelação Criminal nº 14.948, da comarca de Blumenau.

A autoridade de Primeira Instância desconsiderou o fato de o curador nomeado ser participante do *"grupo de iguais"*, interessado no cumprimento formal da lei. A Defesa sustentou que o ato fora, se não descumprido, pelo menos viciado de nulidade: ato nulo[59], doente que estaria, ou poderia muito facilmente estar, pela parcialidade existente entre os da mesma classe, de quem não se poderia esperar imparcialidade. Afinal, o *corporativismo* existe em toda parte e, particularmente entre nós com muito mais eficácia.

Aristóteles, ao fazer referência sobre os **argumentos viciosos** que se relacionam com o *acidente*, asseverava que estes ocorrem quando se afirma que um atributo pertence de igual modo à coisa ou causa em questão e aos seus acidentes. Considerava ainda o grande filósofo helênico que os vícios de raciocínio vinculados ao *acidente* são, na realidade, evidentes casos de *ignoratio alenchi*, logo após definida a prova[60].

Sob a denominação de *acidente convertido,* temos as situações em que se consideram as causas de caráter excepcional como ponto de apoio para uma afirmação de natureza geral. Como exemplo prático, tome-se o uso de algemas em todos os presos que vão depor ou acompanhar as respectivas instruções criminais. A "moda" não pode ser considerada aborígene, já que em toda parte funciona dessa forma. Mas tem como argumento de fundo uma ou outra fuga que haja ocorrido em alguma ocasião nos corredores do Fórum. Destarte, de um fato particular, criou-se uma regra geral:

Certo preso sem algemas, fugiu. Logo, todos os presos sem as algemas haverão de tentar a fuga! Portanto, melhor algemar no geral que correr o risco no particular!

Nem seria necessário discutir a falta de consistência de tal argumento. Todavia, a despeito de tudo, algemam-se indistintamente todos os que estiverem encarcerados e tenham de ir ao Fórum!

Ignoratio Alenchi. Por essa denominação são consideradas aquelas conclusões irrelevantes para a teleologia do que se está tratando, dirigindo o argumento no sentido de provar outra conclusão,

---

[59] Nem seria necessário dizer que os atos nulos não podem gerar efeitos. Trata-se de situação *ex tunc*. Esperar que alguém que realizou a prisão seja isento bastante para evitar ou denunciar qualquer irregularidade, é, pelo menos, sandice.

[60] Aristóteles *in Dos Argumentos Sofistas*, Victor Civita, Editor, 1978, p. 162.

absolutamente estranha à questão cerne. Exemplo deveras pertinente ocorreu num julgamento do Tribunal do Júri, onde se julgava um policial militar. O Ministério Público estendia considerações sobre as arbitrariedades que a PM – corporação – vinha cometendo no desempenho das suas atribuições, pretendendo, assim, provar que o policial ali julgado, sendo partícipe do mesmo **grupo de iguais**, teria agido com arbitrariedade e violência naquele caso específico. Em síntese, deixou de lado o *fato* para julgar a conduta de uma corporação e, por via de conseqüência, um de seus membros.

4.7. Falsa Causa

Esta categoria se insere entre as mais controvertidas, até mesmo na sua denominação, já que recebeu, como se constatará, diversas outras:

a. **non causa pro causa,** que consiste no quê se tomar como *causa* de um *efeito* algo que não é a sua *causa real*. Agregue-se nessa categoria *falácia da confusão de causa e efeito;*

b. **post hoc ergo propter hoc,** hipótese em que um acontecimento seria compulsoriamente *causa* de outro, pela simples razão de ser anterior. Exemplo: *Tício* teve violenta desavença verbal com *Caio*, que aparece morto ao depois, sabe-se lá por quem. *Tício* é acusado de homicídio, imputação lastreada exclusivamente na pendenga havida anteriormente;

c. *falácia da causa comum,* consistente na hipótese de que dois acontecimentos podem estar casualmente relacionados, sem que um seja *causa* do outro. Ambos podem ser *efeito* de um terceiro acontecimento, tornando-se, por isso, *causa* de cada um deles.

4.8. Petitio Principii

Tal ocorre quando, na argumentação, se adota como **premissa** a própria **conclusão** do que se pretendia provar. Exemplo: a Acusação ataca:

"É crime mentir ao prestar depoimento em Juízo;
Tício mentiu ao depor em Juízo
Tício deve ser condenado por falso testemunho"[61].

O exemplo deixa claro que a conclusão: condenar se transfigura em premissa. Não há outra hipótese que não a condenação, acaso provado o fato primeiro: mentir.

---

[61] Sobre o tipo penal veja-se o art. 342 do diploma substantivo penal, quem pode ser agente ativo, e em que hipóteses se realizaria o tipo.

4.9. Falácia das Estatísticas: Tendenciosas ou Insuficientes

A primeira consiste em basear uma generalização indutiva sobre determinada *amostra*, que não é representativa, mesmo que haja motivos suficientes para supor não o sejam. Exemplo: uma corrente de penitenciaristas afirma que a *prisão não é maléfica, vez que os reclusos A, B e C conseguiram destaque na aprendizagem profissional a que foram submetidos durante suas estadias na prisão.* Não se considerando, sequer, qual o percentual que aproveitou a oportunidade, afirma-se que o método é eficiente[62]. Os arautos dessa tese omitem o essencial: o trabalho é efetivamente a grande parte, mas antes dele, há de se pensar numa infra-estrutura condizente. Por certo, acredita-se, e muito, na ressocialização pelo labor, mas com o sistema que aí está! Voltarei ao assunto logo mais adiante.

A segunda modalidade consiste em efetuar uma generalização, antes de coletados todos os dados imprescindíveis e suficientes para sustentar a generalização assumida como definitiva. O bom exemplo nos vem do *direito vivo* atualíssimo. Trata-se o uso amiúde nos assuntos de caráter racial ou religioso. Os países *A, B, C e D* professam tal crença religiosa, sendo dessa forma compostos por pessoas de difícil trato[63]. Despiciendo dizer da enorme semelhança entre uma categoria e outra. Bastante mesmo para, não raro, confundir os interlocutores, que acabam acreditando ser justa tal postura generalizada, para o combate, ou mesmo retorsão, à atitudes claramente individuais.

---

[62] Durante o ano de 1986, quando as coisas ainda não tinham desandado completamente, levei os alunos do curso de Direito para uma visita à Penitenciária de Araraquara-SP, como aliás sempre faço quando leciono a Parte Geral. Na ocasião, esta era o melhor e mais bem aparelhado estabelecimento penal do Estado. Havia 720 internos; uma excelente oficina de movelaria, onde trabalhavam apenas 35 presos. Aproximadamente seis por cento! Qualquer presídio de São Paulo, atualmente, não tem menos que 100% a mais que sua capacidade: superlotação!

[63] O dia 11 de setembro, se tornou o marco de uma perseguição religiosa digna de realce. Afinal, todos os muçulmanos que vivem naqueles países que estão sendo, ou prestes a serem atacados são pessoas más? E as bombas acertam tão-somente os considerados inimigos? É justo bombardear sistematicamente um país com 23 milhões de vidas – na sua maioria vegetativa – a guisa de combater a *Jehard* – guerra santa? Não estariam os perseguidores, eles mesmos, repetindo os mesmos atos, e em maior escala, a convalidar a truculência de um minúsculo grupo de pessoas? É preciso ter coragem e colocar problemas como estes.

4.10. Falácia da Ambigüidade ou da Clareza e da Ênfase Enganosa

Além das falácias que estão fora da dedução, já apresentadas sinteticamente, paralisa-se com esta última, também de relativa incidência. Com efeito, as duas primeiras vêm dos ensinamentos de Irwing Copi[64]. Honestamente, não reconheço em ambas idoneidade bastante para surtir efeitos no campo do Direito. Ambas agasalham argumentos enganosos em virtude dos *termos equívocos,* ou ainda o modo confuso ou imperfeito de como os vocábulos são combinados, usando o expediente da anfibologia, o que não é de boa prática.

Parece-me mais perigosa a *falácia da ênfase enganosa*, da família das *ambíguas*. Esta é, quem sabe, a de maior aproveitamento para os órgãos de imprensa, notadamente aqueles que trabalham com as ocorrências policiais. Muito bom exemplo nos vem de uma chamada de primeira página de um desses jornais sensacionalistas: *"Rapaz vira mulher e dá luz uma menina"!!!*

Aí o fato anunciado. Agora, veja-se o fato real. Não se tratava de um *rapaz,* conforme noticiado, mas de uma *menina* cuja mãe, tentando protegê-la, a criou como se fosse filho homem! Foi necessária a leitura completa da matéria para espantar a confusão provocada pela *ênfase enganosa,* cuja única finalidade era vender o jornal. Essa prática de dar ênfase a fato corriqueiro não é coisa nova, tampouco está prestes a fechar seu ciclo.

5. Conclusão

De todo o exposto, constatam-se algumas situações que não são, e não devem ser, relegadas a um segundo plano, quer na utilização da Linguagem, à qual se dedicou mais ênfase para o empírico do que ao epistemológico, quer no pertinente às falácias e que, a despeito de todas as críticas que se possam direcionar ao expediente e seus vários segmentos, não pode ser descartada do dia-a-dia dos operadores do Direito, principalmente daqueles que militam no Ministério Privado.

---

[64] COPI. Irwing M., *in Introdução à Lógica,* p. 91.

Demonstrado também, com absoluta segurança, que as *falácias* são armadilhas consubstanciadas no emprego da linguagem, que podem envolver com razoável possibilidade os menos avisados. Da mesma forma, esse envolvimento pode desencadear uma cadeia de *sofismas*, desde que bem urdidas as propostas. Conforme Irwing Copi[65], não existe método seguro e absolutamente eficiente para evitar esse envolvimento.

Disso resulta precisar tomar sempre maiores cuidados, além de perquirir qual o real escopo do interlocutor ou *ex adverso*. Assim, somente através do conhecimento de várias *categorias* e tipos de argumentos falaciosos é que se impossibilitará a armadilha de uma *falácia*, que coloca sempre no ridículo aquele que se vê envolvido.

De qualquer forma, se é necessário evitar deixar-se envolver com argumentos falaciosos, para não ficar exposto a chacotas[66], não é menos verdade, também, o quão útil é o emprego inteligente e habilidoso desses expedientes no transcorrer da contenda, máxime nas de natureza criminal. Provar a validade dos argumentos utilizados é tarefa obrigatória para quem postula, quem contesta, quem decide. Se, ao contrário, o protagonista não consegue tal intento, então jamais será um bom profissional, pouco importando onde esteja atuando.

Além de tudo, para o advogado principalmente, há uma faceta a mais. O constituinte, quando procura o advogado, quer tão-somente a defesa dos seus direitos e dos seus interesses. Destarte, há de haver como parâmetro esse divisor de águas que deve existir entre o *racional* e o *emocional*. O que não se concebe é a vinculação extraprofissional do advogado com a causa. O mesmo se diga dos demais segmentos. Quando tal ocorre, as coisas vão mal, muito mal. Principalmente se o fato se origina da parte dos órgãos do Estado.

---

[65] Obra citada, p. 99.

[66] Direito vivo. Eu mesmo me vi envolvido numa falácia quando ainda cursava o Mestrado. Era professor da Cadeira de Teoria Geral do Direito o saudoso amigo André Franco Montoro. No dia do exame, durante a sustentação oral, o colega Cel. Expedito, hoje professor titular de Direito Constitucional na FIG, levantou uma objeção: "*o oficial-de-dia – militar – também é autoridade para presidir o inquérito policial*"! Dizendo estar no código! Como meu grupo não tivesse um exemplar em mãos, tive de aceitar a objeção. Terminada minha dissertação, corri até a Biblioteca. Não era verdade. Ao regressar à Sala, inquiri o Expedito. Ele, tranqüilamente me respondeu: "*no Código de Processo Penal Militar!, Falconi. Uma falácia, meu caro*". Disso resultou o Rolf Köener, meu companheiro de grupo, ter ficado muito irado pelo nosso descuido, principalmente o meu, e eu ficar exposto às gozações, além de perder um ponto na nota final!

Da mesma forma, não há como negar: *falácias* ou *sofismas*, a par de se prestarem para alcançar o escopo pretendido, muitas vezes visam beneficiar, imediatamente, alguém que se encontre em situação de desassossego. Exemplo se tira da aplicação da *falácia ad misericordiam*, já anteriormente demonstrada. Imperioso, todavia, que a má-fé não se faça presente, pois que tal corromperia a Ética, como agrediria os bons costumes. Às vezes, esses argumentos viciados, a despeito de falaciosos, são bem-intencionados.

Finalmente, ficou constatado que há a disposição uma infinidade de hipóteses na classificação das *falácias* ou *sofismas* que são provenientes da *dedução silogística*. Além de outras tantas que vivem no mundo exterior desse universo imenso que é o da Lógica. De resto, procurou-se não só demonstrar a existência real dessas "armadilhas", como mostrar que é necessário saber usá-las e como delas se defender em certas oportunidades, além do quão necessário que se conheça pelo menos o essencial.

Capítulo 3

SUJEITOS DO DIREITO NA TEORIA DO CRIME

1. Particular Introdução.
2. Conceito de "Pessoa" na Teoria Geral do Crime.
   2.1."Pessoa Física".
   2.2. "Pessoa Jurídica".
3. Sujeitos: Ativo e Passivo.
   3.1. Sujeito Ativo.
   3.2. Sujeito Passivo.
4. A Posição da "Pessoa Jurídica" na Teoria Geral do Crime.
5. Retrospecto Histórico.
6. A Normatividade Pátria.
7. Conclusão.

1. Particular Introdução

Todo o sistema jurídico está calcado sobre e sob pessoas; é por isso que Hans Kelsen disse ser o Direito uma *relação* entre *pessoas* e não entre *coisas*. Disso resulta certa comodidade para o sistema operar, conquanto não seja na área criminal, onde o *sujeito ativo*[1] será sempre *pessoa humana*, portanto, *pessoa natural* – pessoa física –, jamais a *pessoa jurídica*, que somente poderá estar inserida no pólo passivo e, mesmo ali, somente em algumas hipóteses, ainda assim legalmente representada por um *ser humano* – pensante – que é detentor de *raciocínio, vontade, querer*, etc. Isto para não adentrar o espaço dos *clássicos*, que defendem o questionável e suspeitíssimo *livre-arbítrio*. No desenrolar deste capítulo, envidar-se-á todos os esforços possíveis para demonstrar e provar o que se afirma, fazendo-o com respaldo doutrinário digno de credibilidade e isenção de parcialidade.

Ainda sobre a afirmação de Kelsen, correta a meu ver, sobre a relação do Direito com *pessoas* e não com *coisas*, pode-se avançar um pouco mais. O Direito, pouco importando a sua posição no sistema, tem o condão de reequilibrar as relações sociais, podendo, inclusive, aplicar variadas modalidades de sanção – esta também de natureza diversificada: penal, civil, administrativa, trabalhista, tributária, etc. O elemento de ligação entre o *ilícito* e a *sanção* é precisamente a *norma jurídica*, a quem incumbe mensurar a *conduta* do sujeito, descrevendo um determinado procedimento contrário à normatividade, acaso realizado conforme prescrito no enunciado. Assim, se a pessoa deixa de cumprir rigorosamente o que está descrito – dever-ser subjetivo –, ela não agiu em sentido contrário à norma. Realiza o tipo penal aquele que obedece inteiramente ao preceituado[2]. Com essas considerações,

---

[1] Outras denominaçoes que são sinônimos: criminoso, delinqücnto, meliante, pessoa natural. Entre nós não há distinção entre crime e delito, lá fora sim. Aliás, já no art. 1º do *Código Criminal do Império* criou-se essa sinonímia entre este e aqueles termos. Daí então tratarmos o realizador da conduta típica sem distinção. Em outros países se faz diferença entre o *crime* e o *delito*, este selecionando as condutas mais brandas, ou de menor potencial ofensivo.

[2] Neste particular, veja-se no *Lineamentos*, onde trabalho em cima da doutrina de Karl Binding, para quem o meliante, ao praticar o crime, nada mais faz do que atender ao descrito no tipo penal. Sem dizer claramente, até porque naquela época ainda não se discutia o tema, assevera Binding convictamente que, ante tal posição, é possível afirmar que a prática ou não de um ilícito penal é um 'direito subjetivo' do delinqüente, que fará ou não o que descreve a norma jurídica. E, caso afirmativo: realizado o descrito, então receberá uma 'sanção premial', conforme prelecionava André Franco Montoro. Exercitando esse seu *direito* o delinqüir, terá como *obrigação* uma sanção a cumprir, que lhe será imposta pelo Estado, se provada sua culpabilidade. Saliente-se, por oportuno, que essa sanção estará adrede indicada numa *norma jurídica incriminadora*.

fica claro que o agente somente age se tiver *vontade livre e consciente*, e o *querer liberado*, daí não ser possível aceitar, no pólo ativo, a *pessoa jurídica*, que não passa de ficção jurídica, sistematicamente manipulada por um ou por um conjunto de *seres pensantes.*

Por certo, haverá debate sobre a eventualidade de o crime alcançar a *pessoa jurídica* no pólo ativo. Disso resultará uma discussão, pois, para alguns, já existe aceitação, e se apresenta como *líquida e certa* essa posição minoritária[3]; para outros, como meramente aporética, e para a esmagadora maioria, como impossível, posto que as peculiaridades dos elementos que compõem o crime exigem pressupostos inconcebíveis a essa modalidade de pessoa. Como primeira providência, cumpre conceituar o que seja uma e outra coisa, o que se fará em seguida.

2. Conceito de "Pessoa" na Teoria Geral do Crime

Para melhor assimilação do que aqui será exposto, é imperioso que se trace – ainda que palidamente[4] – o perfil do que seja *pessoa,* ou sujeito, na área criminal. Torna-se necessário deixar consignado: agora tratarei o vocábulo como *gênero próximo*, discorrendo sinteticamente sobre suas duas *diferenças especiais,* que são a *física* – pessoa natural – e a *jurídica* – coletiva. Também são diferenças especiais o *ativo*, representando aquele que realiza a *conduta típica*; e o *passivo*, que é sobre quem recaem as conseqüências dessa *conduta.* No decorrer da dissertação, empregarei ora um, ora outro vocábulo, sem que isso implique qualquer alteração no tratamento dispensado, já que são termos sinônimos, conforme já dito.

2.1. Pessoa Física

Também chamadas *pessoa natural,* denominação comum à personalidade. Esta é o resultado único e exclusivo da *concepção,*

---

[3] Entre nós a recente Lei 9.605/98, que trata dos crimes ambientais, mais precisamente nos arts. 3º *As pessoas jurídicas serão responsabilizadas administrativa, civil e penalmente,* 21: *As penas aplicáveis isolada, cumulativa ou alternativamente às pessoas jurídicas, de acordo com o art. 3º, são* e 22: *As penas restritivas de direitos da pessoa jurídica são... .*

[4] Não se pode olvidar que este trabalho não está voltado para a Filosofia do Direito, utilizando-a apenas propedeuticamente, como foi a regra em trabalhos anteriores. Importante é não deixar o leitor sem informações mínimas, pelo menos.

que, por sua vez, só pode ser resultante de uma avença[5] entre duas pessoas de sexos opostos. Nem sempre a intenção das partes que provocam a concepção é a que prevalece, vingando outra completamente diversa do escopo original. Aqui, segundo os teólogos, aparece a figura da divindade, responsável pela vida e pela morte da criatura humana; melhor: de todos os seres vivos que povoam o universo. Pessoa natural ou física, repita-se: palavras sinônimas, é a qualificação jurídica emprestada ao *ser humano*, tal como nasce, com vida, ao qual se denomina *neonato* o que acabou de nascer com vida. Se nasce morto – *natimorto* –, não gerará direito nem obrigação alguma ao mundo, devendo apenas ser registrado o fato no Registro Civil[6], o que se fará mercê de um atestado médico comunicando o fato, tal como ocorre com o nascido com vida.

Cumpre uma breve consideração: pouco importa se pretendido ou não esse nascimento, o nascituro terá seu próprio destino durante a vida. Ninguém irá alterar certos comportamentos pessoais desse ser humano. Ele poderá controlar sua *vontade*, sua *consciência*, seu *querer,* enfim, seu pleno poder de discernimento. Se não houver nenhuma anomalia quanto à sua estrutura psíquica, assim será. Este será o *imputável*, para os efeitos do Direito Penal. Essas essencialidades – categorias, segundo Pasold – ser-lhe-ão cobradas mais adiante, quando alcançar a idade que a lei impuser como limite para a inimputabilidade[7].

Pois bem, essa personalidade legal surge com o nascimento com vida[8] da pessoa, pouco importando se naquele momento sadia ou doente, se fisicamente perfeita ou não. Do ponto de vista da legalidade, o Estado exige a comunicação quase imediata[9] ao Registro

---

[5] Nem sempre a concepção surge de um ato pensado, estudado, programado, combinado, etc., podendo ocorrer por descuido ou desatenção das partes. A isso chamam de gravidez não pretendida. Todavia, mesmo assim o resultado final será a geração de um ser humano, que nascerá e será racional, emocional, etc. – se com vida –, como qualquer outro ser da sua espécie.

[6] Sobre Registros Públicos, leia-se CENEVIVA, Walter, *Lei dos Registros Públicos Comentada.*

[7] Entre nós, a *menoridade penal* vai até os 18 anos, art. 27 do CP. Relativamente ao Direito Civil, houve alteração, passou dos 21 anos para 18 anos a responsabilidade plena.

[8] É o que diz o art. 5º do Código Civil, que ampara inclusive direitos futuros do nascituro, regra que permaneceu na *lex novus.*

[9] A lei civil regulamenta o prazo máximo para a efetuação desse registro.

Civil, para que haja esse reconhecimento da parte do Estado. É precisamente a partir da confecção desse documento, que seguirá com a pessoa durante toda a sua vida, que vão derivar todos os demais[10], identificando *ad aeternum* o indivíduo. Sem esse documento, a ***pessoa*** inexistirá formalmente para o Estado, prosseguindo o percurso de sua vida material sem ser oficialmente considerada existente: ***ser racional vivo***. Se assim for, ela que é – materialmente – um ***ser vivo***, uma pessoa natural – fica excluída de todos os direitos que lhe seriam concedidos pelo Estado e pela sociedade[11]. Todavia, registrada, ganha personalidade jurídica e ***vida legal***. Esta uma sintética conceituação do que se convencionou chamar ***pessoa física***, como esse ser se torna – formalmente – parte integrante da sociedade.

2.2. Pessoa Jurídica

A ***pessoa jurídica*** – ou coletiva –, nem seria necessário dizer, ocupa, na atualidade, papel relevante no cotidiano do ser social. Maior prova disso está numa situação factual, que está se tornando, a cada dia, mais comum entre nós: liga-se telefonicamente para uma empresa para tratar alguma coisa com alguém que fale em nomes desta. A atendente – secretária –, ao atender, pergunta "quem quer falar?". Identificamo-nos. Aí vem a réplica: "de onde?". Muitos outros exemplos poderiam ser trazidos à colação, mas este minúsculo dá bem a dimensão do envolvimento-intromissão da denominada ***pessoa coletiva*** no nosso cotidiano, a ponto de procurar descaracterizar a personalidade e a individualidade da pessoa. De repente, se nos transfor-

---

[10] No registro de nascimento serão averbados também o casamento, a separação e a morte. Este é, quiçá, o mais importante de tantos quantos documentos irá precisar a pessoa, posto que a gênese de tudo. Dele resultará o RG, o Título de Eleitor, o registro de casamento, realizado, não raro, em outro lugar, e assim por diante. Mais recentemente, essa exigência fiscal denominada CIC, ou CPF, através do qual o Estado policia todas as transações econômicas e financeiras da *pessoa física*. Criação do então todo-poderoso ministro da Fazenda: Antônio Delfim Neto.

[11] Não tem direitos, mas mantém todas as obrigações, não escapando das malhas da Justiça caso venha o cometer algum ilícito, principalmente se de natureza penal. As obrigações de outras fontes nem sempre são cobradas, inclusive porque, vivendo na marginalidade, não terá mesmo como honrá-las. O marginal, tal como entendemos, somente recebe realmente o *status* de *pessoa natural* quando delinqüe. Tanto é assim que, ao morrer, como regra, é sepultado como *indigente*. Este o último estágio da marginalidade. Sobre o assunto, leia-se o *Sistema Presidial: Reinserção Social?*

mam em alguma *coisa* – como se isso fosse possível ou concebível – que age e reage em nome de uma entidade, desconsiderando-se o detalhe fundamental: a existência desta está sempre na dependência da vontade e do interesse da *pessoa física*. Portanto, essa inversão de valores acima apresentada se transforma em conduta altamente agressiva e descortês, além de prepotente e imbecil.

Diferentemente da primeira – pessoa física –, esta poderá ter natureza jurídica diversa. Assim, pode-se criar uma *pessoa jurídica de direito público*, que poderá ser do *ramo externo* ou do *ramo interno*. A primeira terá jurisdição além do território nacional[12]; a segunda fica circunscrita ao território do Estado que lhe dá validade, enquanto sustenta sua vigência. Da mesma forma e com os mesmos ingredientes, a figura da *pessoa jurídica de direito privado do ramo interno,* que poderá ser aborígene ou alienígena[13].

Mas como surge essa figura? Não tem vida própria e, do ponto de vista do exercício de pensar, raciocinar e decidir, depende *ad aeternum* da capacidade criadora, imaginativa e realizadora do *ser humano*, que é o único a possuir tais atributos, quer para sua criação, quer para o seu desenvolvimento. Sua gestação ocorre precisamente dentro da cabeça de algumas *pessoas físicas*. Já sua concepção tem processo completamente diferente. Não julgo necessário discorrer sobre isto. É por isso que alguns países tratam-na por *pessoas coletivas*[14], o que identifica melhor o contexto, sem contudo alterar a teleologia, que poderá ser alterada com o desenvolvimento das atividades a que se destinava quando da sua gênese. Tem-se que, entre nós, a locução adotada: – *pessoa jurídica* –, visa definir com clareza qual a sua gênese: nasce por que imaginada, pensada, raciocinada e

---

[12] Além do território nacional não significa "em todo o mundo, exemplo a O.E.A Organização dos Estados Americanos, que vige apenas nos Estados americanos signatários, independentemente do idioma adotado: espanhol, português, inglês, francês.

[13] Exemplos: a *Votorantim* é um conglomerado de *pessoas jurídicas de direito privado* do ramo interno, genuinamente nacional. Por sua vez, as montadoras de veículos automotivos, todas, são estrangeiras.

[14] A linguagem é usual na Europa, Portugal e Espanha, por excelência. Nos Estados Unidos, usa-se *Corporation*. Matéria pertinente ao Direito Comercial, ela nos cerceia maiores detalhes, até porque impertinentes. Fundamentalmente, todavia, é a configuração: essas associações – em sentido gramatical – constituem-se pelo agrupamento de pessoas naturais, visando sempre um fim comum ao grupo.

querida por algumas pessoas naturais, mas depende do regular registro estatal, o que lhe concede a personalidade jurídica própria.

3. Sujeitos: Ativo e Passivo

Adentramos agora o compartimento da seara do Direito Penal onde temos nosso *habitat*. Não nos é permitido omitir ser, quiçá, esta a parte mais sensível de toda a estrutura normativa de qualquer sistema. Por isso, com o desenvolvimento do arrazoado, é fatal ocorrerem repetições de citações, situações, hipóteses, etc. Isso acontece porque oscila a linguagem entre aquilo que é *genérico* e o que é *específico*. Ora falamos sobre o *Direito* no geral, ora no particular, como neste momento. Todavia, a despeito dos obstáculos, penso que não haverá prejuízo algum para a assimilação, se tivermos o cuidado de aferir correta e coerentemente em que espaço: – genérico ou específico –, estamos trabalhando. Uma coisa é certa: toda vez que tivermos de discorrer filosoficamente sobre o Direito Penal, é fatal ocorrerem lacunas, eis que a Filosofia não está preocupada com a justeza e perfeição das coisas, mas apenas com a discussão das hipóteses possíveis, tanto quanto a Lógica não se ocupa com a verdade dos argumentos, senão com a suas validades.

Como primeira colocação, surge a questão da *responsabilidade criminal*. Trata-se de algo personalíssimo. O nosso sistema, por certo, adotou desde antanho regras oriundas do *Direito Penal Romano,* conforme doutrinou Theodor Mommsen[15], gênese da *responsabilidade penal individual*, no que é pertinente à *pessoa humana*. Ressalva que se faz à teoria da execrável *responsabilidade objetiva – aquele que de qualquer forma contribui na realização do crime, responde por ele na sua inteireza –*, já expungida do sistema pátrio.

Modernamente toma-se por parâmetro o princípio da *culpabilidade*. Dessa forma, aquele que contribuir, por qualquer meio, para a realização da conduta típica – crime –, responderá, na medida da extensão da sua conduta[16]. A esse propósito, sugere-se a leitura do Di-

---

[15] MOMMSEN, Theodor. *Direito Penal Romano*. Bogotá, Editora Themis, 1976, tradução do fenomenal Pedro Garcia de Dorado Montero.

[16] Eis a atual redação do art. 29 do Código Penal: "Quem, de qualquer modo, concorre para o crime incide nas penas a este cominadas, na medida da sua culpabilidade". Antes da Lei 7.209/84, a locução terminava antes da última vírgula – art. 25 do Decreto-lei 2.848/40.

reito Penal Ecológico, de Paulo José da Costa Jr.: *Nos ordenamentos ocidentais, normalmente a responsabilidade penal acha-se estruturada sobre o princípio da culpabilidade (206)*[17]. Na oportunidade, pela linguagem empregada, o autor pátrio deixa evidente a posição contrária em relação a uma possível responsabilidade penal indireta ao tema, quando diz: *A solução pretende satisfazer, a todo custo, exigência de certeza. Mas o sacrifício que ela impõe ao princípio da responsabilidade penal é grande, sobretudo onde a violação for sancionada com pena detentiva (233)*[18]. E diz mais: *Em tais casos, o critério adotado volta a propor a praxe inaceitável do bode expiatório*. É a tentativa de escapulir da responsabilidade penal, e também de outras tantas de natureza administrativa, através de uma sigla qualquer, que será substituída por outras tantas, quantas vezes as circunstâncias o exigirem.

Não se pretende, nem agora, nem nunca, ser o **dono da verdade**. Entretanto, a questão, consideradas as peculiaridades que circundam o sistema penal punitivo – o caráter de **individualismo**, por exemplo – não merece tanta discussão, tal como vem ocorrendo em relação à **pessoa jurídica**. Ante a Teoria do Crime, a máquina pensante será sempre a[s] pessoa[s] humana[s] e, por isso mesmo, responsável[is] penalmente por tudo quanto realize[m] em nome da **ficção jurídica** por ele[s] criada. Esta não dispõe de elementos essenciais como **vontade livre e consciente, intenção, querer liberado**, que são exigíveis em qualquer avaliação de **conduta típica**, requisitos exclusivos e personalíssimos do **ser humano**. Sob o prisma da **culpa estrita** as coisas não são diferentes, afinal, a **pessoa coletiva** não age nem reage, nada significando para eles os vocábulos: **imprudência, negligência** e **imperícia**. Se para nós são guindadas ao *status* de **categorias,** naquele universo permanecem amorfas tanto quanto o resto das coisas. Eis aí a confirmação incontestável da assertiva: *a pena não ultrapassará jamais a pessoa do apenado.*

Tanto é assim que a **pessoa física** não pode trocar seu nome nem identificação[19]. Mas a recíproca não é verdadeira. A **pessoa jurídica** troca

---

[17] COSTA Jr., Paulo José da. *Direito Penal Ecológico*, Rio/São Paulo, 1996 Forense Universitária, p. 98 e seguintes. A chamada para nota de rodapé faz menção à obra de Arthur Kaufmann. Vale dizer, houve metalinguagem para reforçar o asseverado.

[18] Na p. 106, menciona a obra de Bricola, *Aspetti penalistici,* p. 68.

[19] Poder pode, posto haver normatização a respeito, mas o processo é tão custoso e o Estado faz tantas exigências burocráticas que acaba não valendo a pena tentar. Diferentemente ocorre com a **pessoa jurídica**, bastando apenas dar baixa no registro de constituição.

marca, logotipo, nome fantasia, razão social etc., ao sabor dos interesses e conveniências do momento. Depende tão-somente de os sócios ou acionistas assim decidirem[20]. Do ponto de vista legal essas providências custam relativamente pouco e andam relativamente rápido[21]. Tal quadro nos induz a afirmar com absoluta segurança: a *pessoa jurídica* não tem qualquer apego a valores eidéticos como *honra* e *ética*, por exemplo. Em resumo, as decisões dessa figura fictícia, na realidade, a vontade exteriorizada de uma ou mais *pessoas físicas*. Irrelevante se sócio, acionista, dono ou mero preposto. Poderia haver, isso sim, um *concurso eventual* entre patrão que manda e empregado que obedece, para simplificar, mas não entre *pessoa física* e *pessoa jurídica,* eis que aquela tem vida real, seus valores são infungíveis, como regra. Enquanto esta, apenas artificial, seus valores são fungíveis e atendem a interesses daqueles outros.

3.1. Sujeito Ativo

Na Teoria Geral do Crime, este é o segundo momento elucidativo do *fato típico*: consiste na apuração para saber quem é ou pode ser o autor. O primeiro visa constatar a *materialidade*[22], sem o que nada a fazer. Por certo, essa constatação, que pode parecer irrisória no primeiro momento, não é possível descartar. Havendo *ab initio* a figura comprometedora de um evidente *nihilismo,* seja factual, seja circunstancial, não deve o Estado instaurar o competente procedimento investigatório[23], já com pendores publicistas, pois as coisas andam

---

[20] Uma grande marca de baterias mudou o "nome fantasia". Uma das maiores instituições financeiras nacionais, antes de desnacionalizar o capital social, mudou de nome; vendido o controle, acrescentaram-lhe a sigla alienígena. Se fosse necessário para convencer, seria possível ficar o tempo todo citando fatos do *direito vivo*.

[21] Quanto aos nomes fantasia, basta não revalidar o registro existente no INPI [Instituto Nacional de Propriedade Industrial]. Quanto à razão social, um pouco mais de burocracia, mas nada desencorajante e que não possa ser resolvido. Aliás, acaso ocorra impedimento de algum, ou de todos os sócios, utiliza-se a figura do "laranja", como bem asseverou Paulo José da Costa Jr., no seu *Direito Penal Societário*, p. 36.

[22] Faz-se menção aos crimes materiais, porque deixam vestígio, principalmente. Entretanto, não se deve descuidar da existência dos crimes formais, ou de mera conduta. Estes apresentam mais dificuldades para a aferição de ocorrência – ou não – do ilícito penal.

[23] Quando digo *competente procedimento investigatório*, pretendo deixar claro que os fatos investigados não podem chegar ao público pela via do sensacionalismo, tal como vem ocorrendo cada vez com maior incidência. Não raro, nem sequer o inquérito policial foi instaurado e a população já está informada pela imprensa marrom. Preocupa muito essa maneira de informar, mas preocupa muito mais esse conluio entre os órgãos de imprensa e as autoridades que, não raro, trocam favores e gentilezas.

sempre para a frente. Que se investigue antes, no sentido de apurar a *materialidade*, para somente ao depois indiciar, se for o caso. Lamentavelmente, esta não tem sido a regra. Não poucas vezes, indicia-se, denuncia-se e, ao final, não se apura o ontológico: a *materialidade*.

Em síntese, ao cidadão é imputada a *autoria* de um fato inexistente! É absolvido, posto que nada devia, ou nada tinha a ser provado contra si, nem mesmo algo que minimamente o ligasse ao fato. E o que é pior, remendam a situação como podem e a apresentam tal como se lhe tivessem feito justiça! Todavia, ele carregará pelo resto da vida o estigma dos *antecedentes criminais*. Estes, por deficiência burocrática, de um lado, e por autoritarismo do Estado policiaco[24], se tornam infinitamente mais onerosos que uma eventual condenação em si mesma. Adiante voltaremos ao assunto de forma mais abrangente [25].

Por *sujeito ativo* do crime temos a *pessoa natural* ou *física*[26], que positiva ou negativamente – por comissão ou omissão, que são os elementos objetivos do crime – realizou determinada *conduta típica*, pouco importando se conseguiu ou não realizar seu intento[27]. Da mesma forma, se agiu solitária ou solidariamente[28]. Relevante

---

[24] Termo do idioma espanhol, que em Cuba se emprega, de ordinário, para identificar condutas nem um pouco éticas. Arbitrárias e abusivas, portanto.

[25] Essa questão dos *antecedentes criminais* é crucial, merecendo capítulo próprio. É preciso ter coragem e arrostar o Estado, conscientizando a sociedade sobre essa temeridade em que se constitui esse nefasto instituto criado na França, há dois séculos, por Josef Fouchet, então o todo-poderoso Ministro da Polícia do governo de Napoleão.

[26] LUNA, Everardo da Cunha, *in Estrutura Jurídica do Crime* p. 26: *Sendo o crime um fato do homem, tem, no homem, o seu sujeito ativo. A doutrina italiana, vê, no sujeito ativo do crime, matéria de estudo especial e independente, o que a leva a substituir a tradicional dicotomia crime-pena pela tricotomia moderna crime-criminoso-pena.* Na página seguinte volta a afirmar, taxativamente: *O sujeito ativo é o homem, a pessoa natural, sem exclusão das criaturas humanas teratológicas. Coisas, animais e pessoas jurídicas, portanto, não podem ser sujeito ativo do crime* – negrito nosso. Estas citações terão, por certo, muita valia mais adiante, quando for demonstrado o teratológico equívoco em que vem incorrendo uma parte da doutrina, alienígena e aborígene sobre o pólo ativo do crime, ao pretender inserir também a *pessoa jurídica*, o que, a meu juízo, e não só meu, mas de parte considerável da doutrina de boa cepa – é absolutamente improcedente tanto quanto impertinente.

[27] No art. 14 do Código Penal, as duas figuras: crime consumado e crime tentado. Aquele se presentes a *conduta*, o *evento* e o *resultado*, fechando, dessa forma, o *nexo causal*. O segundo, ocorre quando o agente não completa a empreitada por motivos alheios à sua vontade.

[28] Art. 29 do Código Penal. No particular, vale a pena separar o co-autor do partícipe, além do cúmplice. Co-autor é quem tem, solitariamente, o domínio do fato. Partícipe, é aquele cuja participação é de menor potencial. Cúmplice é aquela figura tratada nos arts. 348 e 349 do Código Penal. Sugere-se a leitura da obra da professora *Ivete Senise Ferreira*.

mesmo é a questão tratada no art. 26 do diploma substantivo penal, versando sobre a ***imputabilidade penal***. Como é do domínio público, a imputabilidade é o primeiro dos três pressupostos da culpabilidade. Se inimputável, a pessoa nem sequer poderá ser tratada como "agente do crime", já que não realiza o *fato típico* – conduta selecionada como tipo penal –, apenas realiza um *fato*. A mesma regra se impõe ao menor, alcançado pelo art. 27[29].

Em conclusão, para que alguém galgue a condição de ***agente ativo*** ante o sistema normativo penal, é imperioso que reúna as condições acima expostas. Se ausente qualquer delas, não há falar em autoria e ou suas formas acopladas[30]. Costumo fazer chiste nas minhas aulas, dizendo: *O legislador, ao elaborar o Código Penal, reservou apenas quatro artigos aos loucos, excluindo-os do seu convívio"*[31]. Isso se deve, principalmente, ao câmbio havido na Parte Geral, que ao adotar a teoria da culpabilidade descartou também o sistema ***duplo binário***, preferindo o ***vicariante,*** o que, convenhamos, foi muito bom para o sistema como um todo. Anteriormente, além da malsinada ***responsabilidade objetiva***, vinha a reboque aquele perverso sistema de ***medida de segurança***. Dizia-se não ser sanção, mas surtia efeitos mais nefastos que a própria. Atualmente, ou o sujeito é imputável, e sendo culpado será punido, ou ele é inimputável e, por isso mesmo, nada tem que ver com o Direito Penal, no pertinente à parte sancionatória. Portanto, somente poderá ser ***agente ativo***: quem for ***pessoa humana***; portador da ***imputabilidade*** – atributo do ser mentalmente perfeito –; possuir conhecimento ou noção –

---

[29] No caso do menor e do adolescente, veja-se a Lei 8.069, de 13/julho/1990, a qual regulamenta a situação dos destinatários desse diploma. O menor, ao praticar uma conduta em tese típica, tem-na como *ato infracional*/[lei retrocitada, arts. 103, 104 e 105].

[30] Conforme Ivete Senise Ferreira – posição por mim adotada e ampliada no *Lineamentos de Direito Penal* – o *concurso de pessoas* está assim estruturado: *autor, co-autor*, qualquer deles tem o domínio do fato típico; quer dizer: realizaria o *iter criminis* sozinho – art. 29 – concurso eventual por excelência; *partícipe*, aquele a quem cabe papel de menor importância no contexto, este não tem o domínio do fato – § 1º do art. 29 –; *cúmplice* – figura que acrescentei – é aquele que nada tem que ver com o fato em si, colabora desinteressadamente, em atitude de mera solidariedade – arts. 348 e 349 do diploma substantivo penal.

[31] Esses arts. são os 96/97/98/99, da Lei 7.209/84.

ainda que mínima – da existência da norma jurídica[32] – consciência do injusto –; e descumprir a exigibilidade de conduta conforme a norma jurídica.

Mas o que se questiona nesta oportunidade é se a ***pessoa jurídica*** pode, sistematicamente, compor o pólo ativo da relação jurídica processual penal. Alguns autores acham que sim, outros que não. Filio-me a esta última corrente por considerá-la a que mais se afina com os parâmetros do sistema penal calcado na teoria da culpabilidade. Essa figura, a ***pessoa coletiva***, não desfrutando de sentimentos – coisa somente propiciada aos seres humanos –, não tendo ***vontade*** ou ***querer***, por certo não poderá ser responsabilizada criminalmente. Nesse sentido, excelente a preleção do pranteado professor de Direito Penal da Universidade de Palermo [Itália], Giuseppe Maggiore[33]: *Pero esa configuración de una personalidad de derecho privado, es inservible para fines penales. Una asociación o fundación podrá adquirir, vender, heredar, etc., pero no delinquir, porque solo la persona física, dotada de voluntad y de libertad efectivas, puede sentir la amenaza de la ley quebrantaria.* Nem poderia ser diferente. A punição da ***pessoa jurídica*** deve vir por outros vetores existentes na área específica do Direito Comercial e do Direito Administrativo, que regulam as relações entre esta e o Estado.

O que designa a atividade dos ***sujeitos*** são os ***atos*** praticados. Nessa linha de raciocínio, esses atos pressupõem a ***conduta*** do agente, irrelevante se ***ativo*** ou **passivo**[34]. Vêm de Liszt os esclarecimentos necessários, ao afirmar que o ato, num primeiro plano, pressupõe a manifestação de vontade: *El acto es la voluntad*

---

[32] Esse "conhecimento" não precisa ser epistemológico, poderá ser profano, conforme a doutrina de Paulo José da Costa Jr. Afinal, ninguém se eximirá da responsabilidade alegando desconhecimento da lei. Ressalva se faz nos casos de "erro de proibição", caso em que, se presentes a *escusabilidade* e a inevitabilidade, se transformam em situação dirimente. Veja-se o art. 21 do Código Penal. E mais: a atual Teoria do Erro vem do Finalismo. Pessoalmente, acho muito melhor que a adotada anteriormente: *erro de fato* e *erro de direito*, originária da Escola Clássica, posto que mais aberta e detalhada. Francisco de Assis Toledo tem uma monografia sobre o tema, que, a meu juízo, se constitui no melhor trabalho publicado por aqui.

[33] MAGGIORE, Giuseppe. *Derecho Penal,* Barcelona, Bosch Editorial.

[34] Quando digo ser irrelevante se ativo ou passivo, reporto-me à vitimologia, que é o estudo da conduta da vítima no desenrolar do crime.

objetivizada [35]. Partindo dessa premissa, aliás a única e verdadeira, forçoso concluir que somente aquele *ser* que ostentar sentimentos como a *vontade,* que deve ser necessariamente livre e consciente e o *querer,* este devendo ser liberado, será capaz de realizar o longo percurso em que se constitui o tripé que forma o nexo causal: *conduta/evento/resultado.* De fácil assimilação não se tratarem de atributos inerentes à *pessoa jurídica,* importa se de direito público ou privado, visto serem sempre dependentes da conduta de um *ser pensante.* Ademais, é unânime a assertiva de que a pena jamais poderá ultrapassar a pessoa do criminoso, principalmente se ele for, como no caso, inimputável!

Ainda sobre a discussão da importância da *ação* na teoria do crime, para que se possa, conscientemente, afirmar ou negar a impossibilidade de a *pessoa jurídica* ser componente do pólo ativo do crime, lê-se em João Castro e Sousa[36]: *A análise do primeiro dos elementos da infracção criminal – a acção – exclui, desde logo, a possibilidade de as pessoas coletivas serem sujeitos activos de infracções criminais. Se consideramos a essência das penas criminais, teremos forçosamente que excluir a sua aplicabilidade às pessoas colectivas.* Conforme Giuseppe Bettiol[37], essa exclusão alcança tanto os jusnaturalistas quanto os adeptos do finalismo da ação. *Vontade* e *movimento corpóreo* são elementos essenciais para o *jusnaturalismo.* Quanto à tese da ação final, com suas exigências mínimas, fica dependendo, por igual, da vontade de um *ser pensante,* o que resulta na exclusão da pessoa coletiva do nexo causal, posto não ostentar vontade.

Com efeito, punem-se os responsáveis pela gerência da *pessoa coletiva,* que têm o poder de decisão nas mãos, inclusive o de vida e de morte da própria, já que a podem extinguir se assim o desejarem. Não há, para o Direito Penal, aquele sentido de solidariedade irrestrita tão eloqüentemente apregoada pelos especialistas em Direito Comercial. Veja-se o art. 177 do Código Penal, bem ainda as Leis 4.729/65, 8.137/90 e 8.212/91, entre outras.

---

[35] VON LISZT, Franz. *Tratado de Derecho Penal,* vol. II, p. 297.

[36] SOUSA, João Castro e. *Pessoas Coletivas,* Coimbra, Coimbra Editora, 1985, pp.113/114.

[37] BETTIOL, Giuseppe. *Direito Penal,* 1962, tradução de Paulo José da Costa Jr. e Alberto Silva Franco.

Em sentido contrário, a Lei 9.605/98, que trata do Meio Ambiente, porém sem muito – ou nenhum – êxito, segundo entendo[38], posto que tenta o impossível: dar *vida material* a quem tem somente a *vida formal*.

3.2. Sujeito Passivo

Consoante a *Teoria do Crime*, *sujeito passivo* pode ser qualquer daqueles *entes*, aqui identificados como *pessoa física* [pessoa natural] ou *pessoa jurídica* [pessoa coletiva], que de alguma forma possa ter tido qualquer bem ou interesse prejudicado pela conduta[39] do *agente ativo*. Desde sempre há de se deixar consignado: para a *pessoa natural* não há qualquer restrição: pode figurar no pólo passivo em qualquer circunstância. Todavia, para a *pessoa coletiva* há reservas[40], pelos mesmos argumentos já expendidos e que muito possivelmente voltarão à baila.

Desde sempre, surge uma discussão sobre onde começa e onde termina a capacidade das *pessoas* para que possam pleitear a tutela jurisdicional do Estado. Para as *pessoas naturais,* o sistema ultrapassa mesmo os limites da vida, retroagindo. O Código Civil protege os direitos do nascituro, tanto quanto o Direito Penal pune o

---

[38] Sobre o problema, leiam-se, Cesare Pedrazzi & Paulo José da Costa Jr. sobre o Direito Penal Societário. Do último, também o Direito Penal Ecológico.

[39] O termo **conduta**, neste caso, é um gênero próximo, que ostenta duas *diferenças especiais*: a *positiva*, comumente denominada ação – conduta comissiva –, e *negativa*, que é aquela conhecida por omissão – conduta omissiva. O diploma repressivo, art. 13, fala equivocadamente em **resultado**, sem considerar que a omissão nada produz, conforme Heleno Cláudio Fragoso. No § 2º, procura explicar a omissão, dando-lhe forma e condição de aplicabilidade. Portanto, aqui, abandono a teoria de Maximiliano Von Buri: "*conditio sine qua nom*", adotando a de Gries e Ludovic Von Barr: "*causalidade adequada*". Sobre o tema, leia-se "Nexo Causal, com excelente monografia, que foi sua tese na Itália, onde foi publicada originariamente. Entre nós, a Malheiros editou.

[40] Do *direito vivo*. Certa feita fui nomeado pela OAB/SP para defender um colega. Era querelado numa queixa-crime. No pólo passivo, uma grande empresa fabricante de cachaça, representada pela estimada colega Zulaiê Cobra Ribeiro, atualmente deputada federal. Pretendia-se ter sido violada a "honra" da empresa. No mérito defendi a falta de justa causa da pseudo vítima de crime contra a honra, pois empresa não a tem. O colega acusado – que me honrou com a escolha para aparelhar sua defesa – viu-se vitorioso nas duas instâncias. Tanto o juízo de Primeira Instância quanto o TACRIM concordaram com a nossa posição doutrinária.

aborto[41]. Percebe-se claramente que, ao regulamentar a pré-vida, resguarda-se normativamente uma expectativa de direito. Tal averiguação é de suma importância, pois seria teratológico punir alguém por conduta cujo desfecho não teria qualquer possibilidade de sucesso[42]. Por exemplo: matar o que já está morto; apropriar-se indevidamente daquilo que lhe pertence, e assim sucessivamente.

Para concluir esta parte, fique claro o seguinte: *sujeito passivo* pode ser tanto uma *pessoa natural* quanto uma *jurídica* – esta com algumas restrições – irrelevante se preto ou branco, rico ou pobre, aborígene ou alienígena. Bastante será possuir qualquer daqueles *bens juridicamente relevantes*[43] violado. Aqui, nem sequer se poderá discutir a ausência do registro de nascimento, caso o delito seja de homicídio, lesão corporal, ou assalto, ou mesmo qualquer outra modalidade de agressão a direito tutelado. Comprovada a *materialidade*, da qual já se falou em outra oportunidade, cumpre ao Estado identificar e localizar o autor do *fato típico*, apurar a responsabilidade e, sendo o caso, punir.

No caso da segunda, as coisas são um tanto mais complicadas. É que, para se tornar vítima, a *pessoa jurídica*, por sua condição de ser estático, ente sem vida natural nem vontade própria, dependerá sempre de pelo menos uma *pessoa física* que agirá em seu nome, defendendo seus direitos e interesses, desde que, para tanto, esteja devida e legal-

---

[41] No Código Civil, art. 5º, está consignada essa garantia sobre evento futuro. No Código Penal, arts. 123 a 127. Para o primeiro, basta constatar que o nascituro surgiu ao mundo com vida. Já, no segundo, as coisas são mais complicadas. A extração do nascituro ou do feto do ventre materno somente é permitida quando ficar cabalmente provado que a parturiente corre risco absoluto de vida, ou quando o concebido já estiver comprovadamente morto. Simples alegações não justificam ou desqualificam a conduta típica.

[42] Veja-se o art. 17 do diploma substantivo penal, que regula o "crime impossível", criando a figura da tentativa ineficaz.

[43] Este, sem dúvida, o marco diferencial do Direito Penal em relação aos demais ramos do direito. Há unanimidade na doutrina de que ao Direito Penal somente interessam as ocorrências que realmente sejam relevantes. Nem poderia ser de outra forma, tendo em vista a presença do "estado gendarme", de que fala reiteradamente Righi, na obra citada. É a gravidade de que se reveste a conduta típica que acaba por impor o rigor do Estado. O perigo está quando os órgãos estatais extrapolam no exercício das suas funções institucionais. Fica-se sem saber se apoiar ou refutar incondicionalmente esses excessos. Quanto mais dura a repressão, maior será o recrudescimento da criminalidade. Temos visto o que vem ocorrendo: um sistema repressivo altamente corrupto em quase todos os patamares, suplementado por um sistema penitenciário falido na base, resulta no que está vivendo a sociedade brasileira. Solução existe, sim, mas não como está sendo tratado o problema, nomeadamente a questão prisional.

mente habilitada. Logo abaixo será explicada a vida e o funcionamento da pessoa jurídica. Por ora, cumpre consignar que: nos crimes contra o patrimônio, *falsum*, etc., não há maiores problemas, já que o **bem** lesado, motivo da formação da relação jurídica, pode ter sido conseguido mediante a associação de algumas pessoas – físicas ou jurídicas –, por intermédio de um representante. Todavia, nos crimes contra a honra, contra a vida e a pessoa, as coisas tomam outro caminho. A pessoa jurídica, pelas suas próprias características, não ostenta honra – é importante enfatizar –, valor eidético inerente exclusivamente à pessoa humana. Da mesma forma, aquela não tem vida biológica, o que faz dela algo estático, inerte, vivendo uma ficção jurídica, nada mais que isso.

4. A Posição da "Pessoa Jurídica" na Teoria Geral do Crime

O assunto tem despertado acaloradas discussões no pertinente à figura da *pessoa jurídica*, quanto ao pólo passivo. Confesso que não assimilei até agora a razão dessa celeuma toda. Tenho por princípio o seguinte: toda vez que não sei, indago. Indago sempre mais de uma vez e a diversificadas fontes. Dessa forma, procurei na boa doutrina uma explicação que fosse, pelo menos, minimamente aceitável. Por esse motivo, não se passará ao final deste tópico sem antes perquirir o direito comparado. A meu juízo, esta é a postura que mais convém a quem assume a responsabilidade de ajudar a doutrinar.

A primeira resposta veio de pronto, fornecida pelo professor Esteban Righi[44]. Sinteticamente, diz o autor argentino ao descartar a pena de morte, que o ponto culminante do Direito Penal é a privação da liberdade do malfeitor. Diz mais: *Los intereses que son objeto de tutela constituyen el capital de bienes de todo ordenamiento.* Sendo assim, quem teria real interesse em que a *pessoa jurídica* obtivesse quantidade cada vez maior de bens materiais senão que, finalisticamente, aquele que aufere materialmente a vantagem: dono, sócio, acionista, etc.? Não há como olvidar: a empresa é um *ser fictício, inerte, sem vontade* própria – livre e consciente – *sem o querer*

---

[44] RIGHI, Esteban. *Derecho Penal Economico Comparado*. Madrid, Editorial Revista de Derecho Privado, pp.6 e 7.

liberado, até porque não o tem. Portanto, tudo que acontece em seu nome é a vontade de um ou de vários *seres humanos.*

Nessa mesma linha de raciocínio, continua o autor: *O delito foi concebido como uma desobediência culpável pela norma, o que pressupõe o livre-arbítrio, vale dizer, a autodeterminação do autor para poder optar entre cumprir a ordem do legislador ou não fazer.* Diante disso, seria possível atribuir à *pessoa jurídica* a responsabilidade penal por qualquer conduta positiva ou negativa: ação e omissão realizada, direta ou indiretamente, pelo[s] sócio[s]?[45]. Essa figura denominada *globalização* ajuda em muito a escamotear o verdadeiro escopo das decisões de caráter administrativo, colegiado ou não. Este, por si só, já seria motivo bastante para repensar a problemática de um pseudo sancionamento de matizes criminais à *pessoa jurídica,* que jamais seria alcançada realmente pelos rigores do Direito Penal, posto que nunca teria sua liberdade cerceada, visto não a possuir; que jamais teria antecedentes criminais maculando sua honra, já que não a tem, e assim por diante. A atividade do direito repressivo penal somente serve para inibir a *pessoa humana,* isto se ele puder alcançar seu *desideratum,* o que não vem ocorrendo há dois séculos[46].

No concernente às decisões coletivas aqui temos, quiçá, o calcanhar de Aquiles. Cesare Pedrazzi e Paulo José da Costa Jr.[47], trazem à baila questão deveras interessante, que finda por criar, em certos casos, co-autoria necessária: *Assim, o problema do relacionamento entre colegiado e responsabilidade penal não pode ser descurado, quer porque os estatutos poderão estabelecer regime de administração coletiva, quer porque existem algumas obrigações que a própria lei impõe indistintamente a todos os diretores, a fim de assegurar o funcionamento normal da sociedade. A inobservância de tais obrigações poderá ensejar responsabilidade solidária, ainda que, pelos*

---

[45] No particular, Paulo José da Costa Jr., obra citada, p. 35, toca na ferida quando se refere aos "testas-de-ferro", para em seguida aludir aos "senhores ocultos". Na realidade, pode-se dizer: com muita freqüência, o *dono* não é **dono.**

[46] DIAZ, Gerardo Landrove. *Los Fraudes Colectivos,* Barcelona, Bosch Editorial, 1978, pp. 43/45, fazendo metalinguagem a uma decisão da Suprema Corte espanhola.

[47] PEDRAZZI, Cesare e COSTA Jr., Paulo José da. *Direito Penal Societário,* São Paulo, Malheiros Editores, 1996, p.19.

estatutos, tais deveres ou obrigações não caibam a todos os diretores. O texto é longo, reconheça-se, mas não podia ser fraccionado para não ser mutilado. Na oportunidade, os autores mencionados informam que se socorreram da obra de Miranda Valverde, um comercialista de grande relevância.

Com efeito, todas as decisões da *pessoa jurídica*, quando colegiada a administração, são relatadas em documento próprio, o Livro de Atas. Mesmo que a decisão de unanimidade obrigatória, o membro que discordar poderá fazer constar na ata sua insatisfação ou contrariedade, ficando dessa forma consignado que a aceitação se deu por mera exigência legal. Os autores retrocitados falam na figura típica criada no sistema italiano: *crime colegial*, dizendo tratar-se de uma hipótese de crime plurissubjetivo, tendo em vista a imposição legal da aquiescência de todos os diretores. Sei lá! Tenho dúvidas. Principalmente porque o *fato típico* aperfeiçoado pelos dirigentes de uma certa *pessoa coletiva* pode não ter característica qual a exigida na hipótese, sendo crime de *concurso eventual* na sua essência.

Os crimes do *colarinho branco*[48], por exemplo, não são formatados, necessariamente, com os pressupostos inerentes aos exigidos nos crimes de *concurso necessário*. Na mesma esteira tem-se percebido esse fenômeno nos casos de narcotráfico, onde o concurso surge muito mais em homenagem à rapidez, eficiência e praticidade do que por imperiosa e insuperável necessidade pessoal. Afinal, uma só pessoa poderia levar a cabo a realização completa de toda a atividade, a despeito das peculiaridades, indo desde o cultivo até a distribuição da droga no varejo. Se assim fosse, tudo seria muito mais difícil, mas não impossível, tampouco irrealizável.

O acima mencionado vem conceituado por Klaus Tiedelmann[49], como sendo o rudimento dessa recente rama do Direito Penal, citando

---

[48] Quase todos [se não a totalidade] os autores fazem menção a essa modalidade de conduta criminosa. Klaus Tiedemann, Esteban Righi, Gerardo Landrove Diaz, Agustin Fernandez Albor, Ulises Mantoya Manfredi, para citar apenas os mais conhecidos. Invariavelmente, uma constatação: é uma modalidade de delito praticado por pessoas de muito boa posição social. Vale dizer: não se trata da figura trágica de *Jean Valjean* – célebre personagem de Victor Hugo em *Les Miserables* –, o ladrão de pão, que foi condenado a 19 anos de prisão e que, mesmo após ter cumprido a pena, continuou sendo perseguido pelo resto da vida pelo tétrico inspetor *Javair,* para quem *criminoso uma vez, criminoso sempre.*

[49] TIEDELMANN, Klaus. *Poder Económico y Delito.* Barcelona, Editorial Ariel S/A, 1985, pp.16 a 20.

Lindemann: ... *y fue sólo a modo de consecuencia que Lindemann, discípulo de Hedemann, discribió como objeto del Derecho Penal Económico el sector de la economia dirigida y protegida. Tras la política del nacionalsocialismo, basada en la plena dirección y planificación y que posteriormente dio origen a un decreto [penal] totalitário de guerra, las primeras reformas de la segunda posguerra sirvieron para desmontar el omnicompresivo poder penal de la administración.* Veja-se que a origem não é das mais salutares. Diz ainda o autor tedesco que, atualmente, existe uma divisão legislativa entre o que seja o **Direito Penal Criminal** e o outro, o **Administrativo.** Penso ter de voltar ao tema mais adiante, pois a ***pessoa jurídica***, segundo meu ponto de vista, somente poderá ser sancionada por este último, nunca pelo primeiro. Desde sempre oponho séria resistência quanto à utilização do Direito Penal de maneira pouco ou nada ética. E não se venha com o falacioso argumento de que no combate ao crime vale tudo, inclusive violar a lei.

Não que se negue a existência dessa moderna modalidade de delinqüência, que se propaga de tal forma que chega a assustar. Mas há toda uma estrutura de Direito Penal positivo vigente, e dentro dela não há espaço para além da ***pessoa natural***, então não há mesmo como aplicar aquelas regras nessa modalidade de delito, tal como querem alguns: a fim de punir a ***pessoa coletiva***. Não fosse a credibilidade e idoneidade dos autores que se posicionam nesse sentido, seria o caso de pensar em "missa encomendada". Deve-se punir sim, e com muito mais rigor, os que atuam nessa modalidade[50]. Mas daí a criar artificiosamente essas condições, é violentar todo o sistema além da nossa consciência jurídica.

Penso que a lei extravagante poderia impor aos delinqüentes aqui arrolados penas mais rigorosas, aparelhando mais adequadamente a configuração do crime de formação de ***quadrilha ou bando.*** Além de expungir todos os benefícios que se concedem à guisa de Política Criminal, etc. Afinal, trata-se de ***conduta típica*** realizada, como regra geral, por pessoas altamente qualificadas intelectualmente, cuja situação econômico-financeira é sempre privilégio da classe elevada. O crime do colarinho branco não é praticado por aquelas figuras que nós, os criminalistas, de-

---

[50] MANFREDI, Ulises Montoya. *Responsabilidad de los Directores de las Sociedades Anonimas*, 2ª ed. própria, 1978, pp.151 a 167, onde o autor discorre sobre as diversas formas de delitos praticados, acobertados pela sigla da pessoa coletiva.

signamos como sendo o personagem Jean Valjeans, já mencionado em outra parte. Sobre o assunto, veja-se notas de rodapé anteriormente fixadas, além do contido na obra de Agustin Fernandez Albor, cap. III[51]. No consoante à *pessoa jurídica*, aqui usada para acobertar a conduta daquela outra, puna-se com os rigores do Direito Administrativo, o que pode ser feito pelo próprio juiz que tenha decidido a parte criminal[52].

5. Retrospecto Histórico

Não se espere a catalogação de todos os casos em que se adota esse estranho procedimento de punir criminalmente a *pessoa jurídica*. Principalmente porque essa não é a regra, mas exceção rara e, sempre que surge, passa por forte pressão. Essa pressão se dá em homenagem ao fato de os defensores dessa hipótese andarem na contramão, não-somente da boa técnica jurídica, mas principalmente da lógica do Direito Penal desde o seu primórdio. Portanto, o que se trouxer à colação servirá apenas como pequena amostragem.

Até onde se sabe, a Inglaterra mantém o antecedente do ano de 1701, não reconhecendo a *pessoa jurídica* como responsável por ato criminal. Pune os dirigentes, o que é absolutamente correto. Também nos Estados Unidos desconsidera-se a empresa como responsável por qualquer conduta típica, seguindo a lógica do *commow law*, ao que se depreende.

Na França, há forte corrente doutrinária que sustenta desde 1671, quando a aceitação de punição à *pessoa moral* ganhou espaço[53]. Diz-se que no reinado de Luiz XIV, o Estado autorizava a punição da *coletividade*. Conforme Luiz Regis Prado[54], essa prática extravagante teria sua gênese com a edição da Lei conhecida por ***Ordenação de Coubert.***

Ainda segundo o mesmo autor, atualmente punem-se as ***pessoas físicas*** que representem os órgãos ou instituições públicas. Nada digno

---

[51] ALBOR, Agustin Fernandez. *Estudios Sobre Criminalidad Economica*, Barcelona, Bosch Casa Editorial, 1978.

[52] Assim como ocorre no Juízo que decide sobre a falência da empresa, *pessoa jurídica*, onde o magistrado decide também a parte criminal. Portanto, não se estará *inventando* nada, já que existe o precedente.

[53] Bouzat et Pinatel em *La Responsabilité de Personne Moral*, Rene Garraud na *Droit Pénal Français*, Recueil Sirey, 1913, além de De Fraive e Donnedie de Frabres.

[54] Artigo publicado na Revista do IBCCRIM, edição de número 46.

de realce em relação ao nosso sistema. Com efeito, o Código Penal, Parte Especial ainda de 1940, regulamenta a atividade do funcionário público, quando no exercício da função pública[55] . Retornando ao assunto. Diz Prado que são duas as condições essenciais para que seja aplicada a pena em homenagem à **pessoa moral**: que a infração criminal deve ser praticada por um órgão ou representante legal: a infração deve ser praticada por conta dessa mesma **pessoa jurídica**. Como fonte, cita o art. 121.2., assim redigido: *Il en résulte qui, lorsque la prescription de l'action publique est suspendue à l'égard de l'auteur principal d'une infraction en raison de l'inviolabilité parlementaraire dont il est, cette suspension ne produit pas d'éffets à l'égard du cumplice* [56]. Do que se depreende que tudo gira em torno de certas personalidades amparadas por certas imunidades. De qualquer forma, neste momento respeita-se a opinião do ilustre professor do Paraná que, além de excelente cultura jurídica, tem pós-graduação em Estrasburgo, o que o credencia para falar sobre as coisas do direito francês.

Na Suíça a orientação é a mesma adotada na França, onde se nega a aplicação da sanção penal, tal como conhecemos e entendemos. Apenas uma observação: tendo em vista a incidência dessa prática, aplicam-se as medidas de segurança. O diploma repressivo de 1942 descarta pelo menos em duas oportunidades[57] a responsabilidade da **pessoa jurídica**, no pólo passivo. Afirmando, entretanto, que essa responsabilidade é exclusiva dos representantes legais da instituição, qualquer que seja sua natureza.

O autor lusitano João de Castro e Sousa[58], nos traz excelente informação: *Pode-se dizer que a doutrina francesa recusa a punibilidade de pessoas colectivas, já em virtude de elas serem carecidas de vontade e não haver delito sem vontade, (....)por fim, em virtude de que admitir tal responsabilidade seria contrariar o princípio da personalidade das penas, sendo igualmente atingidos os mem-*

---

[55] Nos arts. 312 a 326 do diploma substantivo penal, os tipos penais pertinentes. O art. 327, uma norma jurídica penal explicativa: define quem é considerado funcionário público para os efeitos penais.

[56] Tradução livre: *Resulta que, enquanto a prescrição da ação pública é suspensa com relação ao autor principal de uma infração em razão da inviolabilidade parlementar pela qual está coberto, esta suspensão não produz os efeitos em relação ao cúmplice.*

[57] Arts. 172 e 326 do Código Penal suíço.

[58] *As Pessoas Colectivas*, Coimbra Editora, Portugal, pp. 46/47.

bros inocentes. O autor faz metalinguagem a Bouzat e Pinatel, já mencionados anteriormente. Como se percebe, o bom senso leva o sistema francês à negativa de tal posição: a de pretender punir a pessoa jurídica.

Na Espanha, até 1927 havia uma corrente respeitável sobre o envolvimento das ***pessoas coletivas***. Entre os doutrinadores antigos, Dorado Montero e Silvela y Saldaña – autor do Projeto que levou seu nome. Entretanto, o diploma de 1928 continha, no art. 44, a seguinte redação: ***la responsabilidad criminal por los delitos o faltas es individual.*** Os diplomas 1932 e 1940 foram silentes. Atualmente, os arts. 176 e 238, estabelecem a responsabilidade criminal da ***pessoa física***. Para que dúvidas não pairem, insere-se a boa doutrina da professora Rosario de Vicente Martinez[59], que em sua obra – tese de doutorado – sobre a responsabilidade do funcionário quanto ao meio ambiente, diz: *Como consecuencia de ello solo se castiga en el Derecho penal español del ambiente a quien con su comportamiento típico infringe semejantes disposiciones juridicas o actos administrativos.* Tal assertiva, que representa a doutrina recente, coloca uma pá de cal na discussão. Segundo João de Castro e Sousa, na obra anteriormente mencionada não há qualquer dúvida de que a legislação, a doutrina e a jurisprudência descartam a aplicação da sanção penal às ***pessoas colectivas***, dizendo ser esta a orientação na América Latina, citando inclusive o antiqüíssimo Código de Defesa Social cubano, de 1936.

Na Itália diz-se da irresponsabilidade criminal das ***pessoas jurídicas,*** afirmando-se textualmente, no art. 27 do Código Penal, que a responsabilidade penal é individual. No código vigente, art. 85, lê-se: *Capacità d´entendere e de volere – é imputabile hà la capacitá d´entedere e di volere.* Traduzindo: ***Capacidade de entender e de querer. É imputável quem tem capacidade de entender e de querer.*** Sem pretender ser repetitivo, aí está o que vimos afirmando desde há muito tempo.

---

[59] MARTINEZ, Rosario de Vicente. *Responsabilidad del funcionario por Delitos Contra el Medio Ambiente.* Pub. Faculdad de Derecho Universidad Complutense, Madrid, 1993, p. 87. Com efeito, a autora é professora titular de Direito Penal da Universidade de Castilla–La Mancha. Seus estudos de pós-graduação foram realizados na Universidade de Friburgo de Brisgovia, Alemanha, tendo sido orientada pelo prof. Klaus Tieldemann.

Na Alemanha, fala-se com freqüência numa eventual acessoriedade do Direito Penal ao Direito Administrativo[60]. Essa é a posição que defendo: havendo evidentes interesses da **pessoa coletiva** envolvidos na conduta, deve o direito repressivo penal ceder espaço ao administrativo, abrangendo aquele somente quem tem realmente capacidade de realizar a *comissão* ou a *omissão*; *vontade* e *querer*; e além do mais: que *raciocine*. Naquele país, desde o final do século XVIII vem sendo assim.

Modernamente, conforme afirma João Castro e Sousa[61], não há determinação no sentido da aplicação desse monstrengo. Existem, todavia, vozes influentes em sentido contrário. Assim, Von Heber e Gierke surgem como elaboradores e sustentáculos da *Teoria Real da Personalidade Jurídica das Pessoas Coletivas*. Pessoalmente, acredito que a polêmica não ultrapassará jamais o espaço restrito da intelectualidade.

Por certo, este não pode e não deve ser considerado um trabalho no âmbito do direito comparado. Todavia, serve de amostragem. Fica consignado, outrossim, que nem um só país adota a pessoa jurídica no *pólo ativo* na Teoria Geral do Crime. O que ficou evidenciado é que aqueles que tratam do tema não assumem postura definitiva pró-adoção. Nem sequer aqueles que adotam a *common law,* por todos a Inglaterra e Estados Unidos. Nem poderia ser diferente, sob pena de estar-se a laborar contra os fatos[62], o que não é possível. Donnedieu de Fabres fala de uma impossível tanto quanto improvável existência da *pessoa moral*, como se a Moral não tivesse de ser atributo obrigatório e necessário a toda pessoa humana, e tão-somente a esta. Penso ser indispensável recolocar as coisas em seus devidos lugares, evitando-se, destarte, discussões estéreis que nada acrescentam de útil à Ciência Jurídica. Não será pelo fato de o nosso legislador constitucional ter praticado esse lamentável equívoco que teremos, todos nós, de segui-lo no erro, tal como os carneiros se encaminham para o sacrifício.

---

[60] Por todos, Schmitz, sistematicamente citado pelos autores espanhóis, principalmente.

[61] Obra citada, pp. 58/74.

[62] Diz-se que, certa vez, Jean-Jacques Rousseau ministrava uma aula, quando foi interrompido por um aluno que lhe disse: "professor, há os fatos". Rousseau respondeu: é verdade, há os fatos, e prosseguiu. O aluno insistiu: professor, os fatos! E o filósofo fez-se de surdo. O aluno, em tom exasperado disse: professor, sua teoria se coloca contra os fatos. Rousseau, profundamente irritado retrucou: pior para os fatos. Como se isso fosse possível!

6. A Normatividade Pátria

Nesta oportunidade, cumpre indagar qual a origem da aberração em que se constitui – entre nós, tupiniquins – o enquadramento da *pessoa jurídica* no pólo ativo da Teoria do Crime. Afinal, as coisas jurídicas – principalmente – são porque alguém assim o quis. Aqui não foi diferente. O legislador constitucional, em momento histórico deste país, se inflamou, alavancando certas idéias majestosas[63]. Como tudo na vida, andaram bem em alguns pontos, criando regras jurídicas relevantes. Faltou cuidado em outras situações. Sem contar um sem-número de preceitos constitucionais que são desobedecidos por quem jamais poderia, já que a estes incumbe aplicar e fazer cumprir a lei. Afora a intromissão em certos assuntos que, pela pouca significância, ser-lhe-iam impertinentes.

Entretanto, eufóricos, os legisladores acabaram cometendo escorregadelas imperdoáveis. Entre elas a que versando sobre a inserção da *pessoa coletiva* no *pólo ativo* do crime, facultando a aplicabilidade do Direito Penal em algumas hipóteses[64]. Cabe uma

---

[63] Como exemplo, o art. 5º e seus 75 incisos, entre eles os que tratam do princípio da **presunção de inocência**, que já tinha sido reinserido no sistema processual penal, quando ainda estávamos no auge da ditadura implantada em março de 1964, pela Lei 5.941, de 22 de novembro de 73, que tornou célebre seu paraninfo e fato gerador: Sérgio Paranhos Fleury, um Delegado de Polícia da Secretaria dos Negócios da Segurança Pública de São Paulo – SSP/SP, lotado no terrível DOPS – Departamento de Ordem Política e Social, onde funcionava o não menos aterrorizante DOI-CODE – órgão que torturava à guisa de investigar e combater a subversão. Torturador a soldo dos administradores do regime de exceção aqui instalado, viu-se com prisão cautelar decretada na comarca de Guarulhos, porque seria partícipe – ou co-autor – de uma das muitas execuções praticadas pelo "Esquadrão da Morte". Sobre o tema, sugere-se a leitura de Hélio Bicudo e Dirceu de Mello, ambos membros do Ministério Público de São Paulo, que se agigantaram, acusando e denunciando a infâmia em que se constituiu a tal prática. Esse relevante serviço prestado pelos dois, entre poucos outros, por certo acabou desbaratando essa matilha de malfeitores remunerados pelo Estado. O *habeas data*, o *mandado de injunção;* o combate à *xenofobia, ao racismo*, ou a qualquer outra forma de discriminação; a exclusão peremptória dos execráveis *tribunais de exceção*, instituição que a pseudo "guerra do Taleban" está reativando numa das mais competentes democracias do mundo, onde, há mais de duzentos anos, os **direitos humanos** sempre foram a pedra de toque de todo o sistema. Nada mais que lastimar!

[64] Com efeito, conforme afirma Douglas Dias Torres, em trabalho publicado pela Revista de Direito da Faculdade de Direito de Guarulhos, edição nº 4, p. 247, em duas oportunidades a Constituição Federal vigente desde 5 de 10 de 1988 faz menção à possibilidade de punir criminalmente a pessoa coletiva: § 5º do art. 173: *A lei, sem prejuízo da responsabilidade individual dos dirigentes da pessoa jurídica, estabelecerá a responsabilidade desta sujeitando-a às punições compatíveis com sua natureza, nos atos praticados contra a ordem econômica e financeira e contra a economia popular.* No § 3º do art. 225: *As condutas e atividades consideradas lesivas ao meio ambiente sujeitarão os infratores, pessoas físicas ou jurídicas, a sanções penais e administrativas, independentemente da obrigação de reparar os danos causados.*

consideração sobre o trabalho do professor Douglas Dias Torres. Sinceramente, no § 5º do art. 173 da Constituição Federal, não vejo o direcionamento dado pelo ilustre colega de magistério. Emprega uma repreensível linguagem de *textura aberta*, posto que, ao dizer: ***estabelecerá a responsabilidade desta***, não afirma textualmente que essa responsabilidade seja de matiz criminal, o que inclui, de imediato, a possibilidade do emprego da inaceitável ***analogia***. Interpretar o texto de outra forma é não interpretar[65], é "inventar". A locução ***responsabilidade desta*** pode muito bem ser de caráter meramente administrativo, como a cassação de "carta patente" para funcionamento da instituição financeira, por exemplo. Ademais disso, deixa claramente consignado que a ***pessoa física*** será responsabilizada criminalmente no que lhe for pertinente, o que, por si só, exclui a ***pessoa jurídica*** da esfera criminal. Portanto, havendo omissão de tal porte, não se pode, nem apenas para argumentar, pretender criar essa esdrúxula co-participação de conteúdo criminal.

Lamentavelmente, para nós que cultuamos um Direito Penal calcado nos pressupostos da existência da ***culpabilidade*** subjetiva do agente, o preceituado no § 5º do art. 225 impõe outra direção, já que afirma com todas as letras sobre a *responsabilidade objetiva* criminal das ***pessoas coletivas***. Tal posição, se validada, implicará alterar diametralmente o sistema no seu todo, mexendo na estrutura vigente, hipótese que, por ora, não consigo vislumbrar. Se nem sequer uma minúscula reforma estamos conseguindo realizar[66], a despeito da imperiosidade e

---

[65] No particular, Newton De Lucca em seu "Direito do Consumidor", p. 38, citando nada menos que o professor Fábio Konder Comparato, *in verbis. Mas, como disse o Prof. Fábio Comparato, em memorável passagem: Diante desse fato capital da história contemporânea, no entanto, o labor intelectual do jurista tem-se limitado, pouco mais ou menos, à tradicional discussão de conceitos, visando a encaixar o fenômeno da empresa no mundo fechado de suas categorias. Reproduzimos assim, no século XX, embora desprovidos de cultura humanística (o que é agravante), a estéril atitude dos juristas cultos do renascimento, que tomaram o universo bibliográfico por substitutivo da realidade vital. O sábio Mantaigne, que concebera dos seus estudos secundários sagrado horror pela pedanteria livresca, já observava, então, que:* **despendemos mais esforços interpretando as interpretações do que interpretando a realidade, e escrevemos mais livros sobre livros do que sobre qualquer outro assunto**. Nunca se viu tanta verdade em tão escassas palavras. É preciso deixar de lado, o quanto possível, essa prática, tratando de produzir algo novo. Melhor errar tentando acertar que acertar por acaso ou caso fortuito. Assim, procuro justificar minhas posições, tentando sempre e sempre escapar da mesmice que compromete. Se acaso não conseguir, ao menos tentei.

[66] Veja-se, por exemplo, uma das versões da reforma da Parte Especial do Código Penal, tramitando desde 1976. A mesma sorte está tendo o diploma adjetivo penal. Estou saturado de ouvir palestras, encontros, seminários e outros que tais sobre o tema "reforma". De prático, nada, ou quase. Discorre-se exaustivamente sobre o direito comparado, mas de prático, nada!

momentosidade de alguns temas impostergáveis há mais de duzentos anos, o que dizer de transformação de tal envergadura?

Exige, paralelamente, a reparação do dano. E aí outra heresia, já que o diploma repressivo penal assim o faz desde antanho, como de resto esta não é matéria de Direito Constitucional. A responsabilidade civil por danos acorridos na conduta criminosa vem de muito longe. Tanto é assim que havendo ação criminal e reparatória do dano recaindo sobre o mesmo fato, o juízo cível sobrestará o feito até o final do processo criminal. Se condenado o agente, então é questão tão-só de apurar o *quantum*. Se absolutória, prossegue, pois a responsabilidade civil está posta em outros patamares.

Torres, quase no apagar das luzes do seu trabalho, cita longo trecho do ilustre professor da PUC/SP Oswaldo Henrique Duek Marques[67], onde este discorre sobre os componentes essenciais à realização do **tipo penal,** que são aqueles exigíveis na hipótese da **culpabilidade.** E, quando se esperava um outro desfecho, eis que o autor vem para dizer: *Do exposto, podemos concluir que, apesar de grande parte da doutrina não admitir a prática de crime e aplicação de sanção penal em relação à pessoa jurídica, a tendência atual orienta-se no sentido de se aceitar essa possibilidade, aplicando-se penas compatíveis com a sua natureza jurídica, com fundamento no art. 173, parág. 5º, e no art. 225, parág. 3º, da Carta Constitucional de 1988*[68].

Se é verdade que dá para entender a posição do autor retromencionado enquanto autoridade policial, não menos verdadeira é a dificuldade que ele, como professor universitário, irá encontrar para explicar sua posição. Em seu beneplácito, alguns outros que sustentam tal posição, sem contudo apresentarem algo concreto bastante para convencer, posto que repetem sistematicamente o mesmo discurso, e com a mesma tônica. Destarte, um acaba por induzir outro e assim por diante. A esse propósito, lembrei-me ter lido algo em Espinoza[69] que vale a pena reproduzir, já que pertinente: *Julgam as-*

---

[67] Duek, é também membro do Ministério Público de São Paulo. Foi meu contemporâneo no Mestrado, e demonstrou sempre profundo respeito às instituições do Direito Penal, mais precisamente pelo prisma do **justo**. Portanto, estudioso que é, não poderia assumir outra postura que não a adotada.

[68] Esta a redação contida na p. 251 da obra citada – Revista nº 4, FIG.

[69] ESPINOZA, Benedictus Barouch. *Tratado* Político, São Paulo, Ícone Editora, 1994, p. 23.

sim agir divinamente e elevar-se ao pedestal da sabedoria, prodigalizando toda espécie de louvores a uma natureza humana que existe em parte alguma e atacando através dos seus discursos a que realmente existe. Concebem os homens, efetivamente, não tais como são, mas como eles próprios gostariam que fossem. Estamos vivendo um momento de grande turbulência no Direito em geral e, particularmente, no ramo penal, um pseudo cataclismo, escaramuças que nada de útil têm produzido, além do discurso falaz de que, por meio do endurecimento das penas a criminalidade será debelada. Desconsideram uma realidade fática já epistemologicamente provada: quanto mais duras as penas, maior o recrudescimento da criminalidade. Nem é preciso pesquisar, bastando ler, ouvir ou assistir ao noticiário todos os dias.

É preciso, agora, avaliar as hipóteses em que a ***pessoa jurídica*** pode ser envolvida, figurar, como pólo ativo. A Lei 9.605/98 é a única que autoriza categoricamente a punição dessa figura no âmbito penal[70]. Basta averiguar as sanções autorizadas, e perceber que, de rigor, as adotadas são as já aplicadas na seara do Direito Administrativo. No art. 22, nem uma só hipótese escapa do Direito do Estado – Administrativo. Vejamos: ***suspensão parcial ou total de atividades***, acaso no Direito Comercial, por exemplo, não existe a hipótese? Acaso o Banco Central não tem poderes para cassar "cartas patentes"? A ***interdição temporária de estabelecimento, obra ou atividade***, já está em vigor desde antanho, e no lugar adequado: Direito Administrativo. O inciso III, idem, idem. Proibição de contratar com o Poder Público sempre existiu e nunca foi necessária a interveniência do Direito Penal. O mesmo se diga quanto às demais proibições.

O art. 23 seria hilário se não fosse trágico, eis que procura mascarar sanções de matiz gritantemente administrativa, empregando linguagem já utilizada no Direito Penal: ***prestação de serviços à comunidade***[71], pretendendo com isso intimidar! A rigor, os quatro incisos

---

[70] Norma jurídica contida no art. 3º da Lei 9.605/98, que autoriza expressamente tal procedimento. Nos arts. 22 e 23, as penas aplicáveis.

[71] Ainda uma vez. O cumprimento da decisão judicial de matiz criminal estaria condicionado à determinação de alguma pessoa física, responsável pela pessoa coletiva, de mandar fazer o que a sentença determinou! Por certo essa obrigação, para ser sanada, implicaria que a empresa remunerasse alguém para tanto. A pessoa coletiva não teria, por exemplo, como ela – pessoalmente – executar a recuperação de áreas degradadas, ou cuidar de um jardim público, conforme descrevem os incisos II e III do art. 23 da Lei 9.605/98.

tratam de algo que o Direito Civil denomina "cláusula penal". Portanto, nem seria necessária a utilização da "prevenção geral" de que falavam os da Escola Positivista. Não é por aí que se irá solucionar o problema do meio ambiente. Era de esperar que os legisladores soubessem disso.

A bem dizer, se alguma lei penal pudesse alcançar a *pessoa coletiva,* esta seria a que preserva direitos fundamentais do consumidor[72]. Em momento algum há previsão de punição criminal à *pessoa jurídica.* Há, isto sim, punição de caráter administrativo, conforme o art. 28. E, mesmo ali, temos uma norma jurídica facultativa[73]. Autores como o prof. Filomeno passam ao largo[74]. Da mesma forma o desembargador federal Newton De Lucca[75], que não entra na esfera do Direito Penal em sua obra. Paulo José da Costa Jr., dobrando com Cesare Pedrazzi, escreveu sobre o *Direito Penal Econômico,* tanto quanto o fez em relação à Ecologia. Não há notícia nem comentário sobre a Lei 8.078/90, naquela primeira obra.

Outros diplomas relevantes para a coletividade, nem sequer mencionam a *pessoa jurídica,* visando sempre quem de fato pode ser pólo ativo. A Lei 4.728 de 14 julho de 1965, é silente. A seguinte, 4.729, determina o enquadramento coletivo dos sócios. A 8.884, de 11 de junho de 1994, trata da *coletividade* como *pólo passivo*[76]. A Lei 1.521/51, "crimes contra a economia popular", também não vislumbra ameaça alguma à empresa. Finalmente, a Lei 7.492, de 16 de junho de 1986, no art. 25, diz textualmente quem responderá criminalmente nos crimes praticados contra o sistema financeiro. Nem uma só faz menção ao enquadramento criminal da *pessoa jurídica.*

---

[72] Trata-se da Lei 8.078, de 11 de setembro de 1990. A parte penal está regulamentada nos arts. 61 a 80.

[73] Por norma jurídica *facultativa*, tem-se aquela que o verbo é o "poder". A outra é a *imperativa,* cujo verbo é "dever", "fará", etc.

[74] FILOMENO, José Geraldo Brito de quem tenho a honra de ser amigo, escreveu com muita propriedade e autoridade o *Manual de Direito do Consumidor.* Atlas, 1991. O autor é professor das FMU, além de Procurador de Justiça do Estado de São Paulo, tendo ocupado o cargo de Procurador Geral da Justiça.

[75] LUCCA, Newton De. *Direito do Consumidor,* editado pela Revista dos Tribunais, 1995. Newton De Lucca é professor Adjunto na FADUSP, foi advogado militante, pelo Quinto Constitucional, exerce o cargo de desembargador na 2ª região da Justiça Federal. Também meu amigo.

[76] O parágrafo único, inciso II, do art. 6º, diz ser a coletividade o titular dos bens jurídicos protegidos. Portanto, pólo passivo.

Já no pertinente ao problema ecológico, muitos entendem que a questão está posta de maneira equivocada[77]. O que, aliás, é meu ponto de vista, como de tantos outros estudiosos de maior engenho e arte. Aliás, até mesmo por questão de critério, se pretendem fazer do problema ecológico um caso de polícia, criminalizando a conduta da empresa, por que então dispensar outros segmentos tão importantes quanto vulneráreis? Dois pesos e duas medidas? Ou seria, por exemplo, um certo temor em acertar os do mercado financeiro, procurando atingir, como regra, o campesino, que é, quase sempre, a parte mais fraca?[78].

A Ecologia deve ser, sim, alcançada pelo Direito Penal, mas apenas aquele que for técnica e juridicamente capaz. Vale dizer: o ser pensante que emitiu ou que cumpriu a ordem. E este somente poderá ser a **pessoa natural**. Esta é quem **pensa, raciocina, decide** e, portanto, pode ser responsabilizada. Se não fosse assim, então também a **pessoa jurídica** poderia ser apenada criminalmente. Fora dessa realidade não há solução, pouco importando se o legislador constitucional facultou ou não a sanção penal à **pessoa coletiva** para os casos ecológicos, mediante a criação de lei própria. Seria pelo menos teratológico precisar aplicar um preceito errado somente porque ele é, hierarquicamente, superior.

7. Conclusão

É evidente inexistir a possibilidade de alguém que não possua **vontade** e **querer** poder ser colocado no **pólo ativo,** principalmente, da relação jurídica penal. As coisas ficam muito claras quando o sistema exclui os menores de 18 anos e os mentalmente lesados[79]. Insistir na

---

[77] Obra citada, p. 51. Entretanto, trata apenas de pessoa física, dizendo textualmente: *entendendo como preferível à criação de novos crimes ecológicos a adoção de medidas sociais e administrativas mais adequadas para regerem matéria em contínua movimentação.* Ainda uma vez, o Direito Administrativo.

[78] No ano de 2001, a Petrobras foi alvo de pesadas multas, mas não foi anunciada nenhuma ação criminal contra ela ou seus dirigentes! Na verdade, raramente punem um "peixe grande", e, ainda assim, só na esfera administrativa.

[79] Nosso sistema exclui de punição os mentalmente lesados, conforme o art. 26 do Código Penal, remetendo-os para a Medida de Segurança (arts. 96/99). Já a questão da menoridade tem amparo no art. 27. Estes não cometem *fato típico*, apenas *ato infracional,* conforme o art. 103 da Lei 8.069.

tese de que a *pessoa jurídica* pode compor essa relação ativa, implicaria ter de alterar toda a estrutura do sistema penal vigente. Diferente será o tratamento que se dispensará quando se tratar do pólo passivo, onde a possibilidade existe, ainda que não total. Conforme restou demonstrado, a *pessoa jurídica* pode, em algumas condutas, ser posta no pólo passivo. Porém não em todas, conforme demonstrado.

Ademais de tudo, nem um só doutrinador que tratou da autoria e eventuais participações, aventa a hipótese de esta ocorrer entre um ser pensante e um ser estático intelectualmente[80]. Leiria[81] nos fornece excelente doutrina sobre a co-participação, dizendo das dificuldades em situar o problema: *No âmbito da teoria geral da participação criminosa, controvertido é o problema da capacidade de culpa dos sujeitos ativos, no que concerne à formação do elemento pluralidade de agentes.* Na mesma oportunidade, o autor faz menção *sobre a* historicidade: *Embora registre a história que, em determinadas épocas da civilização dos povos, as bestas e as coisas inanimadas receberam sanções como agentes de delitos, no atual estágio do direito, longe andamos desse passado que vale, apenas, como registro histórico.* Relevante no acima colado é a locução: **coisas inanimadas.** Acaso a *pessoa jurídica* age por si mesma, de moto próprio? Não havendo, na sua direção, um ser pensante, ela realiza alguma coisa? É o mesmo Leiria quem responde a todas as nossas indagações: ***Assim, é somente no ser inteligente que nós poderemos encontrar uma faculdade de entendimento e uma capacidade de querer, que são indispensáveis para que a responsabilidade penal se afirme.*** *Conseqüentemente, não poderão estas **pessoas fictícias** figurar no rol dos agentes plúrimos, integrantes do conceito da participação criminal.* ***Este elemento, sujeito múltiplo, deverá sempre estar reorientado por seres humanos***[82]. São afirmações como estas que tornam insustentáveis os argumentos dos que defendem a responsa-

---

[80] LEIRIA, Antônio José Fabrício. *Autoria e Participação Criminal*, Davidip, Editores, 1974. Numa obra específica, sua tese de Livre Docência, com 250 p., dispensa ao tema apenas um parágrafo, o qual reproduzo: *Por outro lado, há um velho debate na doutrina sobre a possibilidade de as pessoas jurídicas virem a se constituir em sujeito ativo de delito. Em algumas legislações, como a inglesa e a norte-americana, por exemplo, é admitida a responsabilidade das corporações. Esta, porém, não é a melhor doutrina.*

[81] Leiria, obra citada, p. 50 e seguintes.

[82] Obra citada, p. 50.

bilidade criminal da *pessoa coletiva*, que remam contra a maré do bom senso e da razoabilidade.

Logo em seguida, discorre sobre a classificação de Max Ernest Mayer[83], para quem bastaria apenas a *antijuridicidade* e a *tipicidade*, para que ocorresse o concurso de pessoas. Muito pouco, pensamos nós. Melhor a outra, que impõe também a presença da *culpabilidade*. Afinal, em matéria penal, nada pode passar por cima ou ao largo da avaliação da culpa. Se esta estiver ausente, não há falar em crime. Não havendo este, como ocorrer a co-autoria, seja em que nível for?

Sintetizando, com as ressalvas já dimensionadas, somente a *pessoa física* ou *natural* poderá compor o *pólo ativo* da relação jurídica penal. Esta, pelas peculiaridades que lhes são inerentes, é a única capaz de realizar a conduta tipificada. De outra parte, pelas mesmas razões, a *pessoa jurídica* não pode responder por nada, já que, por si mesma, nada produz, senão por ingerência direta e objetiva de *pessoas físicas*, que desfrutam de *vontade* e *querer*, como posicionado o diploma italiano, condições que, desgraçadamente, faltam ao ente estático, mera ficção jurídica.

Evidência maior do que se afirma está na redação do art. 2º da Lei 9.605: *Quem, de qualquer forma concorre para a prática dos crimes previstos nesta Lei, incide nas penas a estes cominadas, na medida da sua culpabilidade, bem como o diretor, o administrador, o membro de conselho e de órgão técnico, o auditor, o gerente, o preposto ou mandatário de pessoa jurídica, que, sabendo da conduta criminosa de outrem, deixa de impedir a sua prática, quando podia agir para evitá-la.* Com todo o respeito, texto legal aqui disposto se constitui num jogo de palavras que o pranteado *Estanislau Ponte Preta*[84] denominaria de "festival de besteiras". Punir quem, além dos emissores e dos executores da ordem? A empresa instalada na Amazônia, que derruba árvores bicentenárias apenas para abrir clareira ou contrabandear madeira? Afinal, quem decidiu a derruba-

---

[83] Trata-se da classificação proposta de admissão da "assessoriedade limitada", conforme exposto por Luis Gimenez de Asúa: *El Criminalista*, Buenos Aires, Victor Zavalia, Editor, 1964.

[84] Sérgio Porto. Jornalista e escritor que assinava: "Estanislau Ponte Preta", no seu célebre "FEBEAPÁ" *Festival de Besteira que Assola o País*. Irônico e irreverente, Sérgio Porto trazia à baila escorregadelas da nossa sociedade, principalmente as do Poder Público. Aí está mais uma das tantas e quantas prosseguem assolando o Brasil.

da ou o contrabando: a empresa, figura inerte sem poder de *raciocínio*, sem *vontade* e *querer?* Ou qualquer de seus dirigentes que ostente o poder de mando? A quem atribuir o *dolo* ou mesmo a *culpa estrita*, acaso inserida no *tipo penal*?

No caso específico da lei ecológica, havendo desleixo no cumprimento das normas regulamentadoras, de quem a *omissão*: do *nome fantasia* ou da *pessoa física,* manipuladora daquela figura sem vida própria? Nem seria necessário repetir o texto do filósofo Benedictus Barouch de Espinoza. Abandonar o elemento racional, vivo, para pretender punir o inerte, é, pelo menos, sandice. Não se espere Direito Justo com tais normas jurídicas, pois, repetimos, por essa via, haveremos de colher um mórbido *direito injusto*, asseverado por excelentes doutrinadores: "Direito Injusto é Direito Nulo"[85].

O que se tem alegado de ordinário é que, através o Direito Penal, a justiça seria mais rápida e eficaz do que pela via do Direito Administrativo, desconsiderando-se, entre outras tantas coisas, que a prescrição penal é peremptória e muito mais rápida que nos outros ramos do direito. Quem sustenta essa posição demonstra pouca ou nenhuma familiaridade com esta área.

Também não explicam se a *pessoa jurídica* poderia vir a ser paciente do remédio heróico. Afinal, nesses casos, como ficariam as liberdades públicas? Aí começa a se complicar mais ainda essa situação inusitada. Não haveria como conceder *habeas corpus* para essa modalidade de personalidade. Afinal, o direito de *ir, vir e ficar* é instituto constitucional que somente atende à *pessoa física.* A mesma coisa se diga em relação às demais normas constitucionais elencadas no art. 5º da Lei Maior. No mesmo compasso a questão da proteção legal ali contida, que somente serve aos cidadãos, nunca às empresas, que desfrutam, no Direito Administrativo, por exemplo, proteção adequada à sua personalidade jurídica.

Ainda nessa linha de raciocínio, veja-se a conduta criminosa nos casos de falência, tratados no Direito Comercial. O Juízo próprio é o Privado – Varas de Falência e Concordata. A questão criminal também. Vale dizer: o Juízo da Falência é competente para processar e julgar o crime falimentar. Não se tem notícia que isso tenha

---

[85] Obra citada, que recebe o título repetido no texto, da lavra de Gustav Radbruch, Eberhard Schmidt e Hans Welzel.

obstaculado o trâmite do feito. Ademais, o Ministério Público também ali está presente, já que titular da ação civil pública. Portanto, nos casos de ocorrência ecológica, havendo crime, o responsável pela empresa agressora do meio ambiente será processado e julgado ali mesmo. Não haverá prejuízo algum para o sistema em o magistrado judicar nas duas áreas. Ao contrário, poderia, isto sim, trazer benefícios, porque o julgador tem conhecimento total dos fatos, o que lhe facilitaria assimilar melhor o fato em si mesmo. Havendo, como há, precedentes, é só aproveitar o modelo. Dessa forma, evitar-se-ia o emprego do argumento que vem sendo o sustentáculo dos que insistem em que a *pessoa jurídica* pode e deve responder criminalmente por crimes ecológicos.

Finalmente. Se a teoria adotada pelo sistema for a da *culpabilidade*, não há respaldo lógico-jurídico para a inserção da *pessoa jurídica* no pólo ativo. Se, todavia, a teoria for a da *responsabilidade objetiva*, então – e com muito boa vontade –, poder-se-á aceitar, embora seja um verdadeiro absurdo. Ter-se-ia de cambiar tudo, a partir daí, principalmente a questão dosimétrica. A assertiva de que essa posição indica rumo à modernidade é falácia. Tal proposição é meramente expositiva e serve tão-somente *ad argumentandum tantum*.

Reitera-se pela última vez: somente o *ser humano* poderá formar no pólo ativo da teoria geral do crime. Essa postura é constante tanto entre os *clássicos* quanto entre os *positivistas*. Giulio Bataglini assim se manifesta: *Fora do homem não se concebe o crime, porque somente o homem possui consciência e faculdade de querer, exigidas pela responsabilidade moral*, em que fundamentalmente se baseia o Direito Penal[86]. Ao mesmo tempo que reafirma ser adepto da Escola Clássica, ao falar em *responsabilidade moral*, ao contrário do que diria um positivista, que afirmaria a *responsabilidade social*[87], nos traz a posição da doutrina italiana em meados do século passado.

Por ser relevante a consideração a ser feita, aproveito a oportunidade para reafirmar que comungo com a assertiva de Ferri, já que a *moral,* não tendo regra fixa, como é sabido, fica distanciada deste

---

[86] BATAGLINI, Giulio. *Direito Penal,* Saraiva, São Paulo,1964, tradução de Paulo José da Costa Jr., p. 132.

[87] No particular, leia-se Enrico Ferri, no seu *Direito Criminal,* editado pela Bookseller.

contexto. Essa ***responsabilidade*** do indivíduo está voltada para social. Nem sempre se pode afirmar que tal criminoso "não tem moral". Prova disso está nos crimes que envolvem a honra. Portanto, ser sujeito ativo do crime fica adstrito à problemática do movimento social, não da moral.

Defendo convictamente a posição antagônica – não vejo como inserir a ***pessoa jurídica*** no pólo ativo da Teoria Geral do Crime, sem contudo considerar-me retrógrado. Apenas não costumo me deixar levar pelo "modismo". Do ponto de vista do Brasil, felizmente seguimos aquela primeira teoria. Todo o sistema está voltado para essa direção[88]. Assim, por tudo quanto dito e provado, cumpre que sejam revistos os arts. 173, § 5º e 225, § 3º, da Constituição da República Federativa do Brasil, porque não há como punir à guisa de **antijuridicidade, tipicidade** e **culpabilidade** – crime – a ***pessoa jurídica***. Apliquem-se com seriedade e rigor as sanções de natureza administrativa a estas, da mesma forma, utilize-se o dispositivo penal sancionatório ao emissor da ordem e ao que, conscientemente, obedeceu, e tudo estará dentro dos conformes. Afinal, desde tempos imemoriais diz-se: *Dar a Cesar o que é de Cesar, e dar a Deus o que é de Deus*[89].

---

[88] Vejam-se os arts. 13, 26 e 27, do Código Penal, bem ainda os incisos IV, VI, XLVIII, XLIX, LXI, LXII, LXVII e LXVIII, do art. 5º da Constituição Federal.

[89] Teria sido a resposta dada por Jesus de Nazaré aos que lhe instavam sobre pagar ou não os impostos a Roma. Se lá foi uma saída escorregadia, aqui não é.

Capítulo 4

AS TEORIAS DA CULPABILIDADE

1. Rápida Introdução.
2. Conceito de Culpabilidade, segundo as Escolas Penais.
   2.1. Escola Clássica.
   2.2. Escola Positiva.
   2.3. Escola Eclética.
      2.3.1. Escola Sociológica Francesa.
      2.3.2. Escola Sociológica Alemã.
      2.3.3. Tecnicismo Jurídico.
   2.4. Defesa Social.
3. Atual Doutrina da Culpabilidade.
4. Teorias da Culpabilidade.
   4.1. Teoria Psicológica.
   4.2. Teoria Psicológica Normativa.
   4.3. Teoria Normativa Pura.
5. Posicionamento Pessoal.
6. A Punibilidade ante a Culpabilidade.

1. Rápida Introdução

Tal a magnitude do tema que se impõem considerações preliminares sobre a *culpabilidade* e suas teorias, conforme apresentadas aos estudiosos e pesquisadores, pouco importando em qual grau esses estudos são elaborados. Da mesma forma, torna-se indispensável tecer comparações sobre aquela outra: a *responsabilidade objetiva*, recentemente substituída dentro do sistema normativo penal[1].

Não se esperem novidades doutrinárias sobre a teoria da culpabilidade, aqui, que sejam capazes de alterar o curso do sistema penal contemporâneo. Afinal, não é de um momento para outro que procedem câmbios relevantes. Mais que isso, neste momento não há nenhum movimento articulando grandes modificações, principalmente nesta seara, que, diga-se, é o mais moderno e eficaz de tantos institutos ali inseridos. Há de partir do instituto anterior para poder emitir juízo axiológico sobre o que representou essa mudança de direção para todo o sistema e, principalmente, para o destinatário do Direito Penal, o delinqüente.

Na verdade, o instituto da *responsabilidade objetiva* começa a morrer com a redação dada pela Lei 7.209/84 ao art. 19 do Código Penal: *Art. 19. Pelo resultado que agrava especialmente a pena, só responde o agente que o houver causado ao menos culposamente*[2]. Não é difícil perceber que, antes, a sanção alcançava a todos indistintamente, conforme a redação do art. 25 do anterior diploma substantivo penal, onde se tratava da "Co-Autoria", atualmente denominada "Concurso de Pessoas", inserida no art. 29, onde está fixada a teoria

---

[1] Digo recentemente porque duas décadas representam muito pouco. Para melhor assimilar reproduzem-se os textos legais, precisamente onde reside a diferença: *Art. 29. Quem, de qualquer modo, concorre para o crime incide nas penas a este cominadas, **na medida da sua culpabilidade.*** No Decreto-lei 2.848/40: *Quem, de qualquer modo, concorrer para o crime incide nas penas a este cominadas.* No natimorto Código de 1969 surge a locução que induz à aplicação da teoria da culpabilidade, no §1º do art. 35. *A punibilidade de qualquer dos concorrentes é independente da dos outros, **determinando-se segundo a sua própria culpabilidade.*** Esse documento foi fruto de mais um ato de força da ditadura. Mas, mesmo assim, após aprovado pelos três ministros militares, em 1969, entrou em *vacatio legis*, estado em que permaneceu até abril de 1978, quando foi revogado.

[2] O vocábulo *culposamente* faz alusão à *culpa estrita,* que com o *dolo,* para os *finalistas*, são elementos subjetivos do *tipo penal*. Os *causalistas* o inserem na *culpabilidade*.

da culpabilidade. Disso resultava, não raro, o agente ser punido por aquilo que *não fez, de que não participou,* e mesmo *não queria.* Era o radicalismo que imperava no resultado final. Assim, se Tício e Caio avençavam uma súcia para o fim de furtar toca-fitas: a Tício incumbia abrir o veículo e ficar de vigília enquanto Caio retirava a *res furtiva.* Numa das empreitadas, o dono do veículo aparece de surpresa. Tício foge do local, mas Caio permanece. Portava um revólver – fato que não era do conhecimento do comparsa – e como de resto nunca foi ventilado na avença primeira e principal, mata a vítima. Diante de tal teoria, a pena seria por igual a ambos, a despeito de Tício não ter participado do ato contínuo e seu resultado: fato morte.

Em ligeira síntese, a ***responsabilidade objetiva*** representa a imposição de sanção penal àquele que, em momento algum, pretendeu o resultado a ser punido. Exemplo claro o exposto acima. Equivale dizer que a punição ultrapassa a pessoa do criminoso, alcançando quem não ostenta nem o dolo nem a culpa ante o cenário do crime, pelo menos em relação ao nexo causal pleiteado. Com o advento da atual Carta Magna, o tema escapa aos foros da intelectualidade responsável pela doutrina, e alcança o espaço lodoso da inconstitucionalidade[3], posto que pune indistintamente os participantes de um crime que, por suas peculiaridades ou organicidade, ostenta várias ***condutas*** e vários *eventos*[4]. Destarte, se o agente, individualmente, teve participação de menor potencial ofensivo, reduz-se a pena. Se pretendeu um delito menos grave, aplica-se a pena cominada ao crime pretendido, agravando-a conforme dispõe a norma jurídica, acaso fosse previsível um resultado mais grave.

A respeito desse questionamento da necessária e indispensável avaliação individualizada da conduta dos agentes envolvidos na trama criminosa, é tema ontológico, que por suas peculiaridades foi alvo de comentários de Enrico Ferri, em alusão à doutrina da Escola Positiva: *Pelo contrário, a Escola Positiva tem, desde o seu início, proclamado a necessidade de que na justiça penal – da descoberta do delinqüente à sua condenação – toda indagação, toda a discussão, toda a decisão, se devem concentrar sobre a personalidade do acu-*

---

[3] Constituição Federal, art. 51, XLV – apenas no que é pertinente: ***nenhuma pena passará da pessoa do condenado(...)***

[4] Trata-se de assunto ventilado nos §§ 1º e 2º do art. 29 do Código Penal.

sado na sua constituição biopsíquica, nos seus precedentes de vida familiar e social, no seu comportamento antes, durante e depois do crime. É certo que a definição e a avaliação jurídica do crime são necessárias e imprescindíveis: mas não podem ser isoladas, em si e por si, imputando o crime a uma figura média, incolor e quase simbólica de acusado, quando ele não possa alegar uma das excepcionais causas modificadoras da imputabilidade, taxativamente enumeradas na lei[5].

Nem seria necessário distinguir uma teoria da outra. Punir indistintamente a todos os participantes do crime, sem considerar o seu comportamento **antes, durante e depois**, principalmente os dois primeiros momentos, é igualar por cima a responsabilidade. Se é ruim nivelar por baixo, pior será o nivelar por cima. Afinal, ninguém pode responder por conduta personalíssima de outrem. Era o que acontecia antes da implantação da teoria da **culpabilidade**, quando imperava a teoria da **responsabilidade objetiva**. Se esta pode e deve prevalecer em certas hipóteses do Direito Privado, a recíproca não se faz verdadeira na área penal[6].

2. Conceito de Culpabilidade segundo as Escolas Penais

Antes de adentrarmos o âmago do tema ora trazido à colação, é imperioso que se demonstre sinteticamente o posicionamento das quatro Escolas Penais[7]. Sempre que possível, há de perquirir como e por que pensam desta ou daquela forma os outros. Afinal, não importa se tal ou qual posição é a mais acertada ou a mais correta para o

---

[5] FERRI, Enrico. *Princípios de Direito Criminal*, Bookseller, Campinas, 2ª ed., 1999, p. 331.

[6] Exemplo: em caso de danos causados pelo agente no crime de trânsito, responde o proprietário do veículo pelos *danos emergentes* ou *lucro cessante*, a despeito de não ter participado.

[7] Ouso afirmar *quatro Escolas* quando a totalidade dos doutrinadores tratam com tal denominação apenas três. Insiro o Correcionalismo, fundado por August Roeder que, juntamente com seus sucessores: Dorado Montero, Concepción Arenal, Filippo Gramatica, Marc Ancel, entre outros, tratava o tema como *Defense Social*. Entre nós, atrevo-me a inserir Heleno Cláudio Fragoso e o professor e magistrado Antônio Luis Chaves de Camargo, este falando de uma teoria da *Adequação Social*, que haverá de prevalecer doutrinariamente muito em breve.

nosso escopo. Mesmo diante dos equívocos em que laboram os outros pode-se tirar proveito em benefício do aprimoramento do sistema jurídico, máxime o penal. Indispensável, em qualquer hipótese, é que haja sinceridade e honestidade de princípios. Se não houver esse pressuposto, então não houve colaboração alguma, apenas o extravasamento de vaidades pessoais. Já disse mais de uma vez: não comungo com os *donos da verdade*. Dessas figuras pernósticas e egocêntricas quero o máximo possível de distância, o que aconselho a todos os que, sinceramente, pretendem colaborar com o desenvolvimento do sistema de Direito Penal, em si mesmo complexo e profuso quanto aos seus protagonistas, métodos e resultados. Por certo, a análise que se elaborará sobre as Escolas em relação à *culpabilidade* será apenas uma pálida amostragem, já que o espaço não admite delongas, sob pena de ocorrer lamentável desvio do objetivo aqui perseguido.

2.1. Escola Clássica

Não é despiciendo insistir: o **Direito Penal** contemporâneo tem início com o surgimento do **Iluminismo,** cujos ideais alimentaram, implantaram e promoveram os maiores câmbios da História contemporânea. Particularmente para o Direito, máxime para o Penal, daquelas idéias derivou algo que se convencionou posteriormente chamar *Escola Clássica,* denominação que, segundo forte corrente de historiadores do Direito, denota a jocosidade com que passaram a ser tratados os seguidores dessa corrente doutrinária pelos que surgiram logo a seguir[8]. Cesare Bonesana, Marquês de Beccaria, um filósofo italiano, na segunda metade do século XVIII, escreveu um livro do qual nem sequer o autor esperava muito: *Dei Delitti e Delle Pene –* Dos Delitos e das Penas. Era mesmo algo muito parecido com os livretos filosóficos que infestavam as prateleiras das livrarias e os meios intelectuais da época. Todo mundo em busca de um lugar ao sol, ante nova aurora que despontava.

Entretanto, o movimento era de tal porte, e a ânsia por mudanças era tanta que o livro se constituiu de imediato num verdadeiro

---

[8] Aproximadamente um século após. Na realidade, tal denominação veio muito ao depois da obra de Beccaria, publicada em 1764. Veio precisamente com o condão de contradizer e ironizar a filosofia e seus filósofos, que se consideravam absolutamente certos das suas assertivas, não aceitando contraposições.

breviário para todos os pensadores humanistas da época. Era o primórdio das **liberdades públicas**. As *garantias individuais* mínimas que se reclamavam estavam ali declaradas, faltando apenas que o Estado as normatizasse e as reconhecesse como direito inalienável do cidadão. O Estado já não poderia agir arbitrariamente, sem pelo menos ser criticado e execrado. Era uma questão de tempo: ou o Estado as realiza, ou o povo faria, como fez[9].

Assim, um grupo de jusfilósofos adotou como viga-mestra o livro monumental de Cesare Bonesana. Calcados nos princípios jusnaturalistas de Grottius, bem ainda no trabalho de Emanuel Kant, os *clássicos* abraçaram teorias epistemológicas para análise e aplicabilidade das normas jurídicas penais sugeridas no trabalho de Beccaria. Tudo estava posto em homenagem às garantias mínimas ao homem feito delinqüente[10], ao qual nenhuma garantia processual, por exemplo, era concedida. Da mesma forma a brutalidade das penas, e assim por diante[11].

Era o *liberalismo* que começava a ocupar o espaço que haveria de ser deixado pelo *obscurantismo* reinante. Não mais seria permitido ao Estado punir sem antes processar regularmente e sem que norma jurídica anterior existisse[12]. Mais: que a pena não ultrapassasse a pessoa do apenado. Era o início de uma nova era, na qual o respeito ao criminoso, como pessoa humana, faria parte do relacionamento entre este e o Estado. Do cidadão se espera um comportamento ético, do Estado se exige. Se o Estado não respeita o preso, não haverá de pretender ser respeitado! Assim, vivemos uma situação anômala de recíproca verdadeira: *você não me respeita e eu retribuo com a mes-*

---

[9] Veja-se a *História da Revolução Francesa* escrita por Tomás Carlyle, por exemplo.

[10] É imperioso considerar a época, a criminalidade existente e o rigor excessivo empregado no combate a essa criminalidade. Beccaria propunha a humanização da pena, visando a evitar o recrudescimento do crime, tal como ocorre atualmente entre nós. Quanto mais duro o sistema sancionatório, maior será a virilidade criminal.

[11] Para aquilatar a crueldade dos sistemas anteriores a Beccaria, veja-se, por todos, o Livro V das Ordenações Filipinas, que vigeu entre nós por longos 227 anos. Disposições abomináveis como o seqüestro de bens do acusado – Título LXXXV 5, cujo resultado era dividido entre a Câmara julgadora e o delator! *Lineamentos de Direito Penal*, 3ª ed., p.56.

[12] Por volta de 1800, surge o princípio da Reserva Legal, cujo brocardo latino: *Nullum Crimen Nulla Poena Sine Lege*, foi elaborado por Anselm Paul Von Feuerback.

ma moeda. O crime passava a ser tratado como "infração à lei". Vale dizer: era imprescindível a existência da lei. E o Estado, tal como qualquer outro segmento da sociedade, a ela – a lei – estava obrigado tanto quanto qualquer cidadão.

Francesco Carrara foi, quiçá uma das mais expressivas cabeças daquela Escola, e nos proporcionou a clássica definição de crime: *A infração da lei do Estado, promulgada para proteger a segurança dos cidadãos, resultante de um ato externo do homem, positivo ou negativo, moralmente imputável e politicamente danoso[13].*

A punibilidade, para os clássicos, cuja estrutura parte da doutrina de Emanuel Kant, já se disse, pode ser enfocada como sendo *um método dedutivo lógico abstrato,* o que, no entender de Luis Gimenéz Asúa, implica um sistema dogmático baseado exclusivamente em conceitos racionalistas. Ao descartar o crime da categoria *fato social,* como o é realmente, a sanção passa a representar tão-só uma *retribuição.* Vale dizer: a retribuição torna-se um *mal justo,* como contraposição ao *mal injusto* em que se constitui o crime. Desnecessário dizer da incoerência que representa essa proposição. Corrigir um mal com outro é algo inaceitável. Não resolve o primeiro, convalida-o, apenas.

Essa teoria fica, assim, colocada entre as teses *absolutistas,* alicerçando-se sobre certas condicionantes. Na realidade, um tripé composto por um *postulado,* representado pela *imputação moral* que se atribui ao acusado; um *fundamento,* pressupondo a existência de um discutidíssimo *livre-arbítrio* que se atribui ao *ser humano,* o que implica admitir ser ele livre de quaisquer pressões, sejam endógenas, sejam exógenas. Elevar esse fundamento à categoria de dogma compromete um efetivo juízo axiológico sobre a motivação de agir do agente; e um *pressuposto* tem a exigência de *responsabilidade legal* que incumbe à pessoa do criminoso. Logo mais haveremos de constatar que esses valores tomam direção oposta ante a doutrina positivista.

Ontologicamente, a Escola Clássica discute o fenômeno *crime* e sua conseqüência natural, a *sanção,* excluindo dessa relação aquele que é o senhor de todo esse universo: a *pessoa humana.* Essa figura, repleta de contradições que acabam por configurar as suas razões – pouco importa se reais ou irreais –, seus desequilíbrios, seus temores,

---

[13] CARRARA, Francesco. *Programa de Direito Criminal,* vol. 1, § 21.

etc. Nada nem ninguém pode desassociar o **Homem** da sua conduta. Afinal, reitera-se: ele é o centro do seu próprio universo.

Modernamente já não é possível admitir ser a **pena** um castigo à guisa de **justa retribuição**, em contrapartida ao **mal injusto** causado. Moniz Sodré, ao comentar a aplicação da pena com tais predicados, assim se manifesta: *A pena não lhe é imposta tão-somente como um meio de eficaz defesa social, senão também, e muito principalmente, como um castigo devido ao culpado[14]*. Sem qualquer esforço, seguimos pensando de outra maneira, quer no gênero, quer na espécie.

A Defesa Social de que fala o autor mencionado é aquela pretendida por Platão, enquanto, de nossa parte, a concebemos de outro matiz. Esta deve laborar no sentido de diminuir a criminalidade, procurando excluí-la do seio da sociedade, ressalva que se admite aos lombrosianos[15]. Penso em exclusão da criminalidade do contexto social mediante políticas de longo alcance e duração. Utopia? Talvez. Mas é preciso tentar. Não resolve, está comprovado, a simplória decisão de construir mais presídios ou o endurecimento das penas. Ninguém pode se colocar contra os fatos nem acima deles, e eles estão aí a demonstrar quão equivocadas têm sido as providências adotadas pelo Estado, que só se manifesta após casos deveras rumorosos, que são a regra na atualidade. É incrível, usam a criminalidade como palanque! É preciso parar de brincar com a sociedade e tratar o problema com a seriedade que ele está a exigir.

Melhor será pensar em uma sociedade protegida contra a delinqüência pela efetiva recuperação dos que forem passíveis de cura. Portanto, haverei de discordar de Moniz Sodré, quando cita Proal[16],

---

[14] Moniz Sodré, Antônio de Aragão. *As Três Escolas Penais*, p. 213.

[15] Segundo Lombroso, existem aqueles criminosos congênitos, por compulsão, ou mentalmente lesados. Em relação a estes nada é possível fazer, já que nem sequer realizam o *fato típico*, apenas o *fato*. A lei os exime de pena, em relevância às suas deficiências. Aqui aplicam-se as Medidas de Segurança, CP arts. 96/99. Lamentavelmente, entre nós pouco ou nada se faz nesse particular.

[16] Obra citada, p. 214: *A pena – diz Proal – só é justa quando aplicada a um culpado que a mereceu por uma falta ciente e livremente cometida. Não basta dizer que a pena é um meio útil, necessário à conservação da sociedade; é mister ainda demonstrar que o seu emprego é legítimo, a menos que se confunda o útil com o justo. Com o livre-arbítrio a pena é justa. Mas se o autor de um ato criminoso não é moralmente responsável, deixa de ser culpado(2).* **Le Crime et la Peine**, pp. 397/477 (Paris, 1892). Como se percebe, o autor citado tinha em mente a imperiosa necessidade de conscientização do criminoso sobre o que fazia, bem como a vontade de assim fazer, que é o dolo na modernidade. Este, por sua vez, é pertinente à culpa lata, tanto quanto o é a culpa estrita.

que, a despeito de adotar a inteireza dos comandos contidos na **retri-buição**, deixa consignado que a consciência do ilícito é imprescindível para qualquer punição. Destarte, o autor sobre o qual se fez metalinguagem adota – ainda que inconscientemente –, talvez, em razão da época em que foi escrita a sua obra, a teoria da culpabilidade para fiel fixação da responsabilidade criminal. A *pena* há de estar centrada exclusivamente na **culpabilidade** do agente e, se possível, até mesmo ausente, desde que isso seja melhor para a sociedade à qual ela atende[17]. Lamentavelmente, de ordinário as coisas têm sofrido inversão no dia-a-dia.

Tem-se punido o homem pelo que ele é, e não em razão do fato por ele realizado. Trabalham-se antecipadamente – mesmo antes da formação da culpa – os antecedentes criminais. Indaga-se: é possível ser isento em relação ao fato a ser avaliado, caso o agente tenha antecedentes criminais, vida pregressa conforme terminologia forense? A resposta é não. Afinal, o brocardo: **diga-me com quem andas e eu te direi quem és** acaba prevalecendo. Ou não? Ademais, sigo defendendo a posição de que, a pena, uma vez necessária, não deve ultrapassar a pessoa do criminoso. Não é isso que vem ocorrendo.

Finalizando esta parte, cumpre concluir que Beccaria está para o Direito Penal contemporâneo tal como esteve o Talião para a ancestralidade. Se hoje é possível comparar a brutalidade contida neste, não é menos verdadeiro que ele, para sua época, apresentou-se como um freio quanto à aplicação indiscriminada da pena e do direito de punir. Modernamente fazem-se críticas a certas medidas – ou pressupostos – da Escola Clássica, mas esta também – a exemplo do Talião no seu momento histórico – veio para coibir a barbárie reinante, oferecendo ao delinqüente um mínimo de garantias, por meio da regulamentação da pena em relação ao fato praticado. A apuração da culpabilidade foi uma revolução que trouxe progresso, pelo que a respeitamos. Se as falhas são hoje visíveis, não o eram antanho. Por isso, valeu. Cumpre apenas que se aprimore o que de bom ela, a Escola

---

[17] ROXIN, Claus e COSTA JR., Paulo José da, com muita propriedade, descartam a aplicação da pena sempre que ela não tenha por escopo atender aos interesses – e estes não podem ser de apenas punir como ato de mesquinha vingança, que não espelha Justiça, apenas raiva – da sociedade. A pena, de outra parte, não deverá jamais ultrapassar a extensão da culpabilidade, podendo até mesmo ser menor que esta.

Clássica, trouxe consigo, desconsiderando o que de ruim veio ou apareceu no transcorrer do tempo.

2.2. Escola Positiva

Cabe a Cesare Lombroso, psiquiatra por formação, o honor de ter sido o precursor desta Escola. Ao que é dado saber, teria o insigne mestre de Milão seguido os passos dos pensadores Darwin e Spencer, acabando por se concentrar no sociólogo Auguste Comte, para o fim de escrever sua obra basilar: *L' Uomo Delinquente*, publicado no ano de 1876, quase cem anos depois de ter vindo à luz a obra de Beccaria. Chegou para questionar certos princípios que eram, para a época, dogmáticos, posto que incontestáveis até então. Veio para revolucionar, e ficou.

Na esteira das novas idéias, verdadeiro cataclismo, surge Rafaelle Garofallo, também milanês, porém do ramo. Era magistrado, e foi o criador da Criminologia, o que ocorreu graças à publicação de sua obra com o mesmo nome[18]. No ano seguinte à publicação da obra de Lombroso – 1877/78 –, Rafaelle Garofallo deu início à aplicação das idéias novas ao Direito Penal, bem ainda nos seus escritos. Para ele, a pena deveria ser motivo de *prevenção*, devendo atender principalmente ao aspecto *especial*, que consistia em evitar que o delinqüente voltasse a delinqüir, prosseguindo na senda do crime, em evidente prejuízo e preocupação para o grupo social ao qual estava vinculado. E, em outro patamar, a *geral*[19], o que consistiria na intimidação da população em relação aos efeitos da sanção, método com o qual não me permito concordar. Afinal, seria, a meu juízo, a adoção do *Estado aterrorizador,* que haveria de se impor pelo amedrontamento das pessoas. Coisa abominável! Penso que o cidadão deve fazer, ou não fazer, por sua livre e espontânea vontade, e não porque tenha medo, esteja atemorizado pela ação ou reação de um Estado policiaco. E justo quando o mundo adentra o espaço do *Iluminismo*, onde o Homem passou a ser o centro de tudo!

---

[18] Garofallo publicou sua *Criminologia* somente em 1889, segundo informa o professor lusitano Beleza dos Santos.

[19] A pena não intimida ninguém, prova está nos países em que se aplica a pena de morte e deixa o corpo exposto ao público. A despeito de tanta insensibilidade, por uma série infindável de motivos, objetivos ou subjetivos, criminalidade e criminoso seguem seu curso.

Por volta de 1880 surge a obra fundament.. dessa figura monumental, Enrico Ferri: *La negazione del libero arbitrio e la teoria della imputabilità*. Sua luta porém vem de antes; já em 1877/78 ele combatia o posicionamento da Escola Clássica, que ainda não era *clássica*. Em 1880 aderiu ao movimento encabeçado por Lombroso, passando de crítico a ativista de uma nova ordem. E assim Ferri deitou mãos à obra.

Com suas idéias claras e objetivas[20], contestou propondo alterações radicais em quase tudo até então existente. Não reconhecia a tão decantada **responsabilidade legal** do criminoso perante a sociedade, impondo outra responsabilidade: a **social**[21]. Da mesma forma, descartou com argumentos irrefutáveis a existência do **livre-arbítrio**. Afirmava não ser o homem tão livre assim nos seus desígnios, no que estava absolutamente certo, a ponto de poder operacionalizar todas as suas ações, quer positivas, quer negativas, e as circunstâncias inerentes, conforme seu livre-arbítrio[22].

No pertinente à **pena**, esta deveria ser uma medida acautelatória contra o crime e não contra o criminoso[23]. Muito mais lógico e sensato este raciocínio, pois é perceptível com clareza absoluta quão inócuo é correr atrás do fato consumado e de seu realizador, quando melhor seria cuidar de expungir ou, não sendo isso possível, pelo menos abrandar as **causas** que provocam esses efeitos. Essas causas, todos sabemos, deitam fortes raízes no substrato social. Há, sim, uma criminalidade

---

[20] Para que se compreenda Ferri e seu conceito de Direito Penal, basta ler *Princípios de Direito Penal*, editado em português pela Bookseller. Sua linguagem direta e clara não embaralha a mente do leitor, esclarece. No pertinente à filosofia adotada para a Escola Positiva, temos a obra tida por fundamental *Sociologia Criminal*.

[21] Ferri insistia sempre no sentido de que o delinqüente não estava comprometido com a legalidade, mas com a sociedade. Afinal, o ser *legal* é, sempre, um produto artificial, enquanto o ser *social* é o resultante da cultura acumulada ao longo do tempo.

[22] Razão assiste a tal postura. O homem vive condicionado constantemente a uma gama imensa de valores – eidéticos ou reais – que lhe são impostos pelo convívio social. Não raro esses valores vivificados não refletem propriamente a realidade social do grupo, pelo menos no que concerne *ao homem médio comum*, que é, verdadeiramente, o destinatário final da norma jurídica penal, por excelência.

[23] Aí está o grande, quiçá o maior equívoco do Estado no combate à criminalidade. Correm atrás do fato consumado e pretendem punir o homem. É como se os demais delinqüentes fossem se retrair. Há de se combater a *causa* em lugar de continuar a fazer de conta que se combatem os *efeitos*, ao discursarem sobre a utilidade de aumentar o número de presídios e outras sandices do gênero.

congênita, nos termos colocados por Lombroso, mas o que aí está é, em grande parte, de matiz exclusivamente social, lamentável e desgraçadamente. Tão logo estas assertivas se tornem de domínio público, os de sempre atacarão. Atacarão como sempre, sem nada apresentar de positivo. Não sou **dono da verdade**, portanto, se me apresentarem algo diferente e novo, desde que minimamente plausível, acatarei e apoiarei com a mesma vontade de acertar que sempre me impus.

Retomando o fio da meada. Sobra-nos a convicção: a Escola Positiva foi obra do empenho de três homens: Cesare Lombroso, antropólogo por formação e excelência; Rafaelle Garofallo, jurista por profissão e por disposição; e Enrico Ferri, um sociólogo por inspiração, embora tenha sido sempre advogado militante. Seria ingratidão não realçar ainda os nomes de Grispigni e Eugênio Florian, que juntamente com Ferri levaram adiante os princípios norteadores da Escola Positiva. Sendo este último sua maior figura, sem que nisso haja demérito dos demais.

Do ponto de vista da Escola Positiva, o Direito Penal deve ser enfocado sob dois aspectos distintos, mas convergentes: 1. O crime deve ser encarado e tratado como um *fato social externo*, e não como um *ente jurídico,* conforme apregoado pelos seguidores da Escola Clássica; 2. O criminoso deve ser tratado não apenas como uma pessoa de índole má, mas principalmente como **produto do meio social** em que vive e no qual desenvolveu todas as suas aptidões. Afinal, segundo Rousseau[24], ninguém nasce mau, a sociedade é quem o corrompe, produzindo e incutindo essa maldade que, quando em escala exasperante, descamba para a criminalidade.

Aí, talvez, o maior e mais contundente desencontro entre o que pregou Lombroso e o que disse Ferri. Para aquele, o homem delinquente porta consigo uma patologia congênita, da qual não se irá livrar durante toda a vida. Ferri, ao contrário, coloca nesse rol apenas aqueles que não têm as mínimas condições de recuperação ou adap-

---

[24] Para Jean-Jacques Rousseau, o homem nasceu bom, transformando-se durante seu convívio com a sociedade a que está, de certa forma, subordinado. Constatação dessa assertiva tem-se nos criminosos primários que, colocados em convívio com os reincidentes, deterioram ainda mais a sua já fragilizada personalidade. Convivendo comunitariamente o *bom* com o *ruim,* aquele não redime este, mas este apodrece aquele. Thomas Hobbes, no seu *Leviatã,* afirma o contrário, sustentando que o homem nasce mau, sendo a sociedade quem o redime!

tação no meio social que seja seu *habitat*. Para desenvolver e sustentar sua posição, Ferri classificou o universo da criminalidade em cinco espécies de criminosos: os ***natos,*** os ***loucos,*** os ***de ocasião,*** os ***passionais*** e os ***habituais***[25]. De ver que os loucos, visualizados por Lombroso, entram na relação, tal como os natos. Disso resulta os outros três como produtos ontologicamente sociais.

Posto que, para Enrico Ferri, o crime não advém de um duvidoso ***livre-arbítrio,*** visto que a ***vontade,*** embora consciente, nem sempre está conforme à ***liberdade de agir*** do ser humano[26], o que obstaculizará a liberação do ***querer***, a ***culpabilidade*** há de estar intimamente ligada ao tipo de criminoso que se tenha em apreciação, considerado o *fato* como elemento essencial nessa análise.

Da mesma forma, a ***pena*** é de tão mínima eficácia que sua aplicabilidade é posta em questionamento. Eis aí, quem sabe, a preponderância das ***teorias relativas***, adotadas através do ***utilitarismo*** da pena pela Escola Positiva. Nesse ponto, a Escola Clássica se vê encurralada com a teoria da ***retribuição,*** sustentada pelas ***teorias absolutistas.*** Penso que um sistema sancionário comprometido com estas últimas, onde a pena visa tão-só produzir um ***mal justo*** para o fim – nunca alcançado – de retribuir um ***mal injusto***, está por demais desacreditado perante a sociedade.

Da mesma forma, a sanção que não consegue corrigir o criminoso jamais poderá ser admitida e entendida como medida preventiva – prevenção. É necessário repensar todo o sistema distribuidor de sanções, que nada valem, salvo se para degredar o criminoso. Mas, na atualidade, nem isso, já que as fugas e evasões ultrapassam em muito o tolerável. É preciso pensar em outras formas de punição, que visem, principalmente, a coibir o quanto possível a escola da criminalidade, reitero. A lei fala em ***individualização da pena,*** todavia isso não passa do papel, do discurso despido de conteúdo pragmático.

Se se quiser obter algum sucesso a médio prazo, deve-se partir, penso, da classificação de Ferri sobre os criminosos, e dispensar a

---

[25] Esta a classificação apresentada por Moniz Sodré, obra citada pp. 171/174, reconhecida por todos os pesquisadores.

[26] Nesse sentido veja-se Jorge de Figueiredo Dias em *Liberdade Culpa Direito Penal,* Coimbra, Editora, 1976, quando discorre sobre o *determinismo* e o *indeterminismo,* o que evidencia as dificuldades que haverão de ser transpostas entre o *querer* e a *capacidade de poder.*

cada personalidade uma terapia carcerária, afinal a criminalidade é uma doença social, e o ***criminoso***, o usuário desse nosocômio social, já que *doente social*, acometido da *doença social* chamada ***criminalidade***. Se o Estado continuar a fugir dessa dura realidade, haverá de pagar cada vez mais caro por sua teimosia – ou burrice, quem sabe? De nada adianta fustigar o presidiário com ***solitárias***, por exemplo. Como regra, ele é uma criatura humana que já perdeu tudo. Céptico na sua essência axiológica, só lhe sobrou a vida para perder, e mesmo esta pouco ou nada vale. Portanto, recrudescer o sistema penitenciário em nada o abala. Não será por aí que se irá obter êxito na recuperação daqueles que ainda são passíveis de tal sucesso.

Portanto, tal como pensaram um dia Enrico Ferri e Rafaelle Garofallo, melhor correr atrás de punir o ***fato*** realizado pelo meliante que prosseguir numa perseguição imbecilizante contra ele. Se os detentores do Poder quiserem, há um sem-número de exemplos em Portugal, Espanha, Bélgica, Israel, etc. É preciso apenas vontade política, e esta tem estado ausente em todos os segmentos do Poder.

2.3. Escola Eclética

Na *Terza Scuola*[27], sua denominação original no vernáculo de origem, agruparam-se teorias mistas que adotaram posições intermediárias, conforme o próprio nome induz. A denominação adotada faz justiça a partir da premissa primeira de seus fundadores: conciliação sempre e sempre. A despeito de alguns nomes brilhantes, essa Escola, enquanto grupamento imbuído de espírito associativo e elementos convergentes de idéias, não teve a magnitude de suas antecessoras. Este é o preço que paga quem pouco ou nada cria. Quem pretende, ainda que muito bem-intencionado, conciliar todas as situações antagônicas, por óbvio incorrerá em graves omissões e contradições. A conciliação, sempre que possível, é excelente e indispensável, mas não pode chegar ao ponto de perder sua própria identidade. Quando

---

[27] Com efeito, a *Terza Scuola* tem recebido diversas denominações, entre elas a que adoto: Escola Eclética, porque mais difundida, segundo penso. Moniz Sodré, por exemplo, a trata por *Escola Crítica*, o que acredito sem razão. Há ainda títulos subsidiários como *Escola Sociológica Francesa*, *Escola Sociológica Alemã* e o *Tecnicismo Jurídico*, cada qual, à sua maneira, interpretando certas questões de caráter aporético e ofertando suas respectivas posições.

isso acontece, corre-se o risco de se tornar subserviente, e perder a independência a tal ponto não é nada salutar, mormente para quem pretende doutrinar criando linha de pensamento. Os ecléticos, a despeito do altíssimo grau de cultura de seus componentes, viveu de *copiar* e *remendar* o adrede ventilado, o que se resume numa lastimável performance.

No seu primórdio, a Escola Eclética, que teve como fundadores e suas duas maiores estrelas, Alimena e Carnevalle, arrimou sua convicção filosófica nos seguintes pontos: I – a *imputabilidade* com fundamento no *livre-arbítrio*, questão aporética que já vinha sendo questionada desde antanho; II – o escopo da *pena* seria uma forma de *defesa social*, elemento de proteção da sociedade[28]; III – a pena, quanto à sua eficácia, consiste na coação psicológica que haverá de exercer sobre o delinqüente[29], alcançando a partir daí a sua readaptação social. Nem seria necessário voltar a discutir: a pena, tal como estamos concebendo, jamais recuperou ninguém. Se sanção violenta assustasse alguém, os Estados Unidos não teriam crimes a punir, o mesmo se podendo dizer dos países islâmicos, onde ainda hoje se aplica a pena de morte pela via da *lapidação*[30].

2.3.1. Escola Sociológica Francesa

Em meio a tanto rebuliço surge a primeira subdivisão, denominada *Escola Sociológica Francesa*, produto dos pensamentos exteriorizados por Proal, Madame Clemence Royer, Hamon e Alfred Fouillée, entre outros tantos[31]. Estes trabalharam sempre com a *responsabilidade moral*, aceitando o *meio social* na etiologia do crime. Todavia, penso que em homena-

---

[28] Era o mesmo raciocínio de Platão para a proteção da *cidade* na sua *República*. Sobre o assunto, Moniz Sodré tece relevante consideração: *Mas a escola crítica mantém completo acordo com a outra rival positiva sobre o fim da pena e a sua legitimidade, idêntico, porém, não é o conceito de ambas relativamente à natureza e aos efeitos da reação social contra o crime. Esta é por certo um meio de defesa social, mas na opinião dos* **ecléticos** – grifo meu – *não basta isso para que se tenha uma noção exata e verdadeira da natureza da função repressiva.* Obra citada, p. 241.

[29] Posição sustentada por Alimena em *La Scuola Crítica di Diritto Penale*, Nápoles, 1894, pp.. 29/32, .

[30] Lapidação é uma forma de executar criminosos que consiste em enterrar metade do corpo – a parte inferior – do condenado, ainda vivo, e deixar exposta a parte superior. Os transeuntes que por ali passam atiram-lhe pedras, até que ele venha a morrer.

[31] Todos mencionados por Moniz Sodré na obra citada.

gem ao Iluminismo predominante naquele país, discutia-se, tal como se aceitava o delito, sob dois enfoques: o *social* e o *individual*. Disso resulta a pena ser estudada como medida utilitária, tal como na doutrina dos positivistas. Se em algumas oportunidades essa mescla de conceitos rendeu bons frutos, à vezes redundaram em verdadeiros absurdos[32].

2.3.2. Escola Sociológica Alemã

Não se pode negar, teve melhor sorte que a anteriormente retratada. Talvez porque Franz Von Liszt fosse um jusfilósofo voltado para o Direito Penal e seu escopo. Ali não se reconhecia o *livre-arbítrio* quando da *conduta, evento e resultado*, momentos cruciais que, necessariamente, o criminoso haverá de viver. Para os daquele segmento, havia, isso sim, uma série de fatores sociais, entre eles o econômico[33]. Resumindo, Liszt descartava o *livre-arbítrio* como elemento essencial à *culpabilidade*, mas adotava a preponderância finalística da pena como medida de *prevenção especial*, portanto ligada à teoria do *utilitarismo*, que sempre foi excelente. Entretanto, pensava no *crime* como um *ente jurídico*, o que é lamentável.

O mesmo Liszt e seu grupo criaram o instituto das *medidas de segurança*, surgindo então o execrável sistema denominado *duplo binário* na aplicação das penas. Embora os apologistas desse sistema insistissem em negar-lhe a categoria de pena, na realidade fática não era outra coisa. Pior que a pena pura e simplesmente, tornou-se entre nós um verdadeiro *bis in idem*[34]. O sistema duplo binário era de tal forma

---

[32] Exemplo disso tivemos em São Paulo, quando um bem-intencionado secretário da Justiça resolveu que os presos deveriam ser tratados por *reeducandos*, não mais por *detentos*. Não pôde fazer mais que mudar o modo de relacionamento verbal, e apenas neste item, com o preso. Na Casa de Detenção ecoava pelos alto-falantes: *Reeducando Fulano de Tal.* Era muitíssimo pouco! Acabou virando chacota. Deu em nada, lamentavelmente, esse arremedo de câmbio que pretendia muito mais.

[33] Conforme Luiz Vicente Cernicchiaro, em *Estrutura do Direito Penal*, p. 101.

[34] Antes da Lei 7.209/84, imperava o sistema *duplo binário* que, quando aplicada a pena e nela estivesse inserida a *medida de segurança*, todos os benefícios contidos nos institutos de Política Criminal ficavam sobrestados. Enquanto não fosse feito o *exame de cessação de periculosidade*, nos termos do art. 777 do diploma adjetivo penal – atualmente revogado –, o condenado não poderia usufruir de qualquer vantagem com o progresso no regime carcerário, o indulto, a comutação da pena, etc. E o pior, esse exame somente poderia ser requerido após vencida a pena principal. Digo principal, mas era considerada única, já que a medida de segurança não era *pena*, segundo diziam os apologistas daquele mostrengo.

virulento que Heleno Cláudio Fragoso, fervoroso admirador da obra de Liszt, o criticava acidamente por esse posicionamento, digamos, infeliz

2.3.3. Tecnicismo Jurídico

Também descarta o **livre-arbítrio**. Não confunde o ser imputável com o inimputável. Compromete toda sua trajetória ao afirmar que o indivíduo tem **responsabilidade legal**, motivo pelo qual é responsável penalmente por suas ações. Reitere-se: essa responsabilidade é para com os co-associados do tal grupamento social, disso resultando a obrigação de se curvar ante a legalidade, que nada tem que ver com a justiça ou injustiça, posto nem toda lei ser justa, como de resto nem toda conduta tida por ilegal pode ser considerada injusta.

A pena deve ter o condão de servir de **prevenção** nas suas duas vertentes: especial e geral. Grena, autor citado por Luiz Vicente Cernicchiaro[35], evidencia que o tecnicismo jurídico pende mais para o clássico do que para qualquer das outra correntes filosóficas do Direito Penal. Partindo dessa premissa, a **culpabilidade** volta a ser encarada com reflexos retrógrados: o caráter retributivo, as medidas de segurança, por exemplo. Do que conheço dos partícipes dessa linha filosófica, encontrei cabeças abertas e voltadas para outra direção, procurando a modernidade[36]. Todos, sem qualquer exceção, adotam a **culpabilidade** em contraposição à **responsabilidade objetiva**. Portanto, o fato de se adotar um ou outro instituto desta ou daquela Escola, não induz poder-se afirmar submissão incondicional a todos os pressupostos e conteúdos filosóficos adotados.

2.4. Defesa Social

Não é comum incluir-se a Defesa Social no rol das Escolas. Não o fizeram os próprios participantes dessa linha filosófica da Ciência Penal[37].

---

[35] Obra citada, pp. 102/3.

[36] Conheci pessoalmente José Maria Rodriguez Devesa, Pietro Nuvolone, Cesare Pedrazzi. Convivi e convivo com Paulo José da Costa Jr.. Em momento algum fiquei sabendo que concordavam com a prática arcaica da responsabilidade objetiva.

[37] A Ciência Penal é o *gênero* do qual o Direito Penal é uma das *diferenças especiais*. Dessa forma, inclui-se um sem-número de outras atividades voltadas para o estudo e combate à criminalidade, como o *Direito Penitenciário* ou a *Criminalística*, ou o *Instituto Médico Legal*, cada uma colaborando, à sua maneira e capacidade, para completar o atendimento ao mesmo fim: evitar a criminalidade e cuidar do criminoso.

O próprio Marc Ancel[38] direciona a nomenclatura para *Movimento*[39]. Fundamentalmente a idéia – ou ideal – voltada para uma nova concepção de ***defesa social,*** teve início ao alvorecer do século XX, originária dos pensamentos de Carlos David August Roeder, inconformado com tudo que vinha acontecendo na área específica. Afinal, nenhuma das Escolas até então em evidência estava dando a resposta que a sociedade ansiava. Isso ocorria porque, todas elas, não procuram combater diretamente a criminalidade nas suas raízes, preferindo centrar seus estudos em torno do criminoso. Vale dizer: combatiam – como seguem fazendo – o resultado, desprezando suas causas.

Em seguida surgem sucessores de altíssimo conteúdo intelectual e aguçada sensibilidade, como Pedro Garcia Dorado Montero, com sua monumental *Bases para un Nuevo Derecho Penal*, publicado em 1929 pela Depalma de Buenos Aires, de leitura obrigatória a tantos quantos pretendam colaborar para o aperfeiçoamento do sistema atualmente praticado na grande maioria dos países, mesmo os chamados *desenvolvidos*[40].

Contemporaneamente a Dorado Montero surge Concepción Arenal, funcionária do Estado no setor penitenciário espanhol. Sua função era a de vistoriar o funcionamento material dos estabelecimentos penais. Disso resultou ter escrito uma obra com título deveras peculiar: *El Visitador de Presídios*. De suas pesquisas e constatações, ora científicas, ora empíricas, emitiu um juízo axiológico que incomoda ainda agora os reacionários do setor: ***não há criminosos incorrigíveis, mas criminosos incorrigidos.***

Por certo o emocional prevaleceu nessa assertiva, impedindo-nos de comungar inteira e irrestritamente com tal posição, posto que

---

[38] Marc Ancel, magistrado da Corte Superior de Apelação Criminal de Paris, Presidente da Sociedade Internacional de Defesa Social, ao referir-se sobre essa linha filosófica, por excesso de modéstia, não fala *escola*, preferindo empregar a locução: *movimento*. Deste autor leia-se *La Défense Sociale Nouvelle*, traduzido e editado no Brasil pela Forense, com prefácio de Heleno Cláudio Fragoso.

[39] Sobre o *Movimento* e seu desenvolvimento, veja obra citada, pp. 82/129.

[40] Países líderes – economicamente – do chamado Primeiro Mundo exercem o execrável *direito* de matar em nome da lei! Em síntese: ao executar uma sentença de pena capital, estar-se-á a praticar um *mal justo* em represália a um *mal injusto*. Desconsidera-se que, assim procedendo, acaba-se por convalidar qualquer forma de violência que o delinqüente tenha praticado, independentemente da sua culpabilidade.

os *lombrosianos,* portadores de problemas congênitos, serão sempre *incorrigidos,* visto não haver o que corrigir pela via do Direito Penal e tampouco pela medicina psiquiátrica.

Do exposto fica evidenciada a total impossibilidade de punir alguém senão pela apuração sincera e honesta da *culpabilidade.* O lesado mental, por qualquer de suas formas, jamais estará em condições de construir uma *vontade livre e consciente,* tal como não ostenta condições de controlar o seu *querer liberado.* Só é culpável quem puder agir sobre estes pressupostos. Não sendo assim, age como se fosse robô[41].

De outra parte, também não é possível, por não nos permitir a lógica, aceitar a pregação perversa de Jerome Hall, o qual afirma ser justificável toda medida necessária à proteção da sociedade[42]. É certo, porém, que o autor citado veio a se retratar posteriormente, quando assimilou melhor o espírito, escopo e alcance da moderna teoria da Defesa Social, conforme assevera Marc Ancel. Mas, de qualquer forma, são pensamentos reacionários – às vezes exteriorizados impensadamente – como este que nos fazem recordar posições radicais como: *Brasil, ame-o ou deixe-o.* Num espectro mais amplo, tirem-se conclusões da aventura hitlerista, que custou ao mundo ao redor de 50 milhões de vidas, na sua grande maioria inocentes e indefesos. Qualquer forma de radicalismo é sempre prejudicial para a sociedade como um todo.

Da Itália nos vem outro baluarte dessa linha de pensamento: Filippo Gramatica, com *Principios de Defesa Social,* traduzido para o espanhol. Gramatica explana sobre o assunto colocando que o Direito Penal, *enquanto movimento de Defesa Social*[43], tem a finalidade de aperfeiçoamento do *agente ativo* do crime, pela via da sua valoração prática. Daí a valoração da personalidade do sujeito em relação aos

---

[41] Veja-se o caso do *Luz Vermelha.* Nasceu doente, cumpriu uma pena criminal injusta, já que *doente.* Após isso pretendeu-se realçar sua deficiência mental, o que já não era mais possível: tinha cumprido a pena de natureza criminal, quando deveria ter sido recolhido ao manicômio judicial, de onde jamais sairia! Se assim tivesse sido, duas coisas teriam ocorrido: ao mesmo tempo que se aplicavam os princípios da Defesa Social, ter-se-iam cumprido na inteireza os pressupostos da teoria da Culpabilidade. Atualmente, um novo caso: trata-se do *Motoboy*, de quem insistem em não reconhecer as deficiências mentais, julgando-o como se pudesse desfrutar da imputabilidade plena! Diria Zeca Afonso, escritor, poeta e compositor português que viveu em Angola: *a velha história mal começa!*

[42] Referência feita por Marc Ancel à p. 3, com remissão à p. 23, nota nº 11, obra citada.

[43] Obra citada, pp. 63/64.

seus elementos subjetivos, acabando por se constituir em condição imprescindível para que se aplique ou não a sanção. É ainda o Direito Penal quem irá cumprir a função de equilibrar as relações sociais, conforme afirma Gramatica um pouco mais adiante[44]: *A função deste ramo do Direito* – referindo-se ao Direito Penal – *consiste em defender o indivíduo, em função de um equilíbrio justo entre suas exigências e as da sociedade, em educá-lo, curá-lo, adaptá-lo e melhorá-lo, caracteriza todo o sistema e ao mesmo tempo constitui a própria função, inspirando o método prático.*

Interessa nesta oportunidade consignar em que consiste este *Movimento*, ou Escola, como prefiro, de que cuida Marc Ancel. Em primeiro lugar, trata-se de um termo comprometido inequivocamente com a **equivocidade**[45]. Ambíguo mesmo, posto que se presta, não raro, também para justificar a pretensão de certos segmentos no endurecimento do sistema repressivo do Estado[46]. Esta não é, e não poder ser, definitivamente, a filosofia de qualquer governo que pretenda o respeito de seus governados. Por isso, em homenagem à equivocidade do termo, o lado reacionário da sociedade utiliza-o para justificar sua própria inoperância. Essa situação é a resultante de duas premissas: a imprecisão terminológica, sobre o que acabo de me manifestar; a segunda, de matiz ideológica, conduzida por alguns que só acreditam na força bruta. Olvidam-se estes que ao exercitarem-na, igualam-se aos meliantes, pouco importando o grau de brutalidade de qualquer das partes.

A *Defesa Social*, enfocada do nosso ponto de vista, pressupõe prioritariamente amparo e segurança à sociedade. E a melhor maneira de o Estado resgatar essa imensa dívida – social e moral – é cuidando da criminalidade como um todo, e do criminoso em especial.

---

[44] Obra citada, p. 65.

[45] Essa equivocidade é mencionada não-somente por Marc Ancel, como também por Filippo Gramatica, este na p. 61, aquele nas pp. 1/21 da obra citada.

[46] Neste momento [2001/2002], com essa onda de seqüestros, tanto faz se *relâmpagos* ou não, altos escalões do governo falam abertamente na *defesa social*, tal como eles a concebem! Prega-se a tese do policial chegar atirando, como asseverou o recém-empossado secretário da Segurança Pública de São Paulo, logo após a morte do prefeito de Santo André. Em nome daquilo que alguns representantes do Estado chamam de *defesa social*, prega-se a violência semilegalizada! Semilegalizada porque apregoada e, assim sendo, tolerada! Reitero: o cidadão deve ser ético, podendo, entretanto, não o ser; já o Estado tem a obrigação de ser, não podendo deixar de ser.

Reitera-se: preocupar-se exclusivamente com o *fato consumado*, está provado, não tem conduzido a bons resultados. Pouco ou nada adianta *prender um delinqüente perigoso* se a gênese do problema segue contaminando outros tantos, em proporções geométricas. Por mais perfeito que possa ser o sistema repressivo, não se conseguirá colocar sob o regime de reclusão mínima parte dessa espécie. Aqui, cabe até o pensamento de Malthus[47], economista inglês que primeiro se preocupou com a expansão populacional, quando comparada com a capacidade de produção de alimentos.

De qualquer forma, estou psicologicamente preparado para viver por mais algum tempo sem ver chegar-se à definição correta do verdadeiro significado de Defesa Social. Jiménez de Asúa já havia se manifestado nesse sentido[48], queixando-se da confusão reinante. A despeito disso, nada mudou. Insisto, a par do problema da equivocidade, há aquele outro: o que induz a uma conceituação ideológica. O que querem alguns, e o que pretendem outros. Uns entendem que é para endurecer; outros que é preciso redimensionar o problema, focando-o numa outra direção, conforme procurei demonstrar. Por certo hei por bem e correto permanecer na linha filosófica de Marc Ancel, Filippo Gramatica, August Roeder e Dorado Montero, principalmente, com seus conceitos de *correcionalismo*.

Assim se posiciona este salamanquenho – que se foi com apenas 59 anos de idade, deixando um vago muito grande para o Direito Penal mundial –, ao tratar do *homem real*, que é o que realmente interessa para os seguidores dessa linha filosófica, entre os quais me incluo por firme convicção de que seja possível cambiar o quadro que aí está: *Al contrário lo que reclama el mundo es que, atendida su desgracia, se procure atenuar los malos efectos de la misma hasta donde sea dado y en caso de ser posible, se les saque de la situación en que actualmente se hallan, combatiendo y destruyendo las causas naturales de que tal situación se estima ser resultado[49]*. E conclui,

---

[47] Para Malthus, a questão da produção e do consumo levará o mundo a um colapso catastrófico, eis que o crescimento da produção é aritmético, enquanto que o da população é geométrico, o que resultará o mundo a morrer de fome! É assustadora, mas verdadeira, a teoria desse inglês do século XIX.

[48] Jiménez de Asúa é citado por Marc Ancel, p. 2 da obra citada, onde se lê: *ninguém sabe hoje o que seja a Defesa Social.*

[49] DORADO Montero, Pedro Garcia de. *Bases para un Nuevo Derecho Penal*, p. 9.

afirmando ser absolutamente indispensável que se criem instalações voltadas para a cura dessa *doença social* que é a criminalidade, dispensando ao *doente social*, o criminoso, textualmente: *instalación de instituiciones y establecimientos destinados a curar, mejorar, protejer y asistir las personas...* Não basta simplesmente encarcerar, é necessário também que se cuide mental e fisicamente desse tipo de *doente,* tão necessitado de cuidados quanto qualquer outro que dependa do SUS [Sistema Único de Saúde], por exemplo!

Desde quase um século atrás, a razão estava mesmo com o grande mestre de Salamanca. Há de se tratar do cidadão delinqüente, evitando dessa forma que ele volte a delinqüir, tendo como maior prejudicado o homem médio comum, massa que compõe a sociedade na sua maior fatia. Mas, ainda nessa linha de raciocínio, aproveito para mencionar uma experiência vivida por mim quando em viagem a Israel, ocasião em que travei excelente relacionamento com o professor Dan Phillip, criminologista clínico da Penitenciária de Dame, em Tel-Aviv. Lá trabalhavam 35 profissionais dessa área, desconhecida entre nós, encarregados do tratamento dos presos ali recolhidos.

Segundo me disse Dan Phillip, mesmo nos casos de pessoas mentalmente lesadas há uma recuperação da ordem de 20% a 25% dos submetidos ao tratamento dispensado dentro do presídio. Se compararmos o quadro funcional da área específica de saúde mental e os internos ali recolhidos, 620 presos, com o que temos entre nós nas nossas melhores penitenciárias, concluiremos não possuir nenhuma infra-estrutura para cura ou recuperação nos nossos presídios. Não há como pretender a aplicação progressiva dos métodos adotados em Portugal e Espanha, por exemplo[50].

Concluindo. A Defesa Social, seja ela *escola* ou *movimento*, tanto faz, pretende realizar o Direito Penal, enquanto *sistema*, voltado para o *homem real*, e alcançar o atendimento dos anseios da sociedade, enquanto *ciência jurídica*, como já reiterado. Vale dizer: punir por punir não leva a lugar algum. Pensa-se em algo semelhante à *responsabilidade social*, da qual fez alarde Enrico Ferri, meio indis-

---

[50] Ali se dedica muito trabalho em relação aos reclusos. Em primeiro lugar a fase de *reeducação*, em seguida a *ressocialização*, finalmente a *reinserção*. Ainda uma vez assevero não ser apologista do emprego do prefixo *re*, já que não tenho certeza se essas pessoas alguma vez foram educadas, socializadas ou inseridas.

pensável para valorar a *culpabilidade*, contudo sem valorizar demais aquela para não comprometer demais esta, conforme Severin Versele[51]. A pena será, então, o *meio* pelo qual se chegará ao equilíbrio social. Mas isto somente deverá ocorrer após tentados todos os outros meios disponíveis de reeducação, ressocialização e reinserção. Dispense-se, também, a utilização da pena como *retribuição* ou mesmo como *prevenção*, como forma profilática. Afinal, é cuidando do criminoso que a sociedade estará sendo realmente protegida.

3. Atual Doutrina da Culpabilidade

Inquestionavelmente, a reforma feita no Código Penal em 1984[52] introduziu sensíveis alterações, para melhor, no sistema penal. Corrigiu a problemática do *erro*, adotando a teoria finalista com a substituição do **error** *in facti* e *error in juris*, muito questionada, colocando em seu lugar o *erro sobre os elementos do tipo* e *erro de proibição*[53]. Na primeira está inserida a *descriminante putativa*, com linguagem clara e objetiva, pouco deixando para interpretações extravagantes, como ocorria antanho. Por aí bem se vê a teleologia de impor a doutrina da culpabilidade.

Outros tantos momentos importantes: a adoção do sistema *vicariante* em substituição ao famigerado *duplo-binário.* A exclusão pura e simples de duas hipóteses de *periculosidade: real e presumida.* Esta última era uma verdadeira aberração, criando poderes extralegais ao magistrado, o que não é bom nem mesmo para o julgador, já que, em tais casos, os reacionários sempre o criticavam

---

[51] Severin Versele é mencionado por Filippo Gramatica, obra citada, p. 8.

[52] Trata-se da Lei 7.209, de 13/7/84, que teve uma *vacatio legis* de seis meses, entrando em vigor em 13/01/85.

[53] A meu juízo, o art. 21, que trata do erro de proibição, é excelente, já que considera a culpabilidade em profundidade, dando àquele que não conhece a lei a chance de desculpar-se por isso – exemplo: um estrangeiro que desembarca no aeroporto, aluga um carro e, por não conhecer nosso idioma, não consegue interpretar uma diminuição de velocidade que esteja grafada em nossa língua, em lugar de sinalizada com placa contendo símbolos internacionais, de cuja Convenção somos signatários. Disso resulta atropelar e matar alguém. Bem se vê tratar-se de conduta desculpável, uma vez que, na autopista é inevitável que o motorista imprima velocidade compatível com os padrões internacionais.

por ter sido *benevolente*. A substituição das penas privativas de liberdade por outras menos virulentas, inclusive pela pecuniária[54]. Todavia, é imperioso que prossiga o processo, no sentido de salvar não somente o sistema penal e penitenciário, que para mim já se transformou em "presidial" dadas as sua peculiaridades, não só homenageando a obra de Beccaria, mas principalmente numa última e desesperada tentativa de minorizar os males que a sociedade vem sofrendo com a atual conjuntura, que atinge a todos nós, culpados ou não.

A meu juízo, houve lamentável equívoco do legislador quando regulamentou a aplicabilidade da suspensão condicional da pena – *sursis*[55], onde está criada uma ***antinomia normativa***[56]. Com efeito, lê-se no Código Penal: ***As penas restritivas de direitos* são autônomas e substituem as privativas de liberdade*, quando:*..Pode-se aproveitar com regularidade absoluta o inciso I e, com alguma, o II; em relação ao III, as regras já estão inseridas no art. 59, momento dosimétrico. A contradição está no § 11 do art. 78: ***No primeiro ano do prazo, deverá o* condenado prestar serviços à comunidade (art. 46) ou submeter-se à limitação de fim de semana (art. 48).**

Afinal, as penas restritivas de direito são ou não ***autônomas***? Podem ou não podem substituir as privativas de liberdade? Diante de tal quadro, é inquestionável que o legislador autorizou o não menos execrável ***bis in idem***, contrariando todo o sistema, que veta terminantemente essa prática, adotando o princípio antônomo: ***non bis in idem***. E mais, em tais casos, sustento deva ser aplicado o princípio da ***lex mitior***. Vale dizer: se o agente é passível do ***sursis***, que alguns dizem erroneamente *benefí-*

---

[54] O § 2º do art. 60 autoriza a substituição, embora raros são os juízes que aplicam essa regra. O art. 44, permite a substituição por penas restritivas de direito. Muito bom aqui é o inciso III, que menciona deliberadamente a análise da culpa lata do agente. Ainda uma vez, é preciso aplicar a lei! Nesses anos todos não tive o prazer de vê-las, ao menos uma vez, feitas *normas jurídicas eficazes*, conforme demonstrou Kelsen: aquelas normas jurídicas que, além de vigentes, são aplicadas com regularidade, o que lhes dá eficácia.

[55] *Sursis*, tal como o conhecemos e praticamos, vem do sistema franco-belga, mas sua origem é do Direito Romano, conforme Theodor Mommsen, na sua *Direito Penal Romano*, p. 300: *La Gracia con Supensión de la Eficácia de la Sentencia Penal* [A graça pela suspensão da eficácia da sentença penal]. Recurso que era apresentado e julgado pelo *Iuditium Populum* – Julgamento do Povo. Maiores detalhes vejam-se no *Lineamentos,* em qualquer das edições.

[56] Antinomia normativa: conflito de normas jurídicas da mesma hierarquia. Para a solução de tais incidentes, veja-se *Lineamentos*, onde há um capítulo inteiro sobre o assunto.

cio[57], é porque possui requisitos essenciais também à substituição da pena, não raro até com folga. Então, por que aplicar-lhe concomitantemente as duas formas de sanção? Os que podem e devem corrigir, nada fazem, deixando à deriva falha tão gritante quanto teratológica.

Entretanto, não há como não afirmar que, de todos os câmbios, o mais marcante foi mesmo a *culpabilidade*[58], posto inserir-se num dos pontos culminantes do moderno Direito Penal[59]. Dela deriva a proporcionalidade da pena nos casos concretos, de tal forma que o preceito **nullum crimen sine culpa** tornou-se norma constitucional[60]. Disso resulta ter-se restaurado – e agora em nível constitucional – o **princípio da presunção de inocência** como paradigma, que deveria ser intocável, mas não é. Lamentavelmente, esse princípio vem sendo violado às escâncaras.

O mote é sempre o mesmo: TRATA-SE DE CRIME GRAVE, como se graves não fossem todas as condutas tipificadas[61]. Essa cantilena, além de profundamente mendaz, é a exteriorização do reacionarismo que vem tomando conta de vários segmentos da Justiça. Interpreta-se a norma jurídica a bel-prazer do postulante oficial[62] e da autoridade judicante. Como regra, lê-se na mesma cartilha, como se simbióticos devessem ser.

---

[57] É equivocado dizer que o *sursis* e livramento condicional – *parole*, no *commow law* –, é um benefício. Há uma permuta entre o Estado e o cidadão delinqüente, posto que se exigem certos requisitos a serem pagos pelo postulante, e sem esses o Estado nada lhe concede.

[58] O ponto culminante da mudança aparece no Código Penal: *Art. 29. Quem de qualquer modo, concorre para o crime incide nas penas a este cominadas,* **na medida da sua culpabilidade**. Na lei anterior, o art. 25 terminava onde atualmente há uma vírgula. Era a demonstração maior da presença consolidada da *responsabilidade objetiva*.

[59] Essa modernidade está no porvir. Não me canso de dizer: não há um Direito Penal moderno, apenas contemporâneo, já que opera ainda sobre e sob conceitos bicentenários. É a partir da adoção da teoria da culpabilidade que, com muito esforço e dedicação, se chegará à modernidade. Tenho para mim que a inserção da culpabilidade como elemento constitutivo do crime foi o primeiro passo.

[60] Art. 5º, LVII, da Constituição Federal: *Ninguém será considerado culpado até o trânsito em julgado de sentença penal condenatória.*

[61] Insiste-se na tese do *crime grave*. Mantêm-se reclusas por longo tempo pessoas que não têm culpa formada. Essa reclusão se ampara apenas na materialidade do fato e numa convicção precaríssima, além de aleatória, da autoria. Desconsiderando-se, também, a eventualidade de o agente estar acobertado por uma norma jurídica permissiva. Dessa forma, violenta-se a teoria da culpabilidade e descumpre-se o texto constitucional. E, o que é mais grave, equivocadamente, fala-se em *defesa da sociedade*, que é um derivativo desfigurado daquilo que entendemos como Defesa Social, sobre o que tratei anteriormente.

[62] Entenda-se por *postulante oficial* o que fala em nome do Estado, na figura do Poder Executivo. Judicante, aquele que representa o Poder Judiciário.

Temo pela sorte do equilíbrio entre os Poderes, conforme asseverou Montesquieu, quando coisas assim começam a acontecer.

Retomando o tema especificamente. Manuel Cavaleiro de Ferreira, na sua excelente doutrina, assevera que há de haver certeza da culpabilidade, mediante prova certa na decisão final[63], e que o agente esteja definitivamente *responsabilizado*. Dessa prova incontestável da culpa lata, surgirá um segundo estágio que equacionará a **dosimetria**, função que entre nós se denomina **individualização**[64], fica o juiz adstrito à prova, sem prejuízo do seu **livre convencimento**[65]. É fundamental, reitero que o magistrado faça menção, ao decidir, de onde vislumbrou a **culpa lata**, bem como demonstre com clareza o critério adotado para a adequação entre a **culpa** e a **pena**, conforme preleciona Cavaleiro de Ferreira: *O princípio de que não há pena sem culpa supõe naturalmente que a definição da culpa não é uma definição formal da lei, mas tem de ser a recepção pela lei de uma noção substancial de culpabilidade*[66].

Nesse contexto, entendo indispensável a perfeita adequação da culpabilidade em relação à pena, embora esteja consciente das dificuldades, em razão do subjetivismo de que se reveste essa atividade. Assunto de matiz subjetivo, deixa longo espaço para interpretações, onde influenciará questões de natureza ideológica. Da mesma forma, não vejo prejuízos de monta, quando apurado certo grau de culpabilidade, que a punição não se faça presente[67]. A ausência de sanção nos denominados *crimes de bagatela*[68] não altera o humor da sociedade. Entretanto, havendo uma punição, por menor que seja, sem a correspondente culpabilidade, gera-se um mal-estar generalizado, que descamba, não raro, para insatisfação exteriorizada. A isto denomino

---

[63] FERREIRA Manuel, Cavaleiro de. *Direito Penal Português*, vol. 1., p. 94.

[64] Vide o art. 59 do Código Penal. Ali estão elencados os oito pressupostos regulamentadores do *quantum* aplicável, que seja o bastante para a *reprovação* e prevenção do crime.

[65] O juiz pode optar por qualquer das provas que lhe convença, art. 157 do CPP, contanto que estas estejam inseridas no processo, e que as partes se tenham manifestado sobre ela.

[66] Obra citada, vol. 1, p. 94.

[67] Nesse particular, Claus Roxin e Paulo José da Costa Jr., para quem a culpa pode ser maior que a pena, mas a recíproca não é verdadeira. Da mesma forma, se a sanção não tiver utilidade, melhor não aplicá-la, já que ela não se deve prestar a qualquer forma de vingança ou revide, principalmente partindo do Estado.

[68] Denominação adotada por Paulo José da Costa Jr. para designar aquelas condutas sem qualquer realce, ou de pouquíssimo potencial de dano.

sentimento do injusto contra a ação do Estado, que surge no cenário como violentador do próprio *Estado de Direito*, e que estará plenamente justificado apenas quando todos os segmentos sejam servos do sistema normativo vigente[69].

A *culpabilidade* difere da *antijuridicidade* e da *tipicidade* quanto à sua teleologia. A primeira revela-se ante a conduta contrária à orientação legal. Assim, se Tício mata Caio, inquestionavelmente realiza uma conduta antijurídica. Esta última, por sua vez, surge como produto legítimo da formulação laboratorial do legislador, que tem aqui o elemento seletor de condutas. A rigor, ambas padecem da *maladie*: são *ficção jurídica*, que poderão ser alteradas, acrescentadas ou expungidas do sistema jurídico. Para tanto, basta que o poder legiferante, ou quem lhes faça as vezes[70], assim o deseje.

Enquanto isso, diferentemente das duas instituições retro, a *culpabilidade* se orienta não pelos caprichos do legislador ou mesmo pelos anseios populares – clamor público –, mas por valores assimilados pela criatura humana. É produto mitologicamente subjetivo, e personalíssimo, conforme ensina Maggiore: *La culpabilidad es el aspecto esencialmente subjetivo del delito, por cuanto lo considera como un hecho de conciencia*[71].

Ouso afirmar, a exemplo do professor Eduardo Correia[72], que a culpabilidade é algo intrínseco da pessoa humana, enquanto sujeito capaz de aperfeiçoar o tipo penal, conforme a linguagem de Binding, provocando, dessa forma, com sua conduta, a *antijuridicidade* ou

---

[69] A ninguém é dado o direito de descumprir a lei porque a considera má ou antiquada. Ninguém, muito menos qualquer órgão do Estado, principalmente o Judiciário, a quem cumpre tão-somente conhecer e julgar os casos conforme a lei, não devendo e não podendo se transformar em *reformador* do sistema legal. Para esse escopo existe outro Poder.

[70] Pode parecer irônica ou arrogante a posição adotada, mas não é. Com a edição da Carta Magna, ficou garantido ao Poder Executivo legislar através do instituto das *Medidas Provisórias*, que substituiu o não menos peçonhento Decreto-lei. Aquelas têm motivos certos para sua edição. Mas isso não vem sendo considerado. Até recentemente um sem-número de M.P. já faziam aniversários e seguiam sendo reeditadas, sem que ninguém ousasse abrir a boca! Agora – a partir de 4 de setembro de 2001 –, elas sobrevivem até que sejam votadas e, em não sendo em tempo hábil, bloqueiam a *Pauta*! Surge, através dessas práticas pouco ou nada éticas, um verdadeiro *detournement du pouvoir*, tão policiado no Direito francês.

[71] MAGGIORE, Giuseppe. *Derecho Penal*, vol.1, p. 447.

[72] CORREIA, Eduardo. *Direito Criminal*, vol. 1, p. 321.

ilicitude, que é a mesma coisa[73]. A ***culpabilidade*** é o *aspecto* anímico do delito, nada tendo em comum com os demais componentes deste, ressalva que se faz à ***punibilidade****,* posto que esta é conseqüência natural da existência daquela. Pragmaticamente, é assim que as coisas são, procurar contrariar essa regra é o mesmo que se colocar contra a realidade fática.

O surgimento da ***culpabilidade*** se dá precisamente quando o agente realiza, dolosa ou culposamente, o ***evento*** cujo ***resultado*** planejou, ou sobre o qual não teve o cuidado de dispensar uma análise minimamente aprofundada sobre a previsibilidade exigível, sendo irrelevante se obteve ou não sucesso na empreitada[74]. Se, em situação de dolo o agente pode desviar a conduta, a recíproca não se faz verdadeira quando da conduta realizada ante qualquer das três hipóteses do crime culposo. Aqui, o fato acontecer por acontecer.

Diz-se que a ***culpabilidade*** é a consciência de desobedecer voluntária ou involuntariamente a lei à qual se está obrigado. Se assim é, culpável é todo aquele que, podendo e devendo obedecer a uma certa norma jurídica, vem a violá-la por sua vontade livre e inteira consciência. Tenho dito sempre que posso: em situações de tensão, quanto maior a pressão exercida sobre o agente, menores as chances de ele agir conforme sua própria vontade. Quanto maior o quadro de excitação, menor o grau de trabalhar com pensamento racional, compromete-o o emocional. Essa linha divisória desses elementos anímicos é personalíssima em cada um de nós. Diferentemente ocorre com os demais componentes do crime, cujo *genérico* é absoluto e imperativo.

---

[73] Para a doutrina italiana *antijuridicidade*, para a tedesca *ilicitude.*

[74] Eis a razão pela qual não vislumbro o dolo e a culpa estrita inseridas no *tipo penal,* conforme Hans Welzel, Armin Kauffmann e, entre nós, Damásio de Jesus, Assis Toledo, Álvaro Mayrink da Costa, Júlio Mirabete, e outros finalistas de menor ênfase. Considero a *tipicidade* uma ficção jurídica, já disse. Elemento, tal como a *ilicitude* e *punibilidade,* que vive no exterior da reação humana, extrínseca, portanto, na Teoria Geral do Crime, podendo ser alterada a qualquer ocasião, mercê que está da vontade do legislador. O mesmo não ocorre com a *culpabilidade,* que sai de dentro do sentimento imperquirível do ser humano, somente ele, o legítimo, é que pode controlá-la, e nem sempre consegue. Cada um de nós porta consigo sua própria culpabilidade, em conteúdo, teor e quantidade também personalíssimas.

Em outras palavras, pretende-se a afirmação de uma certa *exigibilidade* de conduta conforme a norma jurídica. É como se todos os seres humanos fossem absolutamente iguais nas suas reações, no seu *sentir*, bem como exatamente iguais os *habitats sociais,* com seus usos e costumes, valores e práticas. Nesse particular, prefiro a doutrina de Claus Roxin, que questiona essa postura. O homem é, ontologicamente, produto do seu meio social. Paulo José da Costa Jr.[75] interpreta Roxin, demonstrando a total impossibilidade da aferição desse *querer* pela via tortuosa da ciência empírica, em clara alusão à teoria psicológica da culpabilidade[76].

Não creio ser possível uma valoração psíquica generalizada da conduta humana[77]. Todavia não a dispenso pura e simplesmente. Se a lei serve para o **homem médio comum**, isto é: para a faixa mais ampla de uma determinada sociedade, nem por isso se lhe autoriza uma generalização indistinta. É preciso considerar que cada pessoa reage, diante de determinada situação, de forma diversa de outra. Assim, a responsabilização do indivíduo pela eleição da conduta diante de um tal quadro não pode ser levada ao nível de afirmação categórica do *dever-ser* de que falava Kelsen. Implica, aqui, a incidência de uma gama infindável de valores que irão produzir resultado mais ou menos comprometedor, alterando a própria substância do fato, como assevera o professor Dirceu de Mello em suas aulas. Ouso, ainda uma vez mais, chamar esse fenômeno de *adequação social*[78] do fato ao resultado. Não é possível deixar de analisar, além do **fato** e do **resultado**, também o homem e sua origem. Assim, um homicí-

---

[75] Matéria versando sobre a concepção roxiana da culpabilidade, que ainda não havia sido publicada, mas que estaria inserida na 2ª edição dos *Comentários*, me foi gentilmente cedida, como sempre, por Paulo José da Costa, que está estafado de ouvir os meus *grazie a lei.*

[76] Mais adiante se discorrerá sinteticamente sobre as três teorias em voga.

[77] Sobre o tema, pesquise-se Paulo José da Costa Jr. e as palestras, cujos tópicos essenciais sempre estão à disposição, do professor Dirceu de Mello, atualmente diretor da Faculdade de Direito da PUC/SP, onde é titular na graduação e no pós.

[78] A teoria da *adequação social* vem sendo trabalhada assiduamente pelo professor Luís Antônio Chaves de Camargo. Se não estou equivocado, esta será a Escola Penal do futuro.

dio praticado por alguém que foi compelido a viver na favela, tem, para o autor, muito menos peso que a mesma *conduta, evento* e *resultado* homicídio, se realizados por alguém que tenha nascido e vivido nos bairros nobres da cidade, por exemplo. Aqui, nada de absurdos, apenas o real!

Desde Franz Von Liszt[79] vem-se insistindo na compatibilização entre a Dogmática e a Política Criminal. Visa-se, é certo, a estudar e encontrar soluções e meios eficazes para a prevenção da criminalidade. Claus Roxin avança no sentido de que, havendo essa pretendida compatibilização, criar-se-á uma dogmática que se aproxima, tanto quanto possível, da realidade social[80], pretendendo-se clareza absoluta e ordenamento estrutural rigoroso para a norma jurídica penal. Atualmente isso não parece tarefa impossível, embora não se possa apregoar solução final e eficaz. Vários autores começam a se posicionar nesse sentido. Como regra, toda mudança fundamental é lenta.

Claus Roxin não abandona a teoria que sustenta estar o crime alicerçado num tripé: *tipicidade, antijuridicidade* e *culpabilidade*[81]. Realça o autor de Munique que o *Tatbestand*[82] deve ser componente tutelador dentro do esquema do Direito Penal, devendo, destarte, ser confeccionado: *com determinação e taxativamente, segundo o postulado garantidor do princípio da legalidade*[83]. Conforme essa linha de raciocínio, deve o *tipo penal* suas três funções fundamentais:

---

[79] Liszt é citado por Paulo José da Costa Jr., em referência à *Teoria dello escopo nel diritto penale*, tradução do italiano publicada em Milão, no ano de 1962.

[80] Na mesma direção, um trabalho de Moccia, até certo ponto recente –1989 –, publicado pela *Rivista Italiana di Diritto e Procedura Penale*, p. 1.006.

[81] *Politica Criminale e Sistema del Diritto Penale*, p. 40. Tradução para o italiano realizada e publicada em 1986, na cidade de Nápoles.

[82] Conforme Luiz Luisi, na tese *O Tipo Penal e a Teoria Finalista da Ação*, algumas informações pertinentes nesta oportunidade: *A doutrina do Tatbestand representa na Dogmática Penal a versão técnica do apótema político nullum crimen sine lege, ou o preceito técnico do princípio da legalidade*, citando Jiménez, Huorta e Bettiol. No rodapé vem a definição do termo: *a palavra alemã Tatbestand (literalmente: estado de fato), vem traduzida para as línguas românicas. Os autores italianos usam indiscriminadamente como fatto ou fattispecie. Na tradução espanhola, vê-se, não raro, contenido legal del derecho. Finzi traduz Tatbestand como sendo delito-tipo.*

[83] Conforme Paulo José da Costa Jr. nos *Comentários*, vol. 1

[A] – selecionar os comportamentos que representem potencial dano à sociedade, irrelevante se eficazes ou não[84]. Aqui prevalece o art. 14 do Código Penal, que define o crime quando consumado e quando não ultrapassa o espaço da tentativa.

[B] – regulamentar comportamentos proibidos ou permitidos, desviando o cidadão da rota do arbítrio desmesurado do Estado. É a reafirmação do princípio do *nullum crimen, nulla poena sine lege.*

[C] – tutelar os **bens** juridicamente relevantes[85], estabelecendo o tão necessário equilíbrio entre a sanção e o ilícito, indiferente que este seja maior que aquela. A recíproca, todavia, não se faz verdadeira.

Pulitand, citado por Paulo José da Costa Jr., evidencia que, como ciência, o Direito Penal, não pode estar à mercê de esquemas meramente racionais *cientificamente determinados e valorados,* senão que conectados estreita e diretamente com a realidade histórica de cada fato em si mesmo. Daí dizer-se que esse novo conceito, se não desabona completa e definitivamente a credibilidade que se dava ao *retribucionismo da pena,* diminui em larga margem seu espaço. Procura-se, é verdade, o redimensionamento da jurisdição sobre os bens juridicamente tutelados em relação à ressocialização daquele que, em Portugal, é denominado *cidadão delinqüente*[86].

Assim, ao *Tatbestand* cabe o papel de produzir a prevenção genérica e seu efeito intimidativo, ligando os princípios da *taxatividade* aos da *determinação* da norma jurídica penal. Enquanto isso, a *antijuridicidade,* ou *ilicitude* – tanto faz, posto que termos sinônimos – deve ser alçada a plano mais amplo no que concerne à análise dos conflitos sociais, e portar consigo soluções que sejam satisfatórias ao equilíbrio – conveniência – social. É de todo relevante entender que muitas

---

[84] Para Kelsen, *norma jurídica eficaz* é aquela que pode ser efetivamente aplicada, criando, por isso, aquilo que o autor austríaco denominava *norma jurídica individual,* ou *norma jurídica concreta,* conforme é tratada de ordinário. Aproveitando o ensejo: Kelsen asseverava que a norma jurídica, para ser perfeita, há de ser *vigente* e *eficaz.* Vigente quando inserida no sistema normativo; eficaz quando aplicável. Exemplo de norma jurídica *ineficaz* tenha-se o art. 149 do Código Penal. Ao dizer *condição análoga à do escravo* complica tudo, pois o diploma não contempla definição do termo *escravo,* tal como faz, por exemplo, com o funcionário público. Além do que o Direito Penal não aceita a analogia in *malus.*

[85] Ao Direito Penal somente os bens juridicamente relevantes interessam, os demais serão tutelados pelos outros ramos do Direito.

[86] Terminologia utilizada no IRS – Instituto da Reinserção Social.

condutas são anti-sociais, mas não são antijurídicas. Da mesma forma, e num cone que se afunila vertiginosamente, inúmeras outras condutas, ainda que guindadas à antijuridicidade, passivas de sanções, portanto, não são *típicas*, isentas portanto de sanção penal, que é rigorosamente peculiar aos bens que tutela. Há uma gama imensa de sanções que não são de natureza penal mas que, nem por isso, deixam de ser punição.

Roxin propõe que o vocábulo *culpabilidade* seja substituído por *responsabilidade*[87], em certos casos onde ocorra o excesso culposo ou mesmo o *desistimiento voluntario*, englobando neste contexto também as hipóteses de *legítima defesa*. Para ele isso seria melhor porque, sendo a *culpabilidade* condicionante da *punibilidade*, não deve ser levada a extremos de obrigatória compulsoriedade. Simplificando: deve a *culpabilidade* exercer a função de limitadora dos *máximos* punitivos, tendo em vista o prejuízo social causado pela *conduta típica*. De ver que a preocupação maior é sempre a dosagem da reprimenda, não se permitindo que ela extrapole os limites do necessário. No fundo, estamos diante das mesmas posições que pregavam os racionalistas antes retratados.

Ao desenvolver esse raciocínio, o renomado autor alemão demonstra que, postas as coisas como ele as coloca, a *culpabilidade* segue sendo um pressuposto da pena, no que o acompanho, dizendo mais: *já que pressuposto, aquela é absolutamente essencial*. Todavia, já não mais com a exigência inflexível de um dever do agente em *actuar de modo distinto*. E diz, ainda: *Su complementación con critérios sancionários finalistas y la fusión de ambos en la categoria de la responsabilidad lo único que hace es recuperar para el campo dogmático, el descumprimiento que, hace ya tiempo, se impuso con acceptación general en el ambito de la teoria del Derecho Penal y la Política Criminal: el siempre, pero también importante, que en ningun modo la culpabilidad exige siempre igualmente un castigo*[88].

Para a teoria esposada por Claus Roxin, não é assim tão importante que o Estado aplique a pena com o escopo de retribuir o mal causado ou de punir o fato culpável. Nesse particular está a diferença

---

[87] Veja-se *Culpabilidad y Prevención en Derecho Penal*, Tradução de Francisco Muñoz Conde, p. 55.

[88] Obra citada, p. 156.

entre o autor tedesco e o monstro sagrado da Escola Clássica, Francesco Carrara, para quem a *culpabilidade*, provado que não teria como conseqüência natural a pena, estaria comprometendo toda a dogmática do Direito Penal. Afinado com a filosofia do professor de Munique vem o mestre Paulo José da Costa Jr., que, sobre a rubrica *retribuição*, assim se manifesta: *De mais a mais, a idéia de retribuição que compense o mal com o próprio mal encerra algo de irracional, já que não se pode entender como o mal causado possa ser extinto pela inflição de um outro mal*[89].

De resto, temos como ponto central a moderna concepção de *culpabilidade*, no sentido de que os valores em questão já não são mais a *retribuição* e tampouco a *prevenção*. Para Roxin, mais importante do que um *quantum* equivalente de penas à culpa aferida, é evitar que a primeira, fator desagregador e condutor de maior índice de reincidência, seja aplicada apenas por motivo de retribuição ou mesmo à guisa de prevenção, se ambas não tiverem garantido a eficácia em casos tais. Em síntese, baixar o nível da *pena* em relação à *culpabilidade* é perfeitamente possível, desde que, com isso, se possa alcançar, ou pelo menos tentar alcançar, algo de ressocialização readaptante no criminoso[90].

No atual estágio de evolução do Direito Penal seria pelo menos incoerente pretender sustentar a *retribuição* como fator quitante do ilícito penal, posto que estaria uma tal concepção a violar os princípios que norteiam a Ciência Jurídica Penal. Essa é a síntese de uma análise de Paulo José da Costa Jr., que descarta o conceito de *retribuição,* inclusive como meio de solução para a questão do *livre-arbítrio.* Se se considerar que o autor retro é um dos baluartes do Direito Penal clássico, então se perceberá que os câmbios vieram para valer. Afinal, principalmente as coisas sociais, estão sempre em movimento.

---

[89] Ainda do *Comentários* que estava no prelo quando da elaboração deste capítulo. De minha parte, já disse mais de uma vez, esses atos de vingança acabam por convalidar a conduta pretérita do agente. Se o mal é admitido quando praticado pelo Estado, então deve ser tolerado quando realizado pelo cidadão.

[90] Fique consignado de uma vez por todas que as expressões: *ressocialização* e *readaptante* não podem ser entendidas como categorias. Afinal, não se ressocializa quem nunca esteve socializado; da mesmo forma que, para ser readaptado, será necessário que tenha sido alguma vez adaptado. Afinal, readaptados a quê?

Culpabilidade e *prevenção* caminham mais ou menos em linhas paralelas. Esta limita a aplicação da pena a parâmetros consideráveis justos, ou pelo menos equânimes, enquanto aquela coloca barreiras à exigência sempre lembrada: a pena[91]. Assim, pensa-se em um sistema dual, em que, a despeito das imperfeições, a *culpabilidade* segue sendo pressuposto garantidor de liberdade, que pode ser completado por um ou vários sistemas menores de *controle social,* os quais terão efeito de *prevenção.* O que não se pode esperar é o encontro final de uma regra fixa e infalível, tendo em vista que, como disse Kelsen, o Direito vive no mundo do *dever-ser.* Melhor buscar institutos evoluídos, que coexistam pacificamente, num sistema de mútua colaboração. É de Muñoz Conde a melhor definição do Direito Penal da *culpabilidade: El derecho penal de culpabilidad, concebido en el sentido aqui expuesto, tiene una misión, si se quiere, filosoficamente modesta, pero social y politicamente muy importante: brinda la mayor protección posible a los valores fundamentales de la sociedad con un máximo costo de represión y de sacrifício de la libertad individual.* Nessa assertiva, encontram-se, precisamente, os princípios que norteiam nosso pensamento no pertinente à *culpabilidade* e à *prevenção.*

Segundo as melhores cabeças do Direito Penal atual[92], a sanção penal somente estará justificada quando houver provas seguras de que, tanto quanto a *culpabilidade,* as duas formas de *prevenção* estarão sendo procuradas e, possivelmente, alcançadas. E mais: que ambas, culpabilidade e prevenção, sejam elementos unitários de um *bloco sólido* o bastante para garantir os princípios básicos de um Estado social de direito. Com isso, será possível a aplicação da pena, sem receio de retroagir a um *direito penal da retribuição,* vez que este já não se presta ontologicamente ao moderno Direito Penal da culpabilidade.

Acredito que, por esta razão, Juan Cordoba Roda[93] se insurge contra alguns autores que pretendem a supressão da *culpabilidade* em homenagem à necessidade da pena. Para ele, é impossível qualquer sistema jurídico penal administrar a Justiça penal, senão pela

---

[91] Veja-se Roxin in *Culpabilidad y Prevención en Derecho Penal,* p. 19.

[92] A lista é grande, entre os mais engajados nessa linha, Claus Roxin, Francisco Muñoz-Conde, Hans Heinrich Jescheck, Paulo José da Costa Jr., Heleno Cláudio Fragoso, Alberto da Silva Franco.

[93] RODA, Juan Cordoba, p. 37. *Culpabilidad y Pena.*

via do aferimento correto do princípio da **culpabilidade**. Critica, até com certa veemência, a assertiva de que a pena previne sempre o delito, dizendo do empirismo de tal afirmação: *Partamos para la presente exposición de una observación general referente a la* necesidad de la pena – grifos do autor. *Que el legislador al conminar determinadas acciones bajo amenaza penal, lo hace porque entiende que ésta es necesaria para lograr evitar la comisión de aquéllas en el futuro, parece evidente. Ello no significa, sin embargo, el que ámbito* de lo castigado por la ley *se corresponda con el de aquél en que la pena es* efectivamente necesaria. Nem sempre a pena é necessária. E, quando for assim, melhor não a aplicar, como normalmente o faz o insigne magistrado José Mauro Novaes. Lamentavelmente, são poucos como ele!

O texto reproduzido revela a medida exata da problemática da aplicação da pena como **prevenção geral**. Acreditar que alguém predestinado a delinqüir não o faça por temor à pena é o mesmo que não dominar os meandros empíricos e epistemológicos do universo do criminoso e da criminalidade. A pena, como **prevenção**, é falácia. Onde a pena é rigorosa demais, acima do tolerável, a criminalidade recrudesce[94]. Exemplo disso é o que ocorre nos Estados Unidos, onde se pratica um estupro a cada seis minutos, a despeito de viger a pena capital, para crimes que tais em 38 Estados-membros. Hart, referido por Paulo José da Costa Jr.: *Com base numa ótica utilitarista, seria inútil punir indivíduos incapazes de sentirem a ameaça contida na norma, como os inimputáveis, ou quando se trate de fatos atribuídos a título de responsabilidade objetiva.* Pensando da mesma forma, Jiménez Asúa, para quem: *não se intimida quem não tem o sentimento do medo.*

Ainda sobre Luis Jiménez Asúa e a questão da não-intimidação, surge outro questionamento que não se pode deixar à deriva. Trata-se de alguns biótipos psíquicos diferenciados. Não-somente os loucos ou os lesados mentalmente de qualquer outra forma são portadores dessa falsa coragem. Alguns exemplos podem ser levantados sem dificuldades. O suicida não é um corajoso nem um covarde, é somente alguém a quem falta um compartimento no cérebro, que o

---

[94] Exemplo disso temos atualmente em São Paulo. Não que as penas sejam exorbitantes, mas o cumprimento delas, sim. O Estado, com seu sistema penitenciário falido, tornou-se mais violento que qualquer meliante. Sem ética nem dignidade, a força de repressão alimenta cada dia mais a criminalidade violenta. Nesse sentido, leia-se Michel FOUCAULT, em *Vigiar e Punir.*

inibe de reagir ante perigo eminente contra sua própria vida. O meliante que invade um Banco, a despeito de saber do sofisticado sistema de segurança ali instalado. O que falta, efetivamente, a qualquer um desses indivíduos? Apego à vida. Como então ameaçá-lo com a pena de morte? Os apologistas da pena capital jamais aceitarão tais assertivas. Afinal, são tão sangüinários quanto qualquer assassino. Apenas querem matar legalmente, como se isso fosse, eticamente, possível! É preciso saber o que sensibiliza o delinqüente e atingi-lo ali, em seu ponto vulnerável.

A *punição* haverá de surgir sempre da *reprovabilidade* ou *censurabilidade* que emite o homem médio comum, sob pena de incidir em inadmissibilidade e ilegitimidade. Disso se conclui que a sanção somente serve ao imputável e, ainda assim, se apresentar potencial possibilidade de coibir futuros eventos delituosos. Nesse particular, Sebastian Soler[95] sentencia: *que sea un hombre capaz de sentir el valor de la amenaza penal, ello es dotado de intimibilidad*. Alguns predicados essenciais ao homem médio comum não estão nas cogitações do delinqüente habitual: consciência da ilicitude, previsão do risco que corre e, não raro, apego à vida. Portanto, a intimibilidade diante de tal quadro é por demais problemática.

Descartada a hipótese da *prevenção geral negativa*, intimidativa, mas sem nenhum sentido prático, haveremos de nos ater a uma outra concepção de prevenção geral: a positiva, que viria a ser o que modernamente Roeder denomina defesa social pela tentativa de reaproximação do homem delinqüente aos valores[96] essenciais da vida em sociedade, essa tentativa somente é válida em casos exeqüíveis. Nos casos não tidos como extremos, outra sanção qualquer seria aplicada que não as conhecidas e praticadas pelo sistema atual, salvo a pecuniária, que não tem sido coerentemente utilizada entre nós.

A razão de punir, como antes exposto, não afasta a *pena* da *culpabilidade*, mas a aproxima. Para tanto, faz-se mister que haja equivalência entre uma e outra. Não se deve aplicar sanção que exorbite a culpabilidade. Mas a recíproca, reitere-se, é absolutamente admissível, conforme amplamente demonstrado de modo amplo pela

---

[95] SOLER, Sebastian. *Derecho Penal Argentino*, vol. II, p. 42.

[96] Insisto: não sei se reaproximação ou aproximação, precisamente pelos motivos já expostos no *Sistema Presidial: Reinserção Social?*

doutrina. Pode-se, se for do interesse de uma boa Política Criminal, admitir uma sanção inferior à culpa apurada. É o próprio Roxin quem sugere que nem todos os criminosos estão a merecer sanção como reprimenda, pois a sanção, em tais casos, não será fator ressocializante, transformando-se, como se tem constatado epistemologicamente, em elemento provocador do instinto criminógeno existente em todas as pessoas, inclusive nos delinqüentes ocasionais, o que resulta desviar toda a teleologia da pena, enquanto método de reinserção social.

Em síntese, se não pudermos acabar com o critério pedagógico em voga, como vem ocorrendo, haveremos pelo menos de averiguar com muito cuidado quanto à sua aplicabilidade[97]. Não se vá, com o remédio, matar o paciente. Irrecuperáveis existem, sabemos que sim, mas generalizar é muito mais grave que o próprio problema em si mesmo. Como de resto não se têm informações minimamente confiáveis de que a pena, máxime a privativa de liberdade[98], tem sido fator de recuperação, conforme já doutrinava Heleno Cláudio Fragoso há quase dois lustros[99]. Nada fizeram aqueles que podiam e deviam fazer. E o que é pior: prosseguem com o mesmo discurso. Aparecem empavonados, tal como *papagaios de pirata*, quando o furúnculo vaza. Discursos, reuniões, entrevistas, e outros do gênero. De pragmático, nada, como sempre.

---

[97] Agora, 2002, com essa onda de seqüestros, que ocorre ao sabor do *modismo*, membros do alto escalão do governo vêm a público para admitir a restauração das execráveis e medievais *solitárias*! No governo de André Franco Montoro esse sistema foi abolido e, se as coisas não melhoraram, ao menos ficaram estáveis, a despeito do agravamento das crises econômicas cada vez mais transtornam o espectro social. Com a confissão por parte do governo da prática dessa forma de tortura, não se esperem coisas boas, porque elas não virão. Não se pode esperar receber relacionamento sociável de alguém quando a contrapartida é um tratamento mais que anti-social: é anti-humano. Quem prega, propicia e pratica a brutalidade, haverá de receber como troco a barbárie. Não se trata de proporcionar tratamento de *freirinha* ao recluso, não, como costumam dizer os trogloditas do sistema, mas de respeito, para que, com muito custo, a recíproca seja minimamente verdadeira.

[98] No auge da crise, se é que isso que aí está é o *auge*, vem o ministro da Justiça para dar uma grande informação em entrevista ao jornalista Boris Casoy, dia 10 de fevereiro de 2002: *O governo federal vai construir 5 presídios de segurança máxima, com capacidade para 250 presos, cada um*. Inquirido onde seriam erguidos esses minimonumentos à sandice administrativa, não soube responder. Ademais, se considerarmos dados estatísticos, que apontam 250 mil presos, quando o número tolerável seria de 136 mil – 0,08% – para uma população de 170 milhões, mais 1.250 vagas representam apenas 0,1%, para quem tem um déficit da ordem de 120%! Melhor seria o senhor ministro ter ficado calado!

[99] Heleno Fragoso foi ferrenho inimigo do sistema punitivo conhecido e praticado em nosso Direito Penal, chegando a dizer da *falência* dessa estrutura. Leia-se *Lições de Direito Penal*, Forense, vol. 1.

Se é de ordinário o entendimento de que a força da sanção penal deve estar presente quando há violações a bens juridicamente tutelados, também não se pode olvidar que, somente aqueles bens juridicamente relevantes devem ser objeto do Direito Penal sancionário. Fora isso, que os outros ramos do sistema normativo cuidem de aplainar as arestas. Isso implica, necessariamente, a agilização de um sistema de sanções outras que não as penais. Seria o caso de pensar em um movimento de grande alcance visando a *descriminalização* e a *despenalização*, a exemplo do que foi realizado em Cuba nos anos de 1987/88, sob a segura orientação de Renén Quiroz Pírez[100].

Para concluir, é preciso repensar sobre o que disse Claus Roxin a respeito da moderna teoria da *culpabilidade*, com a inserção da *responsabilidade* juntamente com a culpa lata do agente. Rever também os conceitos de Giulio Bataglini e sua tripartição do delito: *tipicidade*, *culpabilidade* e *punibilidade*[101]. Da mesma forma, prestar atenção no que disse o primeiro, que não propõe a exclusão da *culpabilidade*, mas o acréscimo da *responsabilidade* em alguns casos especiais, visando a minorar o encargo do agente. Ao ler este último, percebe-se sua intenção de ampliar o conceito de culpabilidade, exigindo sempre que se agregue a ela a utilidade da sanção, pois como assevera o professor das Arcadas e da Universidade de Roma, intérprete fiel das idéias de Roxin, *a culpabilidade é fator necessário mas não suficiente para a aplicação da sanção*. Vale dizer: uma vez *antijurídico*, *típico* e *culpável*, o fato *poderá* ser também *punível*. A considerar o verbo empregado, que não é o *deverá*, como anteriormente se exigia sistematicamente. A isso Heleno Fragoso denominou *condições de punibilidade*, evitando confronto com os *finalistas*, com quem andou flertando, sem jamais assumir compromisso definitivo. Do exposto fica a não obrigatoriedade da sanção e não exigência de rigor total na aplicação da pena, tendo por base a culpabilidade, que poderá, dependendo de cada caso, ser inferior ao dano causado pelo evento delituoso.

---

[100] Renén Quiroz Pírez é professor catedrático de Direito Penal na Universidade de La Habana, coordenou a revisão do Código Penal realizada em 1988, aproveitando os subsídios obtidos na VIII Conferência da Associação Americana de Juristas, realizada em Havana, set/87, da qual pude participar ativamente.

[101] Se dos quatro elementos que constituem o crime, um deverá ceder o lugar, não haverá de ser nem a culpabilidade, nem a punibilidade. Afinal, toda conduta típica já porta consigo o estigma da ilicitude – ou antijuridicidade.

4. Teorias da Culpabilidade

Desde o começo dos tempos, já no alvorecer da Humanidade, o ser humano tende a provocar alterações em tudo quanto coloque as vistas. Vezes para melhorar, vezes até mesmo piorando o adrede criado. Isto é obra da curiosidade, para mim a maior manifestação da inteligência, pois somente um cérebro curioso, em constante movimento, produz alterações no já existente. Eis a razão de, também aqui, se sugerirem alternativas, no sentido de, a juízo de quem as apresenta, melhorar o já existente.

A *culpabilidade* não é coisa nova. Só que antanho cuidava-se tão-só da *culpa estrita*. Raul Machado nos traz informação preciosíssima sobre o assunto, dizendo que o Manu[102] já distinguia o homicídio voluntário do involuntário, o mesmo acontecendo nas leis hebraicas. Sobre o Código de Hammurabi o autor transmite excelente texto: *As leis de Hammurabi, rei da Babilônia, que reinou no século XXII antes de Cristo, são consideradas as mais antigas do mundo. Nelas, todavia, – escreve Alimena, (Principii I, p. 21) se distinguem, de maneira bastante clara, o fato voluntário, doloso, do ocasionado por imprudência ou negligência ou do resultante de caso fortuito[103]*. De sua leitura podem-se tirar duas conclusões imediatas: a primeira, sobre a longevidade da distinção entre um e outro modo de proceder; a segunda, que tais não se referiam à culpa lata, mas à estrita. Portanto, o aqui colocado serve apenas para demonstração do quão coevo é o tema, a despeito de suas variantes. E, ainda uma vez, recordando sobre os termos equívocos e unívocos, mas aqui mais um excelente exemplo. Por certo, não há como falar de uma sem esbarrar na outra que, em dado momento, surge como figura antagônica[104], tendo em vista suas estruturas etiológicas e teleológicas.

---

[102] Manu – Manara Dharma Sutra, um dos sete livros sagrados da Índia, que tratava, entre outros assuntos, do comportamento social dos integrantes daquela sociedade da Antigüidade, do que modernamente se denomina Direito Penal.

[103] *A Culpa no Direito Penal*, obra sem identificação do Editor, mas publicada em São Paulo, em 1943, pp. 10 e seguintes.

[104] Para alguns, sendo o dolo uma reação subjetiva, não pode estar postado no mesmo pedestal da culpa estrita. São fenômenos diferentes, não podendo ser *diferença especial* de um mesmo gênero.

Como já asseverado anteriormente, são três as teorias predominantes: Teoria *psicológica*; teoria *psicológica normativa* e teoria *normativa pura*. Cada qual porta consigo vantagens e desvantagens. Erros e acertos. Na medida do possível, não se emitirá juízo axiológico sobre qual a mais ou menos indicada, qual a mais ou menos correta. Procurando-se a utilização da linguagem descritiva, de que fala Genaro Carrió[105]. Seja como for, adote-se a teoria que se quiser, penso que o melhor é *louvar o que bem merece e deixar o ruim de lado*[106]. Na medida do possível, e do tolerável, procuro assim proceder em todos os segmentos da vida. Aqui não haverá de ser diferente, a despeito de o **certo** e o **errado** serem, *in casu*, matéria ideológica de matiz personalíssimo.

4.1. Teoria Psicológica

Fundamentalmente, esta linha filosófica centra seus esforços na demonstração da possibilidade de estarem no mesmo barco o **dolo** e a **culpa estrita**. O primeiro é psicológico, enquanto a segunda está assentada num conceito normativo[107]. Há, segundo autores de renomada[108], de situação aporética, já que uma coisa não pode conviver com a outra, ao menos no mesmo patamar. Ou bem é um movimento anímico, subjetivo, portanto, ou bem é normativo, formalmente elaborado no laboratório da Ciência Jurídica Penal. Uma coisa é certa: não se pode servir a dois senhores sem que disso resultem distorções nem sempre superáveis.

Nesse contexto, diz Álvaro Mayrink da Costa: *Portanto, um conjunto de condições que a lei requer para desvalorar uma conduta.* Culpabilidade é reprovabilidade, na formação da vontade. *Observa-se pois,* o crime é uma conduta típica, antijurídica de um autor culpável. – grifos do autor. Renén Garraud, de sua parte, afirma que a culpabilidade depende de uma relação subjetiva, além de psicológica, entre o autor e seu querer – vontade – e a conduta reduzida a condição

---

[105] Essa forma de expressão está exposta no Capítulo 2.

[106] Trecho de um música de Gilberto Gil, excelente para tudo no relacionamento social e humano. Se se consegue expungir o *ruim* e trabalhar somente com o *bom*, ótimo.

[107] COSTA, Álvaro Mayrink da. *Direito Penal*, vol. I, tomo 1, pp. 843/4.

[108] Feuerbach, Liszt, Ranieri, Beling, que sempre escreveu a quatro mãos: com Liszt e Nuñes, chegando até Soler, talvez o último baluarte dessa corrente.

tipo penal – crime[109]. E o autor pátrio encerra essa parte dizendo: *Observa-se que o conceito psicológico não atendia à elaboração da idéia geral de culpabilidade penal, restando a alternativa de tentar unir o dolo e a culpa através de um elemento normativo comum.* Estas as considerações julgadas necessárias para a oportunidade.

4.2. Teoria Psicológica Normativa

Até onde se sabe, foi Frank[110] o primeiro autor a demonstrar que somente o dolo e a culpa estrita não eram bastantes para completar o conceito de **culpabilidade**. Era preciso algo mais que pudesse, solidamente, manter intacta a conceituação primária da culpa lata: a figura da **imputabilidade**. Destarte, uma nova estrutura ganha espaço no cenário doutrinário, formando um tripé: **imputabilidade; consciência da ilicitude na conduta; conduta contrária à norma**[111]. A primeira consiste em o agente ser portador de plena consciência dos seus atos. No *Lineamentos*, p. 193, digo: *é a capacidade que possui o indivíduo de entender e querer o resultado.* Quanto ao segundo componente, diz Paulo José da Costa Jr. que esse *saber* da **ilicitude** não exigirá algo epistemológico, senão que um conhecer *profano*, o que é próprio do **homem médio comum**. Quanto à exigibilidade de conduta conforme a norma jurídica, tem sido motivo de grandes discussões. Claus Roxin, certa vez, disse não haver na Alemanha um só psiquiatra capaz de garantir tal postura.

Ainda uma vez Álvaro Mayrink da Costa que, confessando-se *finalista* por convicção, vem para dizer: *A culpabilidade para nós finalistas é um puro juízo de reprovação sobre o autor, por não se ter omitido na conduta antijurídica, mesmo quando poderia tê-lo omitido.* Veja-se o intuito de punir o homem, não o fato por ele realizado. Cabe aqui o asseverado por Roxin. Outros menos endu-

---

[109] GARRAUD, René. *Traité de Droit Pénal*, pp. 554 e seguinte.

[110] Citado por Mayrink da Costa, obra citada, pp. 846/847.

[111] Alguns dizem: *exigibilidade de uma conduta conforme a lei.* Questão meramente semântica, já que ambas chegam ao mesmo lugar.

recidos dizem: *Culpável é aquele que poderia ou pôde realizar comportamento diverso do que cometeu[112].*

De qualquer forma, a partir de Frank, a **culpabilidade** se apresenta como um juízo de censurabilidade e reprovabilidade quanto ao proceder do autor, calcados em elementos psicológicos e normativos. Dessa simbiose surge a teoria ora posta em exposição. Nem seria necessário dizer da necessidade técnica dessa junção. Se isolados, qualquer dos dois elementos perde a razão de ser. Não há dúvidas de que Frank foi muito feliz na sua elaboração científica, prestando um grande serviço ao Direito Penal.

4.3. Teoria Normativa Pura

Aqui vamos nos defrontar com os *finalistas* e sua *teoria final da ação*[113], que pregava a seguinte proposição: *toda ação está voltada a uma finalidade.* Por certo não se trata de afirmação completamente verdadeira. Nem tudo na vida acontece tal como quer a pessoa. Assim, pretendem um deslocamento teratológico, ao pregarem que o *dolo* e a *culpa estrita* nascem, vivem e morrem no universo da *tipicidade.* Desconsideram um fato essencial e imutável: a tipicidade é elemento extrínseco da Teoria Geral do Crime, ao mesmo tempo que volátil, eis que pode ser cambiado, expungido, acrescido ou decrescido ao sabor do legislador. Como então colocar o dolo e a culpa estrita nesse contexto, superficial em si mesmo? Enquanto isso, a **culpabilidade**, único dos quatro elementos essencialmente intrínsecos, nasce, vive e morre com o agente. Cada um de nós porta consigo, durante a vida inteira, uma carga de **dolo** e **culpa estrita.**

Mais que isso. A carga de dolo ou culpa não é equânime entre as pessoas que eventualmente participem da mesma **conduta, evento** e **resultado.** Não raro o insucesso ocorre por faltar coragem a um dos meliantes, como, não raro, alguns discordam da conduta exorbitada por parte de um dos membros da súcia. No cenário do crime com concurso de pessoas, percebe-se claramente a carga volitiva[114] de uns

---

[112] Os dois textos estão postos na p. 847, último parágrafo, da obra citada.

[113] O *Finalismo* nasceu nos anos 30, mercê de elaboração da doutrina de Hans Welzel, principalmente, coadjuvado por Kauffmann. Segundo Figueiredo Dias, *O finalismo veio, deu seu recado e foi embora* – citado por Paulo José da Costa Jr. em *Curso de Direito Penal,* vol. 1.

[114] Alguns se mostram muito mais astutos ou corajosos. Aí o dolo mais ou menos acentuado nos componentes da façanha criminosa.

sobre os outros. Disso resultam os parágrafos, mormente o segundo, do art. 29 do Código Penal. Não é possível colocar as pessoas em posição de sentido ante a norma jurídica.

5. Posicionamento Pessoal

Diante de tudo quanto foi dito a respeito até aqui, não creio poder inovar neste campo minado. Mas, ainda que assim seja, cumpre apresentar em breves palavras meu enfoque pessoal sobre a *culpabilidade*, sua relevância e necessidade perante qualquer sistema de Direito Penal que almeje a modernidade. Advirto desde logo que poderá haver repetições de posicionamentos e, até mesmo, aparente contradição. Mas somente aparente, porque estou convencido da importância do instituto para o aperfeiçoamento do Direito Penal, como elemento coibidor de abusos, tanto da parte do meliante, quanto da parte dos membros do Estado, nem sempre muito afinados com o exercício das liberdades públicas e para quem *uma vez bandido, sempre bandido* ou *lugar de bandido é na cadeia.*

Tenho mais temor destes do que do meliante profissional, já que este, na sua labuta diária, fica exposto, como bem exige sua atividade, enquanto aqueles outros, escondendo-se atrás do distintivo do Estado, realizam suas proezas criminosas sem qualquer risco de responsabilização[115]. O mal disso tudo é que a desorganização está em todos os setores da Administração Pública, o que acaba por estimular a

---

[115] O que se quer deixar consignado é que a *banda podre* da autoridade é sempre mais violenta que o próprio bandido. É verdade tratar-se da exceção, uma partícula apenas, mas existe, e está aí a nos afrontar, usando nossos tributos e um poder que nós outorgamos contra nós mesmos, na maioria da vezes. Recentemente, dois casos: em Osasco policiais pintaram dois meninos, sob a alegação de que, por portarem um *spray* de tinta preta, eram pixadores! Em Florianópolis, três policiais espancaram violentamente um rapaz. Vi, nas duas situações, não pessoas que ganham para me proporcionar segurança pública, mas delinqüentes de farda. Sem falar na corrupção que campeia na Administração, onde uma instituição financeira quebrada dá lucros fabulosos com o créditos que ficaram para si. É claro, ao Banco Central restaram apenas os *créditos incobráveis!* E nessa *jogadinha* o povo pagou – e perdeu – mais de 6 bilhões de dólares! Recentemente saiu uma sentença de Primeiro Grau após longo e tenebroso inverno. Todavia, a rigorosidade no apenamento irá se transformar em futuro benefício aos apenados, que terão a decisão reformada e, por aí, o caminho da prescrição.

criminalidade, tanto a denominada *white collar* ou *cuelo blanco* quanto a do *pé-de-chinelo*, na sua maioria absoluta verdadeiros *Jean Valgeans*[116].

A *culpabilidade* está consubstanciada em um conjunto de condições que, uma vez presentes, endereçam o agente à possibilidade real de ser passível de sanção penal[117]. Essas condições estão vinculadas à teoria técnico-jurídica – ou psicológica normativa – e está assim composta: imputabilidade, noção de existência de norma jurídica reguladora da conduta e o procedimento no sentido contrário à norma jurídica. Esta, parece-me, a mais apropriada das três teorias existentes, posto que procuram comunicar o emocional com o racional.

Roxin, já se disse, contesta essa exigibilidade de conduta conforme a norma jurídica. Há em cada conduta um vínculo psicológico diferenciado de pessoa para pessoa. Dessa forma, é possível que um indivíduo diante de uma situação ou fato, análogo ou idêntico ao que está um seu companheiro, muito possivelmente poderá agir de forma diversa de seu comparsa. Tal fenômeno ocorre em todas as atividades humanas, não-somente no Direito Penal. Pretender que os homens em situações idênticas reajam exatamente do mesmo modo é pretender um universo de robôs. Nesse sentido, leia-se Eduardo Correia: *Mas o Direito Penal não quer fazer dos homens sábios, artistas, heróis ou santos. Com o Juízo de culpa apenas se quer censurar o delinqüente que se não preparou para respeitar os comandos jurídico-criminais e, portanto, para respeitar aquele mínimo que a vida em sociedade impõe*[118]. Pretender que os seres humanos ajam e reajam como se estivessem na caserna é violentar as próprias reações humanas de cada um.

Essa concepção de exigibilidade de conduta conforme a norma jurídica implica pretender igualar todas as condutas humanas, tal como se fosse uma *produção em série*, inventada por Taylor[119] para a indústria. Acontece, porém, que com gente é diferente, cada pessoa reagin-

---

[116] Jean Valgean, a ladrão do romance de Victor Hugo *Os Miseráveis* que, pelo fato de ter furtado um pão, cumpriu 19 anos de pena, e foi perseguido pelo resto da vida pelo implacável e insano Inspetor Javair, em homenagem aos *antecedentes criminais!*

[117] Veja-se BACIGALUPO, Enrique, no *Manual de Derecho Penal*, Parte General, Editorial Temis, Bogotá, 1989, pp. 147/8, e Giulio Bataglini em *Direito Penal*, vol. 1, pp. 241/2, tradução de Alberto Silva Franco e Paulo José da Costa Jr.

[118] Obra citada, p. 329.

[119] Taylor foi o inventor da *produção na esteira*. Disso resultou um filme violentamente crítico de Charles Chaplin, em 1937, Tempos Modernos.

do conforme seus próprios instintos, que sempre são diferenciados uns dos outros. E diz Fiandaca: *Afirmar que alguém teria podido tal coisa importa na presença de condições instrumentais ou de capacidade, como o grau de inteligência, habilidade, energia, além de condições ocasionais indispensáveis ao evento*[120]. Para cada oportunidade o ser humano tem uma reação apropriada, segundo seus instintos. Daí não se poder impor, normativamente, regras que deveriam ser observadas automaticamente em situações emergenciais. Se pudesse ser assim seria uma beleza.

Eduardo Correia[121] desenvolve raciocínio muito interessante sobre o dever de agir conforme a norma jurídica, afirmando existir um pouco de anormalidade biológica no homem criminoso[122], anormalidade essa que ele conseguiu na tenra idade. *Na infância*, diz ele, período em que ainda não se pode falar em responsabilidade criminal. Sem dúvida que, sendo assim, não se há de falar em culpabilidade diminuída, que é, a meu juízo, coisa diversa. Esta, parece-me, ocorre nos casos concretos quando é evidente que o agente quis menos, ou agiu com menor ímpeto. Como diz o professor lusitano, ali o caso é de inimputabilidade, pois o Direito Penal não trata de assuntos que envolvem psiquiatria necessária ao agente-paciente. Para estes, o diploma substantivo penal reservou os arts. 96/99 – Medidas de Segurança, atualmente através do sistema vicariante, que exclui do contexto criminal seus destinatários.

Ouso afirmar ser a *culpabilidade* algo intrínseco do ser humano, enquanto sujeito capaz de aperfeiçoar o *tipo penal*, provocando assim, com sua conduta, a *antijuridicidade*, ambas também *aspectos* de que fala Maggiore[123]explicando o que quer significar, no seu discurso, a palavra *aspecto*. Trata-se de uma realização anímica que nada tem que ver com os outros dois *aspectos*, quanto à sua produção. O surgimento da *culpabilidade* se dá precisamente quando o agente realiza, de qualquer forma, dolosa ou culposamente, o evento, planejado ou viciado pela imperícia, negligência ou imprudência. Irrelevante que o agente seja ou não bem sucedido na

---

[120] FIANDACA, *Considerazione su Colpevolezza e Prevencione*, 1987.
[121] Obra citada, p. 330.
[122] Aqui, o autor lusitano se socorre de Bettiol e Jescheck, conforme nota de rodapé.
[123] MAGGIORE Giuseppe, obra citada, p. 447.

empreitada. Não se questiona a assertiva do Von Hippel[124], para quem *não há delito sem culpa.* Somente após provada a culpa poder-se-á, aí sim, responsabilizar o agente[125].

Essa *culpabilidade,* projetada de dentro para fora, não se dissocia dos atos exteriores. Apenas a eles se incorpora para vir, num momento seguinte, criar condições efetivas e resolutas de punibilidade (Heleno Cláudio Fragoso). Ela é algo do ser humano e não qualquer coisa comprometida com a universalidade das regras jurídicas, criadas ao bel-prazer do cientista do Direito Penal.

E mais. Respeita tão-somente a cada evento – realizado ou em elaboração [*iter criminis*] – a periculosidade e a temibilidade de que falam Enrico Ferri e outros. Essa só pode ser valorada caso a caso. Em síntese, aquela seria o gênero próximo, enquanto esta seria a diferença especial[126]. Tanto é assim que Maggiore impõe que se afaste qualquer pretensão de misturá-las ou confundi-las[127]: *debe sostenerse energicamente la distinción, la diferencia, y digamos también la incompatibilidad entre peligrosidad y culpabilidad. Existe en esta – aunque no queramos asentir a la teoria de la culpa normativa – un elemento subjetivo, sicológico, voluntario y refinadamente ético, que falta en la peligrosidad.*

Apenas mais algumas considerações finais. Nos bons doutrinadores observamos certas exigências elementares da presença de certos *elementos* para a aferição da existência da **culpabilidade** no *fato injusto.* De forma que há de se ter presente para a aferição de culpabilidade:

[a] – é imprescindível que haja uma norma jurídica pertinente;

[b] – que haja uma conduta: positiva = ação, ou negativa = omissão;

[c] – que haja contraste entre a conduta descrita e a norma jurídica;

[d] – que essa conduta seja livre e consciente.

Há, todavia, outra corrente que defende a necessidade de três pressupostos:

[I] – a imputabilidade do agente;

[II] – consciência da conduta;

[III] – que essa conduta seja contrária à norma jurídica.

---

[124] Von Hippel é citado por Maggiore, p. 448.

[125] Novamente o preceituado na Constituição Federal, que exige antes a prova cabal da culpa, para somente após determinar a sanção.

[126] Terminologia utilizada por Maria Helena Diniz, ao discursar sobre a teoria dos valores.

[127] Obra citada, p. 460.

Na realidade, há algo de repetitivo nas duas teorias acima descritas, que são a psicológica e a psicológica normativa. Melhor seria admitir que uma poderia muito bem suprir a outra, aperfeiçoando, assim, a exigência desses requisitos na localização da *culpabilidade*, no fato tido por *típico* e *antijurídico*.

A *culpabilidade*, todavia, a despeito do seu compromisso com a *consciência*, com o *animus* do agente, não pode ser analisada senão pelo prisma da normatividade[128]. E a consciência do agente, quando exteriorizada, que deve ser valorada. Causam temor certas teorias[129] – extravagantes – que pretendem esvaziar as duas teorias fundamentais da culpabilidade sob a alegação da necessidade da pena. Seria o início da supressão, partindo dessa exigência reacionária contra a liberdade pública de ver, antes de qualquer coisa, a culpa formada – provada – para alcançar, num lance seguinte, a pura e simples exclusão da exigência da culpabilidade na prática do delito.

Não que esses movimentos endurecedores sejam inovadores. No Brasil, neste momento, é grande a agitação de matiz empírica e emocional sobre o tema da *pena de morte*. Exemplo desse *crescendo* está nas leis recentes. Iniciamos essa escalada com a de nº 7.960/89, que criou essa extravagante *prisão temporária*, valendo por cinco dias, revalidáveis por outros cinco. Logo em seguida, a Lei 8.072/90 altera esse prazo para 30 dias, com igual prorrogação. Outras de menor impacto surgiram, mas a criminalidade seguiu seu curso, crescendo geometricamente. Tanto quanto nós, estudiosos, os delinquen-

---

[128] Nesse sentido, Edmund Mezger, citado por Maggiore, p. 454.

[129] Há na Europa, segundo Juan Cordoba Roda, um movimento no sentido da supressão da culpabilidade em homenagem à necessidade da aplicação da pena (p. 38 da obra citada). Na verdade, essa reação está em descensão por lá, mas teve grande reflexo nos anos 70/80. Entre nós está no auge. Pretendem alguns, já disse anteriormente, resolver o *efeito* crime sem combater – ou pelo menos perquirir, indagar, questionar – a causa *criminalidade*. Pelo visto não iremos muito longe, se é que conseguiremos sair do lugar. Uma coisa é certa: criar masmorras não vai resolver. É necessário encetar uma política de longo prazo, visando a debelar o cerne da epidemia, ao mesmo tempo que se contemporizará o que aí está. Não nos esqueçamos: há um contingente muito grande de delinquentes que ainda nem sequer entrou nas estatísticas. Não vai resolver comprar carros blindados, edifícios com segurança particular, instrumental de alta tecnologia, etc.: o meliante será cada vez mais arrojado, audacioso e cruel. Afinal, quem não tem nada para perder, joga tudo. Fica aqui, ainda uma vez, o grito de alerta.

tes também sabem que essas duas leis são inconstitucionais, seguindo o curso de outras que violentam direitos seus. A partir daí, se estão obrigados a assistir a essa usurpação, sem nada poderem fazer, por que não a recíproca? Nada na minha assertiva que não seja produto de uma constatação simples de um quadro caótico.

Na verdade, a *culpabilidade* deve ser enfocada pelo prisma moderno de Claus Roxin[130]. A pena não há de ser exigência objetiva no sistema penal senão quando possa ser realmente útil. Roxin abandona de vez os velhos dogmas como a *retribuição*, da mesma forma que contesta com argumentos irrebatíveis a teoria finalista de Hans Welzel. Não penso, ademais, que as modificações propostas possam representar, de alguma forma, a adoção do *perdão judicial generalizado*, como às vezes afirma o professor Sidney Safe da Silveira[131]. Uma coisa nada tem que ver com a outra. A *culpabilidade* deve ser aferida desde os atos executórios até a consumação do crime. Só depois vêm as conseqüências para o infrator. A pena será estabelecida sempre em conformidade com essa culpabilidade já apurada, conforme Mezger[132] e, ainda assim, sob duas condições:

[a] – aquela nunca haverá de ser superior a esta, podendo mesmo ser inferior[133];

[b] – a pena somente é justificável, apesar da aferição da culpabilidade, se apresentar alguma utilidade não só ao agente como para a sociedade.

---

[130] ROXIN, Claus, *Culpabilidad y Prevención en Derecho Penal*, teoria assimilada por Paulo José da Costa Jr., de cujo trabalho já se falou.

[131] Sidney Safe da Silveira, professor de Direito Penal na UFMG, palestrando no VI Seminário Jurídico da OAB/MG, em Poços de Caldas, set. 1990, defendeu convictamente sua posição *finalista*, por acaso em antagonismo ao professor Paulo José da Costa Jr. Melhor para os ouvintes, que puderam ouvir dois monstros sagrados do Direito Penal.

[132] MEZGER, Edmund. In *Tratado de Derecho Penal*, vol. 2, p. 359, edição em espanhol no ano de 1933, onde se lê: *La pena es medida de la culpabilidad.*

[133] Nesse particular, Eduardo Correia, obra citada, p. 327, autoriza procedimento em contrário ao dizer: *Certo que a medida da punição poderá ir além da moldura penal do facto quando o modo de ser, que o agente não dominou, permite diagnosticar uma especial perigosidade, caso em que a culpa pela não preparação da personalidade passa a fundamentar, automaticamente, a punição.* Torna-se insustentável conviver, na modernidade, com tal posicionamento que, como já disse em outra parte, pretende substituir a culpabilidade por uma suspeitíssima exigência de punição. Afinal, o simples fato de a pessoa ter personalidade desorganizada, conquanto não seja mentalmente lesada, não autoriza qualquer forma de punição. O que complica tudo é que o professor Eduardo Correia sempre foi um liberal, a despeito do seu classicismo.

Por derradeiro, cumpre concluir que a **culpabilidade**, ao ser posta em discussão, quer no campo axiológico, quer no deontológico, deve ser analisada tendo em vista o quadro de **adequação social**. Senão, vejamos. Um homicídio praticado no meio social tido por *classe A* vem comprometido com um certo grau de culpabilidade, tendo em vista o valor – de valorar – que se dispensa ao bem *vida* naquele meio social. Já, para aquele que vive no meio social tido por *classe C/D*, por exemplo, o favelado, esse valor tem outro peso, desconsiderada que é a vida naquele meio social, onde o **evento matar** faz parte da **conduta**, coexistindo quase que em harmonia com aquele grupo social.

Sendo a **culpabilidade** o resultado da análise valorativa da conduta do agente, não há como dissociar essa forma de conduta do palco em que ela se desenrola. Assim, a par do que já foi dito, acresça-se a necessária adequação social[134] como elemento fundamental para o perfeito juízo de reprovabilidade e censurabilidade, cujos graus estão vinculados inexoravelmente ao meio social em que se desenvolve a criminalidade.

De resto, nestas últimas palavras, deixe-se consignado que o tema não se exaure aqui, como não poderia deixar de ser. Tampouco se pretende ter resolvido os problemas que envolvem o instituto. Vale, isto sim, como convite à reflexão, não-somente sobre ele mesmo, mas principalmente sobre a sua relevância dentro do contexto social. Uma coisa é absolutamente certa, verdade *juris et de jure*, quanto mais atrasada for a sociedade em níveis culturais e econômicos, maior será a necessidade de se ter o instituto da culpabilidade apurado e consciente, porque, no fundo, nas sociedades terceiro-mundistas, quem delinque e é punido, é sempre o mesmo: o **menos favorecido**, o **excluído**. Para constatar tal afirmação, basta ler ou reler as estatísticas carcerárias[135].

---

[134] Não a *adequação social* como proposta teoricamente pelo professor da *Arcadas*, Antônio Luís Chaves Camargo, mas aquela que se reveste de empirismo consoante ao homem médio comum. Afinal, o ser humano é produto do seu meio.

[135] Essas estatísticas, embora sempre maquiadas, traduzem dados como: quem tem escolaridade de terceiro, segundo e primeiro graus; cor, raça, se alienígena ou aborígene (em termos nacionais); qual o percentual que possui casa própria; automóvel; emprego fixo; etc., os números são assustadores. Constata-se, desgraçadamente, que a maioria absoluta é composta de *Jeans Valgeans*, ladrões de pão. Detalhes no *Sistema Presidial: Reinserção Social?*

6. A Punibilidade ante a Culpabilidade

Para Hans Kelsen, o que diferencia a norma jurídica penal das outras é precisamente a *pena,* cujos efeitos são rigorosos e inconfundíveis, alcançando mesmo valores maiores do ser humano, como seu *status libertatis* e *dignitatis*. Além das conseqüências perpétuas do registro de *antecedentes criminais,* sobre o que se falará em capítulo próprio.

Dadas as peculiaridades deste capítulo, não seria criterioso deixar sem comentário a figura da *pena* ante o sistema normativo penal. Assim se procederá porque o que foi dito anteriormente poderia induzir o leitor a erro: pensar que se sustentou a dispensa da sanção, pura e simplesmente. Não. Não é isso, nem poderia ser. Alerta-se para as aberrações que vêm ocorrendo, propondo-se alterações da compatibilização entre a culpa e a pena. Quer-se, isto sim, outro sistema de sanções, que venha a proporcionar muito mais que a mera punição pela punição, como ocorre atualmente, que nada realiza além da *vendetta,* promovida por um Estado padrasto e perverso.

Na realidade, a pena não tem alcançado o que dela se espera, não tem alcançado nem sequer a vingança, o que se transforma em grandes frustrações para os penitenciaristas. Ela está, conforme Enny Goulart[136], *mais contra o criminoso e menos contra o crime*[137]. Isso faz dela um ser antipático e sem sucesso. Não se impondo perante a sociedade como instrumento garantidor do respeito que ao Estado compete manter entre as pessoas, de nada tem servido, sendo questionada por todos os segmentos da sociedade, que passam a apregoar medidas outras como meios mais eficazes para a solução do problema da criminalidade.

Temos de concordar com a professora Enny Goulart, quando cita Raymond Seleilles[138], para quem a *pena não tem feito do criminoso um*

---

[136] GOULART, Enny. Tese de doutoramento apresentada perante a Colenda Congregação da FADUSP, em 1970: *A Individualização da Pena no Direito Brasileiro.*

[137] Se considerarmos que isso foi dito em 1970, então é forçoso convir que o Estado foi por demais relapso. Foi, é e continuará a ser, se não cambiar o rumo que apregoa: construção de novos presídios – de segurança máxima! Desde os anos 60 – com a construção da Casa de Detenção de São Paulo –, que se pratica esta política. Não há qualquer plano global para o trato da Política Criminal, principalmente para o setor penitenciário, desgraçadamente tão comprometido quanto os piores que possam eventualmente existir na Administração Pública.

[138] Obra citada, p. 6. Observe-se que o autor mencionado: Raymond Seleilles, é referência também na obra de Enrico Pessina, na edição espanhola da Reus, de 1936.

homem honrado, servindo apenas para puni-lo como assunto de mera vingança. A vingança, como já dito reiteradamente, a ninguém beneficia. Hão de se considerar ainda os malefícios que produzem as penas cumpridas em recintos fechados. Ali, além da desagregação da família, que não raro se desintegra em caráter definitivo, o homem delinqüente aprende outras modalidades de delitos, sem contar os vícios de caráter que a segregação acaba por inflingir ao condenado. Se entrou com um resquício de moral e dignidade, perde-o ali dentro.

A questão da impraticabilidade da pena, tal como a conhecemos, não é inovação para os estudiosos do problema. A primeira a abordar a problemática foi Concepción Arenal, no último terço do século XIX, escrevendo duas obras e uma tese sobre o tema: *El Visitador Del Presidio*, de 1867, e *Estudios Penitenciarios*, escrito já em 1895. A tese foi apresentada em São Petersburgo, no ano de 1872. Na mesma época a Espanha produzia outro grande baluarte das modificações preconizadas: Pedro Garcia de Dorado y Montero, eminente professor da Universidade de Salamanca, com formação científica na Alemanha, onde foi discípulo de Theodor Mommsen. Escreveu a monumental *Bases para un Nuevo Derecho Penal*, publicada pela primeira vez em Madrid, 1890. É sua também a *Derecho Protector de los Criminales*, onde sustenta que a melhor maneira de combater a criminalidade é evitando que o homem chegue a ela. Conjugando esforços com August Roeder, criou o que se convencionou chamar de *Escola Correcionalista*, gênese da *Defesa Social*.

Entre nós, a adequação entre a culpabilidade e a pena passa por processos diversos, oscilando entre um relativo abrandamento ao pleno agravamento da pena[139]. Como primeira e ontológica providência, há de se pretender criar uma forma empírica de medição da culpa lata. E essa dificuldade vai se fazer presente quando da dosimetria[140].

A *culpabilidade*, pela sua natureza e por suas próprias razões, não pode ser aquilatada matematicamente, posto que a ciência jurídica vive no mundo do *dever-ser* e não no do *ser*[141] como ocorre com as demais. Para se

---

[139] Veja-se o § 1º do art. 121 e o 2º do art. 155, do Código Penal, e, na outra ponta, hipóteses do art. 19 *agravação pelo resultado* e os crimes qualificados, sem dispensar consideração a essa coisa que equivocadamente denominaram *crimes hediondos* [Lei 8.072/90].

[140] O art. 59 do diploma substantivo penal tem a valoração da culpabilidade como primeiro dos pressupostos avaliáveis, ao todo oito.

[141] Conforme Hans Kelsen, em *Teoria Pura do Direito*.

poder aquilatar a culpa lata do agente quando do momento da realização da *conduta, evento* e *resultado*, torna-se necessário raciocinar sobre um ponto-base de equilíbrio dessa culpa perante o **homem médio comum**, como se ela estivesse plantada entre duas **linhas paralelas horizontais imaginárias,** guardando entre si um minúsculo vão e com mínimo grau de tolerância quanto à sua oscilação. Esse espaço imaginário existente entre as paralelas, torna-se o referencial axiológico não-somente ao julgador, mas também para as demais pessoas envolvidas, que fatalmente irão emitir juízo de valor sobre aquela conduta e o resultado alcançado.

Se os protagonistas encontram-se ante um quadro conflitante de matiz emocional[142], por certo aquela *linha paralela horizontal imaginária* antes mencionada, fatalmente será rompida, alterando em muito o quadro reinante. Disso resulta supor que: quanto maior o grau de emotividade, menor o controle sobre a **vontade livre e consciente** do agente, tal como com muito mais facilidade, e quase sem controle algum, ele libera o seu **querer,** a esta altura descontrolado. Na mesma proporção e em sentido inverso, a culpabilidade do agente. Vale dizer: em relação a tal linha, quanto mais sobe o conteúdo emocional – a excitação que altera o seu **ânimo**, mais desce a consciência e o controle sobre o **certo** e o **errado**[143]. O mesmo peso há de se proporcionar à retorsão que, desgraçadamente, passará pelo mesmo processo de distorção anímica, refletindo no todo comportamental dos agentes[144].

Quando em plena discussão as posições, sobre as sanções, das Escolas Clássica e Positivista, um outro grupo já pensava como corrigir esse mostrengo chamado *prisão*. Pensava-se, desde o século XIX, num câmbio: tratar do criminoso para evitar a criminalidade, visando a apurar o **homem real** que existe em cada criminoso[145]. Cento e cinqüenta anos depois estamos nós aqui a espernear. Partindo dessa pro-

---

[142] É o que se chama de *passionalidade*, colocada no § 1º do art. 121.

[143] A doutrina hispânica trata o fenômeno por *culpabilidad disminuída*.

[144] No particular, veja-se no art. 59 *comportamento da vítima*, cujo estudo denominamos *vitimologia*. O tema foi aventado pela primeira vez por Bernardo Pereira de Vasconcellos, quando da edição do Código Criminal do Império, art. 19.

[145] Essa proposta de Dorado Montero está na sua obra fundamental: *Bases par un Nuevo Derecho Penal*, precursora de outra *Derecho Penal de los Criminales*, edição publicada em 1915. Morreu em 26 de fevereiro de 1919, deixando por acabar sua obra monumental, cuja tarefa Jiménez Asúa tentou levar adiante, sem sucesso. Que pena!

posição, a do homem real, Concepción Arenal fez uma abordagem crítica que viria para respaldar o proposto por Dorado Montero, mas que era muito avançada para aquela época, como de resto o é até mesmo para os mais liberais: *não há criminosos incorrigíveis, mas criminosos incorrigidos.* Na realidade, a cronologia da sanção tem sido o único remédio em que o Estado acredita, ou que pratica.

No meu modesto juízo, a pena deve estar a serviço de dois interesses, visando a alcançar dois objetivos: utilidade ao usuário dela, servindo-lhe de parâmetro para seus passos futuros; utilidade para a coletividade, tendo em vista a reinserção social daqueles membros ocasionalmente fora dos limites de coexistência comunitária toleráveis. Não há que empregar termos como *ressocialização, readaptação* ou *reeducação*, posto trazerem consigo já uma idéia de agressão, de estigmatização. Além de comprometidos com a falácia sobre a qual já se tratou em outra parte. Há de se proceder tal como em Portugal, através o IRS – Instituto de Reinserção Social, a quem incumbe a total reavaliação dos critérios das penas, quase como pretenderam os pensadores do Correcionalismo. Afinal, há entre Dorado Montero e Marc Ancel duas grandes guerras e, entre o último e nós, mais cinqüenta anos, e muito pouco, quase nada mudou no pertinente à pena, sua aplicação e sua eficácia! Custa caro a manutenção do sistema, é profundamente corrupto, e nada oferece em contrapartida para a sociedade, que se encontra em estado de orfandade.

Em síntese, a despeito de o Estado dispor do *jus puniendi*, com o objetivo teleológico de garantir os bens juridicamente tutelados e que estejam em perigo, atual ou iminente, a pena deve estar dentro de parâmetros rígidos, sim, mas não no sentido de anular o homem delinqüente e sua *dignidade* enquanto pessoa humana. Ao contrário, deve estimulá-lo a valorizar essa categoria de bem eidético. Não deverá ela, a pena, perseguir o apenado *ad eternum*. Resumidamente, esta é a razão do esforço despreendido neste trabalho, que não quer ser o portador da verdade absoluta, já se disse, e cujo autor dar-se-á por recompensado se alcançar uma das suas metas: alertar os que estão por vir para os perigos da inanição, da apatia. Esta, a criminalidade, é uma causa comum, não só do Estado, nem tampouco de uns poucos idealistas. Ou fazemos, todos nós, alguma coisa, ou seremos inexoravelmente levados por essa avalanche!

Encerrando, quer-se deixar consignada toda a obra iniciada por Beccaria, que foi fundamental para despertar a consciência da sociedade, tal como, em minúscula comparação, se faz agora. Todos aqueles que sinceramente ofereceram soluções e alternativas devem ser reverenciados, pouco importando se boas ou ruins. Tentaram, e isso é o que vale. Afinal, quem saiu das *Vinganças* e chegou onde estamos, não deixou de trabalhar. Mas a sociedade, sempre em movimento, está a exigir muito mais, e nós temos de atender, para não morrer!

Capítulo 5

O SISTEMA NORMATIVO NA DOMINAÇÃO HOLANDESA NO BRASIL

1. Introdução.
2. A Ocupação Holandesa.
3. A Chegada de Johannes Mauritz Van Nassau-Siegen.
4. O Sistema Político.
    4.1. A Hierarquia.
    4.2. O Conselho dos Escabinos.
    4.3. Os Escoltetos.
    4.4. O Advocaat Fiskaal.
    4.5. O Sistema Normativo.
        4.5.1. O Sistema Normativo Penal.
5. Concluindo.

1. Introdução

É de todo oportuno o estudo dos diversos sistemas penais que por aqui passaram, que se conheça pelo menos de forma rudimentar o que representou a ocupação holandesa no Brasil. Não cabe aqui o egoísmo de pretender falar exclusivamente do Direito Penal. Por essa razão, este capítulo terá poucas notas de rodapé, já que a matéria inserida servirá, sim, para a cultura geral, não para utilidades outras que demandem informações rigorosas, como ocorre em trabalhos científicos. Todavia, o detalhamento sobre a literatura pesquisada está na bibliografia. Na medida do possível, procurar-se-á, em rápidas pinceladas, demonstrar quão grande foi a empreitada, do ponto de vista de Nassau. Poucos pensaram no Brasil como nação como ele.

De outra parte, é imperioso entender como foram aqueles anos e, principalmente, o porquê de um sistema penal tão rigoroso; o que tudo isso significou para o Brasil, já ocupado pelos portugueses, regido que estava pelas Ordenações Filipinas, não menos rigorosas e brutais. Acima de tudo, haveremos de entender o escopo da ocupação: lucro; no que não era diferente de Portugal, apenas mais organizada, enquanto expedição espoliatória.

De tal forma constituída para os fins a que se dedicava, que a expedição e as prestações de contas eram feitas diretamente à **W I C – Companhia das Índias Ocidentais**, na figura do seu órgão maior, o **Conselho dos XIX**. Tanto era assim que as **Câmaras dos Escabinos** – sobre o que se falará logo mais – estavam obrigadas a emitirem **Notulem** informando regularmente, de três em três meses, todos os fatos tidos como relevantes, reportando-se diretamente ao Conselho dos XIX. Mesmo depois da chegada de **Nassau**, pessoa que desfrutava de inteira confiança da W I C e do **príncipe de Orange**.

Apesar da sua pouca duração, seria verdadeiro absurdo ignorar essa fase da vida nacional. Irrelevante, ademais, o minúsculo espaço territorial ocupado pelos invasores holandeses, que fincaram estacas em Pernambuco e adjacências. Cumpre pesquisar sobre esses vinte e quatro anos, época em que Portugal jamais deixou de combater o inimigo intruso. De rigor, são unânimes os historiadores ao afirmarem que os lusitanos combateram os batavos dia e noite sem dar-lhes trégua.

Interessa, sobretudo, analisar a obra inacabada de **João Maurício de Nassau- Siegen,** pois a ocupação teve, em realidade, uma fase anterior a ele, outra completamente diferente sob seu governo, e outra ainda após seu intempestivo regresso para a Holanda, por motivos de ordem político-administrativa. Atrevo-me a dizer que, no século XVII, duas coisas boas aconteceram ao Brasil: Antônio Vieira, padre da Companhia de Jesus que aqui se radicou, e que depois mostrou ao mundo a cara do Brasil, e João Maurício de Nassau, o nobre holandês que aqui tentou edificar uma grande Nação.

Tudo começou no dia 13 de junho de 1630 – alguns historiadores falam em 15 de fevereiro do mesmo ano. Nesse dia, seja ele qual for, a "esquadra" da Companhia das Índias Ocidentais, navegando com bandeira da Holanda, sob o comando de Hendrick Corneliszoon Loncq, aportou em Olinda.

Havia nessa missão um único objetivo: a rapinagem. Era uma expedição mercantilista, espoliativa como tantas outras que assolavam a América Latina, adoentando-a desde sua gênese. Somente o lucro fácil e imediato interessava aos do Conselho dos XIX da W IC. E por quê? Simplesmente porque o rei Felipe II, da Espanha, ocupando temporariamente o trono de Portugal, fechara os portos do país ocupado, obrigando os holandeses a viagens longínquas, nem sempre produtivas. Daí a aventura militar sobre as terras do Nordeste brasileiro.

Mas, a despeito de toda a corrupção reinante e da brutalidade recíproca, os portugueses não desistiram nem por um momento sequer da reconquista dos territórios temporariamente perdidos. Pelearam durante vinte e quatro anos da ocupação holandesa, até 1654, ocasião em que foi assinada a capitulação da Campina de Tamborda.

Nenhum historiador conseguiu omitir a voracidade dos sete primeiros anos da dominação. Se esse estado de coisas interessava de imediato à Companhia, não é errado dizer que o Conselho dos XIX entendia a necessidade de uma estruturação organizacional, como se fosse um Estado, de fato e de direito. Eis aí o momento em que resolveram enviar para a **Nova Holanda** o Conde João Maurício de Nassau-Siegen – Johannes Mauritz Van Nassau-Siegen, no idioma holandês, que chegou ao Brasil em 23 de janeiro de 1637, daqui saindo em 11 de maio de 1644, de regresso à Holanda.

2. A Ocupação Holandesa

Entre os anos de 1630 e 1636, tudo funcionou sob a orientação de um Conselho político composto de quatro membros: Johan de Bruyne, Phillips Sevooskerken e Horatius Calendrini, além de uma outra figura que ocupava o cargo de **governador** e **chefe militar**, de nome Wardenburch, cuja supremacia sobre os demais versava somente no tocante a assuntos militares. Inegável, entretanto, que o poder maior era exercido pelo "governatour", também descrito como "governatour-capiteyen", que era uma espécie de presidente desse Alto Conselho *sui generis*. De rigor, sua força era originária de duas fontes: a W I C e o poder de fogo de que dispunha esse **governator-capiteyen ende amiral**[1].

Esse Conselho Político, na realidade, manuseava todas as atividades da Nova Holanda, munidos que estavam seus membros de poderes oriundos diretamente do Conselho dos XIX da W I C. Eram plenipotenciários legiferantes, além de enfeixarem poderes executivos e judiciários. Todavia, em que pesem os poderes conferidos a título da "carta branca", com tamanha concentração de poderes, esses cinco senhores não conseguiam desincumbir-se das múltiplas tarefas, até mesmo devido à absoluta incompetência e a interesses antagônicos em constantes conflitos. Com tamanha balbúrdia, quem se viu prejudicada foi a Companhia, que foi obrigada a mandar para o Brasil dois de seus melhores diretores: Mathias Van Cenlen e Johan Gijsseling, originários de Amsterdã, ao que se sabe. Aqui permaneceram entre 1633 e 1635. Com a chegada dessas duas figuras proeminentes do alto comando da W I C, quem se viu desbancado foi o então governador Wardenburch, para quem já haviam sido mandados, anteriormente, outros auxiliares.

Regressando os dois diretores para a Holanda, tudo voltou ao estado anterior: baderna total. Os cinco homens que aqui permaneceram, além de pouco experientes em negócios de Estado, não possuíam nenhum preparo, estavam muito preocupados com seus próprios interesses. Ainda uma vez ficou no prejuízo a W I C. Inquestiona-se que tudo isso ensejou a vinda do Conde João Maurício de Nassau-Siegen para comandar os destinos da "Nova Holanda"[2].

---

[1] Com efeito, alguns historiadores escrevem "capiten", alternando com "capiteyen".

[2] Este o nome adotado pelos batavos, e teria se consolidado caso tivessem ficado por aqui, sob batuta de Nassau. Com outras pessoas a história se repetiria na América Latina.

3. A Chegada de Johannes Mauritz Van Nassau-Siegen

Inexistem dúvidas de que o Conde de Nassau tinha também certa avidez de riqueza, pelo menos é o que relata o frei Manoel Calado. Tanto era assim que convidado para assumir o comando dos destinos da "Nova Holanda" no dia 4 de agosto de 1636, respondia afirmativamente ao convite já dois dias depois, apesar de sua promissora carreira no Exército, onde ostentava a patente de coronel. Não que fosse, com se vê, mais um *comerciante* a serviço do Conselho dos XIX da Companhia; tampouco se lhe negam aqui seus dotes de governante ativo e eficiente, ao contrário, reverenciam-se. Tratou sempre com mercadores famintos de lucro fácil, a um lado; um inimigo que vendia caro cada dia da ocupação; uma população de idioma variado e com fortíssimas barreiras religiosas. Mas, ainda assim, Maurício de Nassau, demonstrou sempre sua personalidade erásmica, tolerando as diatribes religiosas, procurando, sempre que possível, aliviar as penas dos revoltosos e daqueles que praticavam crimes de natureza comum, desde que, por detrás do tal procedimento, não houvesse interesses outros incubados.

A partir de 1637, a era de Nassau, Pernambuco e demais regiões ocupadas passaram por um período relativamente tranqüilo e de verdadeira prosperidade, mormente se consideramos que, até então, tudo era precário, sem Justiça e sem organização governamental. Era, em síntese, *uma verdadeira terra de ninguém*. Nasce com Nassau o verdadeiro Estado da Nova Holanda, como era denominado, apesar de tudo e de sua curtíssima duração. Da mesma forma, desintegra-se toda a estrutura por ele elaborada e posta em funcionamento logo após o regresso do Conde à Holanda, em maio de 1644. Como preleciona Ruy Rebello Pinho: *O que poderia ter sido um Estado voltou à condição de fazenda*. E, se antes de Nassau tudo era incerto, após Nassau tudo se desarticula implacavelmente, desaguando na retomada das Províncias pelos portugueses.

Não foi porém sem muita luta que Nassau se impôs como governante de fato e de direito. Preocupou-se desde logo em organizar o poder Judiciário, procurando auscultar o melhor direito a aplicar ao caso concreto. Trabalhou sempre com o apoio logístico de *escoltetos* e *escabinos*, instituições sobre as quais iremos nos ocupar logo mais.

João Maurício de Nassau soube cativar os habitantes da Nova Holanda, que o tratavam carinhosamente por *príncipe* ou *vossa excelência*. Alguns portugueses o denominavam *majestade, alteza* ou *eminência*. Mas eram bajuladores, que pouco ou nada agradavam a Nassau, muito mais bem estruturado emocional e moralmente que seus antecessores. Tal o poder que exercia que Ruy Rebello Pinho, citando François Valentin, diz: *O poder desse senhor muito se aproxima ao de um rei ou monarca*. Era, bem de ver, não um poder calcado exclusivamente na força das armas, mas principalmente no carisma de Nassau, e o fascínio que exercia sobre as pessoas de um modo geral. Não se ignora que Nassau tinha formação universitária completa, tendo estudado em Herborn, Basiléia e Genebra, além de ser neto de um monarca.

Na verdade, tamanho era o desempenho do conde de Nassau-Siegen que sua autoridade não advinha somente do Conselho dos XIX, mas do próprio príncipe *Frederico Henrique de Orange*. Tinha ele assento no Alto Conselho Secreto, juntamente com outras três autoridades, membros estes diretores da W I C, sendo certo que um deles sempre acompanhava o governador, assim como ocorria em relação aos altos chefes militares. Esse quarteto tinha, em tese, o controle sobre todos os negócios da Nova Holanda. A esse Conselho também chamavam de "Supremo Conselho", e se reunia, de regra, na Mesa do Paço, e era, no dizer do frei Manoel Calado, *a última instância judiciária no Brasil holandês*. Gaspar Barleu, todavia, fala da existência de dois conselhos: Supremo e o Secreto. Inquestiona-se, entretanto, a afirmação de que Nassau presidia aos dois, acaso assim tenha sido.

O conde João Maurício de Nassau-Siegen reserva para si a glória eterna de ter implantado o primeiro Parlamento das Américas – tratado por Assembléia Legislativa – que funcionava em Maurícia, cidade fundada por ele, Nassau, cujo nome no idioma batavo era **Mauritzstadt**, e estava situado no outro lado do rio Peberibe. Presumivelmente, esse parlamento teria sido implantado em 1640. Acreditamos que muito perdeu o Brasil com a volta de Nassau à Holanda. Tivesse ele podido governar em tempo de paz, fatalmente teria construído uma NAÇÃO. A sorte, ainda uma vez, não quis bafejar o Nordeste e, de resto todo esse imenso continente de língua portuguesa.

Os poderes de governador Nassau eram incomensuráveis, chegando a ponto de lhes atribuírem a condição de chefe religioso, civil e militar, podendo, entre outras coisas, comutar penas impostas pelos tribunais dos escabinos, além de poder também patrocinar o indulto, a graça e a anistia. Se até mesmo sobre os todo-poderosos tribunais dos escabinos ele podia impor sua palavra como última e inderrogável instância, o que pensar sobre os magistrados de inferior competência, de esfera municipal, mas que conheciam as causas civis e criminais, apenas que de menor realce e alcance.

4. O Sistema Político

O Conselho Político, que se chamava ao mesmo tempo *Senado Político* ou *Conselho de Justiça*, foi transformado por Nassau (que, segundo se presume, teria trazido ordens expressas da Holanda), em Tribunal de Justiça, com jurisdição superior para casos de Direito Privado e Direito Público, máxime o criminal. Era composto por nove membros, todos holandeses. Sua jurisdição era *nacional* e aplicava o direito processual pelo sistema implantado pelos portugueses, que se tornou conhecido como *Juiz de Fora* – juízes itinerantes, posto que quatro desses membros viajavam por toda a província, tal como ocorria no governo lusitano. O que não se sabe é se o sistema foi copiado dos portugueses ou se já fazia parte da prática batava.

Por acúmulo de serviço, nem todos os processos criminais – e mesmo outras causas – podiam chegar ao conhecimento desse órgão de superior instância. Excluía-se, bem de ver, os chamados "crimes de bagatela" de que fala Paulo José da Costa Júnior. Esse Conselho, em realidade, fazia as vezes de segunda instância para as decisões dos tribunais dos escabinos – como eram denominados os membros das câmaras municipais criadas pelos holandeses durante a dominação –, sobre os quais iremos discorrer em seguida.

Havia, é verdade, uma certa antinomia entre instâncias. É que, por defeito técnico, os que viviam na ilha de Antônio Vaz – formada pelos rios Capibaribe e Peberibe, e onde nasceu e floresceu a cidade de Maurícia – podiam optar pela propositura das demandas perante os escabinos da cidade de Olinda ou, se quisessem, poderiam recorrer diretamente ao Conselho Político localizado no Recife. Por óbvio, era possível, nessa hipótese, o que chamamos modernamente *queimar etapa*.

Mas não só isso. Também os escabinos de Maurícia invadiam jurisdição que, de rigor, seria do Conselho de Justiça. Enfim, uma balbúrdia, em absoluta desorganização, que melhorou apenas após a chegada de Nassau e veio a desintegrar-se definitivamente a partir de 1644, após o regresso deste à Holanda. De resto nenhum pesquisador conseguiu explicar a contento essa tão esdrúxula invasão de jurisdição. É muito possível que o motivo maior tenha sido, não raro, a possibilidade de corrupção neste ou naquele órgão, na razão direta do prestígio pessoal do interessado na causa em um determinado momento: tráfico de influência, quem sabe???

4.1. A Hierarquia

Qualquer que fosse a estrutura de governo aqui instalada, acima dos interesses aborígenes estavam os da Companhia das Índias Ocidentais, cujos escopos eram eminentemente mercantilistas. O ponto culminante e última instância do Poder inconteste eram as decisões do Príncipe Frederico Henrique de Orange.

À evidência, nada de diferente em relação ao domínio lusitano: a última palavra vinha sempre da metrópole. O que não se pode afirmar é se os processos criminais podiam chegar até os tribunais da Holanda para revisão ou apelação, posto não haver registros nesse sentido. E, assim sendo, fica a nítida impressão de que, em matéria criminal, a maior autoridade – última instância – era a pessoa física do governador.

Ainda nesse parágrafo, cabe salientar a existência de **tribunais eclesiásticos**, nos moldes dos que existiam na Holanda de então. Tratavam eles de casos envolvendo procedimentos contrários à moral. Mas, a exemplo da Justiça Militar, esses foros não tinham grande autonomia, ficando as suas decisões *ad referendum* do **Conselho Secreto** e aos ditames do governador, que desfrutava do poder de veto, entre outros. Diferentemente, cumpria ao Tribunal Eclesiástico orientar-se em consonância com o governo, segundo se sabe.

Em que pese a extinção de todos os títulos honoríficos de *vicerei, príncipe*, etc., largamente empregados na América espano-portuguesa, Maurício de Nassau não conseguia evitar ser chamado de príncipe. Na realidade holandesa de então, os títulos aos quais realmente fazia jus eram os de *governador* e *capitão-general*. Para ele, essa deferência era mais que suficiente para delinear quem realmente mandava, em Nova Holanda. A essa época mandou mesmo João Maurício de Nassau-Siegen, que na Holanda, como já se disse, ostentava o título de conde e a patente de coronel, além de ser neto de monarca, descendente da dinastia **Nassau-Orange**. O resto ficava por conta dos bajuladores, em número muito grande à ocasião (mas não superior aos nossos dias, quando ser adulador é pré-requisito para o ingresso em grande parte dos setores da atividade pública ou privada). Ao que se sabe, Nassau sempre externou vilipêndio a essa casta malcheirosa, preferindo conviver com os intelectuais, contanto que não estivessem contagiados da má doença.

4.2. O Conselho dos Escabinos

O denominado **Conselho de Escabinos** funcionava como colegiado, e seus membros eram os **juízes de primeira instância**, embora também atuassem **juízes municipais**. Os membros desse colegiado eram **eleitos** ou indicados pelos eleitores. Note-se que avanço: um Poder Judiciário saído do voto quase popular (similar temos na atualidade o sistema cubano, onde membros do Poder Judiciário são eleitos para um mandato de cinco anos. Querem agora passar para dez). No dizer abalizado por Ruy Rebello Pinho, era forte a influência dos **escoltetos** – a quem iremos retratar a seguir – na escolha dos membros desses colégios de julgadores, pois a eles cabia selecionar os pretendentes ao cargo que, posteriormente, seriam nomeados pelo governador. É um tanto confusa essa história de nomeações – ou eleições – e até que ponto os escoltetos podiam exercer pressão sobre os eleitores.

Ao que consta, essa instituição foi criada por João Maurício de Nassau, e que se desintegrou com sua partida. Percebe-se claramente que os historiadores fazem referência sistemática à Câmara dos Escabinos, notadamente às de Olinda, Recife, Antonio Vaz ou Maurícia, esta última em evidente disputa de espaço político com as outras mencionadas. Uma coisa fica evidente: se não foi Nassau quem instituiu o órgão dos escabinos, foi ele quem o instrumentalizou para integral funcionamento e prestígio perante a população.

No dizer de Gonsalves de Mello, neto – *apud* de Ruy Rebello Pinho –, os conselhos dos escabinos eram tribunais municipais com força judicante nas áreas civil e criminal. De regra, esses conselhos eram compostos por holandeses na sua maioria e, em muito menor escala, por portugueses.

Lavravam-se as atas no idioma flamengo. Aqui, uma questão crucial, que tinha duplo desdobramento: a necessidade de o interessado contratar um tradutor. A confiabilidade dessas traduções sempre foi questionada. Têm-se notícias de que, não raro, certos assuntos eram julgados de uma maneira, mas as atas davam outro sentido à decisão. Diz-se que, quando assim interessava aos holandeses, componentes do Conselho dos Escabinos então falavam somente em idioma batavo, prejudicando claramente a assimilação da parte que queriam ver sucumbente. De tal escâncara os cambalachos para embaralhar os interesses portugueses que um membro eleito, João Fernandes Vieira, insurgiu-se dizendo da necessidade de as peças serem elaboradas em português: não tendo sido atendido, deixou de votar todos os assuntos que não conseguia entender em razão do idioma. Foi, quiçá, a maior grita a que se tem conhecimento quanto ao procedimento processual desses conselhos.

Como se disse em outra parte, havia antinomias, posto que alguns postulantes se dirigiam diretamente ao **Conselho de Justiça**, bem ainda existiam os magistrados locais, cuja jurisdição, ao que parece, dedica-se aos casos de menor importância. Essa situação, em vez de diminuir as atribuições dos **Conselhos Escabinos**, realçava outras funções desses senhores, que funcionavam como se fossem auxiliares dos escoltetos, formando com estes o **Conselho Comunitário**. De qualquer forma, sobra aí um conflito de funções nesse estranho jogo de poder.

Havia, já em 1638, pelo menos seis desses **Conselhos de Escabinos**. O de maior importância era indubitavelmente o de Olinda. Os demais estavam localizados em Itamaracá, Paraíba, Serinhem, Iguaraçu e Paraíba – outra vez – o que pressupõe a existência de dois na região paraibana. Não se têm notícias de conselhos compostos por índios, apesar de ordem expressa de Nassau nesse sentido. Aliás, essa ordem foi expedida em razão de uma insurreição havida no Ceará, ao que se sabe. Mas esse conselho jamais foi criado ou, se foi, não passou para a história. Os próprios portugueses haveriam de boicotar tal iniciativa que, no futuro poderia prejudicar interesses, àquela altura, centenários.

Além dos escabinos, sobre os quais discorremos sinteticamente, havia outras duas instituições que devem ser rememoradas: os **escoltetos** e o **Advocaat Fiskaal**. De ambos se haverá de falar apenas menos o necessário e, ainda assim, porque entendemos útil saber como agiam os holandeses que, apesar de serem também espoliadores, traziam algo de novo para o sistema jurídico pátrio, a despeito de Ruy Rebello Pinho pensar contrariamente. Havia no governo Nassau clara vontade, intenção e decisão de promover **Justiça** apesar de tudo, principalmente as restrições impostas pelo Conselho dos XIX da W I C, para quem a ocupação era apenas mais uma fonte de renda a ser explorada, tal como pensava Portugal, e, neste ponto, nada diverso do que faziam os espanhóis. Nassau foi o único que pensou e agiu diferente. Lamentavelmente durou pouco.

4.3. Os Escoltetos

Os **escoltetos** compunham uma classe que em muito se assemelhava à Promotoria Pública: eram os representantes do Poder Executivo perante ao Poder Judiciário. Mas não só isso: acumulavam, segundo relatos confiáveis, as funções congêneres às de quem, na atualidade, denominamos **coletores de tributos.** Ao mesmo tempo uma espécie de **chefes de polícia**, operando dentro de suas respectivas jurisdições, em nível de primeira instância.

Eram, à evidência, pessoas que desfrutavam da confiança do governador. Tinham, entre outras e além das já mencionadas, a incumbência de presidir os **Conselhos dos Escabinos**, bem como detinham o poder – legal ou paralelo – de indicar os nomes dos **eleitores** que iriam escolher os escabinos – juízes locais –, eleitos pelo voto, quase diretamente, tal como ocorre hoje em Cuba. Apenas que, no país de Fidel Alejandro Castro Ruz, os nomes são indicados diretamente pelos núcleos do Partido para o Comitê Central, órgão maior no sistema cubano, após uma série de escrutínios.

Aos escoltetos cabia a metade do que fosse arrecadado pela via da sentença, civil ou criminal. A outra metade era dividida entre os escabinos. Fica claro que o sistema findava por ser injusto e discricionário, além de ser quase sempre arbitrário, posto que alimentava uma máquina de corrupção por demais violenta. Era muito poder enfeixado nas mãos de pouquíssimos, de cujas cabeças saíam as diretrizes de sentença, não raro, irrecorríveis. Tal o absurdo que o próprio João Maurício de Nassau teceu críticas veementes em seu testamento político. Para o governador retirante, esses abusos (a exploração dos escoltetos) deveriam ser combatidos pela via do que hoje chamamos de criminalização, que quer significar também tipificação – inclusão da hipótese no rol dos fatos típicos. Era a forma pensada para aplacar a fome voraz daqueles *sanguessugas* em suas insaciáveis crises de cobiça, como disse Gaspar Barleu. Não se pode descartar, também, a necessidade de aplicar a despenalização, ou mesmo requalificar o *tipo penal*, abrandando a punição e, com isso, facilitar uma inovadora *composição* que se praticava no Brasil holandês.

Parece claro, entretanto, que os escoltetos não estavam organizados como um corpo regular. Quer dizer, não tinham a estrutura própria do Ministério Público – *nada os ligava entre si como promotores públicos,* ensina Rebello Pinho. Igual era a situação dos *curadores*, a quem competia, juntamente com os escoltetos, cuidar dos interesses dos órfãos e dos ausentes. Discutiu-se sempre a necessidade desse órgão, a **Curadoria**, mas não se lhe negou jamais a falta de seriedade no trato da *res* particular posta aos seus cuidados. Como afirmam os historiadores, nada, nem ninguém, escapava à condenação dos escoltetos, e os órfãos e ausentes sempre acabavam lesados nos seus interesses, em benefício dos seus respectivos curadores.

4.4. O Advocaat Fiskaal

O **Advocaat Fiskaal** era o que se poderia considerar como sendo o Ministério Público de segunda instância. Watjen informa que este instituto foi idealizado por Nassau, postos não estar ele inserido nas *Instruções de 23 de Agosto de 1636*, data em que foi assinado o édito de nomeação do conde João Maurício de Nassau-Siegen para governador da Nova Holanda. Esse órgão funcionava junto aos conselheiros políticos e teve como primeiro nomeado um tal de De Ridder que, segundo consta, não demonstrou qualquer aptidão ou interesse pessoal pelo cargo. Não tinha prática e lhe interessava mais os seus negócios particulares, ainda que *a promotoria pudesse lhe proporcionar grandes lucros*, conforme literatura corrente. Não se sabe ao certo as atribuições de De Ridder, o alcance dos poderes que lhe eram conferidos enquanto **Advocaat Fiskaal**.

É certo, todavia, que lhe cabia principalmente resguardar os interesses da W I C nas causas cíveis e fiscais, cujo conhecimento era da competência do Conselho Político, e ainda funcionava como órgão da acusação nos processos criminais, cuja competência originária fosse de segunda instância. Isso pressupõe que ao **Advocaat Fiskaal** cabia reexaminar os casos de Apelação das sentenças exaradas pelos tribunais dos escabinos. Havia, isto está claro nas pesquisas realizadas, submissão do órgão ao governador. Até então, nada de novo em relação à atualidade, sendo a pessoa do Procurador Geral, tanto da Justiça quanto do Estado, nomeação privativa do governador, apesar de *lista tríplice* para a Procuradoria Geral da Justiça (§ 3º do art. 128 da Constituição Federal)[3]. Não é diferente a situação na esfera federal, apenas que ali há de ter o candidato seu nome aprovado pelo Senado Federal (§ 1º do art. 128 da CF)[4].

4.5. O Sistema Normativo

Tão logo chegou ao Brasil, Nassau foi inquirido pela Câmara de Olinda sobre temas complexos: permaneciam ou não os privilégios outorgados pelo regime lusitano aos "senhores de engenho", cujas benesses advinham de Portugal diretamente, a guisa de política de estímulo à produção, mantida pelos anteriores governantes holandeses (tudo como agora); quais leis vigeriam a partir de então? Posto estarem sendo regidos pelas Ordenações Filipinas e, ainda, um rescaldo das Afonsinas (estávamos apenas a trinta e quatro anos da revogação desta última e as coisas ainda não tinham encontrado seus respectivos lugares).

Nassau, homem astuto, respondeu aos interpelantes que primeiro definissem quais eram esses **privilégios**, após o quê decidiria. Quanto ao sistema normativo, foi categórico: a partir de seu governo,

---

[3] *§ 3º. Os Ministérios Públicos dos Estados e do Distrito Federal e Territórios formará lista trípice dentre integrantes da carreira, na forma da lei respectiva, para a escolha de seu Procurador-Geral, que será nomeado pelo chefe do Poder Executivo, para mandato de dois anos, permitida uma recondução.*

[4] CF. Art. 128 Ministério Público abrange: I. o Ministério Público da União que compreende: a] Ministério Público Federal; b] Ministério Público do Trabalho; c] Ministério Público Militar; d] Ministério Público do Distrito Federal e Territórios. II. Ministério Público dos Estados. Parág. *1º. O Ministério Público Federal tem por chefe o Procurador Geral da República, nomeado pelo Presidente da República dentre os da carreira, maiores de trinta e cinco anos, após aprovação do seu nome pela maioria absoluta do Senado, para mandato de dois anos, permitida a reeleição.*

haveriam de viger os usos e as Ordenações Imperiais de Holanda, Zelândia e Frísia Oriental: que se adaptassem as reformas caso necessárias. Que essas leis servissem não somente ao Alto Comando de Olinda, mas também a toda região sob o domínio batavo.

4.5.1. O Sistema Normativo Penal

Antes de qualquer outra consideração, cabe salientar que no sistema de Direito que os holandeses aqui aplicaram, tal como na Holanda, não havia ainda a divisão em direito substantivo e direito adjetivo. O mesmo acontecia com as Ordenações Filipinas. Essa dicotomia veio muito depois, a partir do século XIX[5]. Também não havia a divisão clássica entre a investigação e a instrução judicial (o contraditório era por demais comprometido). Dessa forma, defrontamo-nos novamente com a figura antes referida do escolteto como a grande personagem no palco da instrução criminal, eis que fazia as vezes do atual Delegado de Polícia e do Promotor Público.

Convém lembrar – ou esclarecer – que apesar de todo esse poder, o escolteto não era titular absoluto do *jus puniendi*. Outros segmentos também podiam patrocinar a acusação, entre eles os funcionários públicos e particulares em geral. Era regra o particular requerer aos Conselhos a condenação de uma pessoa acusada de delinqüência, o que, de ordinário, acabava por constituir-se em verdadeiro instrumento de abusos e facilitação para retorsões indevidas e quimeras pessoais. Eis por que, não raro, o governador intervinha diretamente para indultar, anistiar ou comutar a pena aplicada pelo tribunal dos escabinos, por exemplo.

Não era, bem de ver, uma prática exclusiva do sistema holandês, visto que também os portugueses assim agiam. Mas, não deixava de ser uma prática deveras perigosa. Na Bélgica de Calvino, essas acusações alcançaram tal índice que o Estado se viu compelido a criar uma lei visando coibir abusos desse tipo. Assim, aquele que acu-

---

[5] Apenas para relembrar, a ciência processual chegou bem mais tarde. Anteriormente, a lei substantiva trazia consigo as regras que adotaria na apuração e sancionamento no caso concreto. Atualmente, tem-se o Direito do Trabalho que assim procede, mas há uma corrente doutrinária muito forte no sentido de se criar um "Direito Processual do Trabalho". Alguns professores já administram aulas sobre essa rama processual, por todos os profs. Nélson Manrich e Domingos Sávio Zainaghi.

sasse alguém de delito religioso ficaria sob custódia durante a instrução e, em caso de ser falsa a acusação, o acusador receberia a pena que pretendia para o injustamente acusado. Muitos abusos foram evitados com a vigência e eficácia dessa norma jurídica, conforme nos informa Stefan Zweig, no romance-biografado: *Uma Consciência contra a Violência*, onde conta a história de Sebastian Servet, condenado à fogueira pela inquisição promovida por João Calvino.

De resto, a falta de norma congênere no Brasil colônia implicou numa série de condenações injustas, pois a prática desenfreada de acusações inconseqüentes refletia uma forma cruel de *vendetta* pessoal, além de espoliação do patrimônio do acusado. Modernamente, conhecemos instrumentos que se prestam a coibir tais abusos: os arts. 339 e 340 do Código Penal[6]. O primeiro, mais rigoroso, e o segundo com visível intenção de amenizar as conseqüências do ato praticado pelo irresponsável que acusa, ainda que de forma indireta, alguém. Além da denunciação caluniosa e da falsa comunicação de crime, não se pretendendo medidas tão duras, então há de se pensar nos crimes contra a honra.

Na Nova Holanda, uma vez apresentada a acusação formal contra o cidadão, a prisão cautelar se fazia compulsória, salvo nos casos em que o acusado podia defender-se em liberdade. Ao que se supõe, esse tratamento diferenciado advinha da natureza do delito. É possível também supor que a posição social do acusado lhe servisse de arrimo em tais ocasiões. Em realidade, numa sociedade de tal porte, tudo girava em torno da confiabilidade pessoal de que dispunha o indivíduo junto aos seus pares. Nenhum historiador esclarece em definitivo qual o critério usado para evitar a aplicabilidade do que, hoje, chamamos de prisão processual ou custódia cautelar, que nada mais é que uma forma evidente de agredir a Constituição Federal, que garante o *princípio da presunção de inocência* como Liberdade Pública de suma importância.

---

[6] CP. Art. 339. *Dar causa à instauração de investigação policial, processo judicial, instauração de investigação administrativa, inquérito civil ou ação de improbidade administrativa contra alguém, imputando-lhe crime de que o sabe inocente.* Pena – reclusão de 2 (dois) a 8 (oito) anos, e multa. Art. 340. *Provocar a ação de autoridade, comunicando-lhe a ocorrência e crime ou de contravenção que sabe não se ter verificado.* Pena – detenção de 1 (um) a 6 (seis) meses, ou multa.

Essas custódias, ainda que provisórias, eram horrorosas, ficando o acusado recolhido nas *cadeias públicas* ou nas *fortalezas*, usadas de ordinário como presídios. Mas, não raro, em razão da ausência de qualquer desses estabelecimentos utilizavam-se navios ancorados nos portos, onde se mantinham presos os acusados que aguardavam julgamento. Irrelevante se delinqüente ou não. E o que era mais temerário: eram postos, não raro, sob grilhões – *a ferros*. As condições carcerárias eram, como hoje, de baixíssimo nível, considerando-se, ademais, que tudo acontecia um século antes de Beccaria, que foi o primeiro a tentar a humanização das penas de então.

Além do mais, havia reflexos de ordem moral tanto sobre os acusados postos a ferro como àqueles apenas recolhidos à cadeia pública. Esses reflexos eram de tamanha extensão que o homem a isso submetido jamais se readaptaria à convivência social, quer por suas condições psíquicas, quer principalmente pelo preconceito popular existente em muito maior escala que hoje. Despiciendo dizer da absoluta ignorância quanto ao princípio, hoje constitucional e reconhecido em todo o mundo civilizado, de que todo acusado é presumivelmente inocente até que fique provada cabalmente a sua culpa. Naquele tempo, ao contrário, uma vez acusado, já se o tinha como culpado! Em síntese, era conhecido o *nullun crime sine culpa* na sua ontologia mínima. De resto, não se tinha noção alguma do ainda hoje questionadíssimo e distorcido conceito de **Direitos Humanos**.

A ordem de prisão emanava dos Conselhos de Escabinos. Estes, controlados, via de regra, pelos escoltetos, senão que por imposição legal, pelo menos por pressão exercida pela via da influência que estes – os escoltetos – podiam exercitar nas escolhas futuras para a composição dos Conselhos. Conforme relato de vários historiadores, não tinham essas ordens critérios dos mais confiáveis e equilibrados, vez que podiam ser decretadas até mesmo contra **devedores** insolventes, ainda que temporariamente, não raro homens honrados que se defrontavam com **credores** poderosos.

Como foi dito, as prisões da época padeciam do mal que, hoje, mais do que nunca compromete o sistema fechado: a promiscuidade. No mesmo local eram enclausurados delinqüentes contumazes, ladrões com alto índice de periculosidade e assassinos violentos. Então, como atualmente, os mais fortes subjugavam os mais fracos, sem que disso cuidasse o Estado no sentido de evitar abusos e aberrações, apesar da exasperação do governador Nassau, que, sempre que podia, comutava, indultava, anistiava ou cambiava o critério de cumprimento da pena judicial ou processual. Apenas não fazia qualquer concessão aos acusados de crime de traição contra os interesses do Estado no que era concernente à dominação. Evitava, é certo, o governador Nassau, a convivência de acusados tidos como ocasionais com os habituais. Mas de terapia ocupacional, nem falar. Absolutamente nada. Ociosidade total dos presos – a ressaltar somente as penas de trabalhos forçados de várias espécies.

A coleta de provas incriminatórias proliferava em terreno amplo e imaginoso, sempre precedido de artimanhas. De regra, usavam-se falsos religiosos para a obtenção da confissão, à guisa de ajutório na absolvição ou mesmo atenuação de eventual pena. Exemplo disso, na atualidade, – no campo específico da atenuação de pena – veja-se alínea *d* do art. 65 do Código Penal[7]. Apenas que, agora, é medida legal de Política Criminal de excelente eficácia. Tão logo alcançado o sucesso na apuração da **verdade**, delatores faziam chegar as informações aos escabinos ou aos escoltetos, ou mesmo ao *Advocaat Fiskaal*, podendo mesmo a notícia de confissão ser encaminhada diretamente ao governador. Era, a bem dizer, o segundo expediente que melhor resultado obtinha na *"apuração da verdade"*. Essa *"verdade"* não nutria a intenção de ser real, senão meramente processual. De modo diverso se pensa na atualidade em termos de prova criminal. Interessa, sobremodo, a *verdade fática*, apenas muito posteriormente é que iremos nos preocupar com a *verdade formal*, não raro comprometida.

A tortura era outro meio processual "legal" em voga para a obtenção das provas. Era o mais eficaz de todos os meios de "investigação". Isto estava em absoluta consonância com a época e, de resto, com o sistema germânico. Tanto as chamadas *confissões espontâneas*, criticadas veementemente em memorável julgado do STF, cujo Relator foi o pranteado Ministro Aliomar Baleeiro[8]. Lamentavelmente, a

---

[7] CP. Art. 65. São circunstâncias que sempre atenuam a pena: d) *ter confessado espontaneamente, perante a autoridade, a autoria do crime.*

[8] O Ministro Aliomar Baleeiro, político da Bahia, e procer da extinta UDN, que foi guindado à Suprema Corte lá pelos anos 50/60 do século passado, diz num de seus julgados: *Tenho horror à essas* **confissões espontâneas***, eis que o ser humano mente até mesmo por instinto de defesa.* Descartou a tese da **confissão espontânea** e absolveu o suplicante. Coisas de um Homem Público sério e digno.

despeito de Nassau, eram provas bastante que elas valiam para a condenação, mesmo que conseguidas pela via dolorosa da tortura. Incrível nisso tudo é o fato de que, uma tal prova poderia abalizar uma sentença de pena capital, acaso não viesse o acusado morrer durante os *interrogatórios*. Outras vezes recorria-se então às ***Ordálias*** de que nos dá notícia Heleno Fragoso[9].

Meios brutais de tortura eram empregados, podendo-se citar a extração de unhas a frio; as farpas induzidas debaixo das unhas; o fogo na sola dos pés; o "pé de azeite" ou breu fervendo. Costumavam, ainda, pendurar os suspeitos pelos braços ou pelos pés, o que iria fatalmente obstacular a articulação do sangue, provocando o colapso. O galope era outra forma de tortura, conforme narra Michel Foucault *in* **Vigiar e Punir**, quando narra o suplício de ***Damien***, condenado à morte pelo método do ***galope***. De maneira geral, o interrogado sob tais expedientes, ficava inutilizado para o resto da vida, e esse tipo de investigação nada tinha de lógico e sensato em relação à busca da *verdade fática*, comprometida apenas com a *verdade formal* do processo, o que se critica com veemência na esfera criminal.

João Maurício de Nassau-Siegen, homem sensível para sua época, demonstrou sempre veemente idiossincrasia aos métodos então empregados, chegando mesmo a dizer, em seu testamento político, que: *utilização de tais métodos servia tanto para conseguir uma confissão verdadeira como uma falsa*, o que comprometia a seriedade do julgamento, sujeitando possíveis inocentes a situações irreversíveis. Inegável é que tais barbaridades eram mais violentas quanto mais distante fosse o sítio da investigação em relação à Capital, principalmente em locais dominados pelas *forças militares de ocupação*, as quais necessitavam de um *direito*

---

[9] A história dá conta da existência e altíssima aplicabilidade dessa forma de tortura, principalmente nos processos da Santa Inquisição, que nunca foi "Santa" e muito menos "Inquisição", mas não somente lá. Tratava-se de torturar aos poucos e em medida crescente. Algumas formas de tortura: colocar o acusado com os pés ou as mãos em um recipiente com água, apoiado num fogareiro, quanto mais esquentasse a água mais perto da confissão estavam os torturadores. A outra forma era o "torniquete", colocava-se um arco de ferro ao redor da cabeça do infeliz suspeitoso; iam apertando aos poucos. Se o investigado não falasse nada, então de duas uma: ou perdia o membro exposto ou morria. Entretanto, aos seus algozes ficava claro que ele não falou por que Deus o protegera, pois era inocente! Maiores detalhes em *Lições de Direito Penal*, Rio de Janeiro, Forense, 3ª ed. FRAGOSO, Heleno Cláudio. Também no meu *Lineamentos de Direito Penal*, 3ª ed., pp. 41/42.

processual com pendores de intimidação geral, cuja eficácia da pena hoje se questiona[10]. Visavam certas brutalidades a dois objetivos: imediato e mediato. O primeiro era apurar o fato no âmbito do direito vivo; já o segundo tinha por escopo amedrontar a população em geral. Quanto maior fosse a brutalidade da força repressiva, menor seria a incidência de crimes, segundo o pensamento da época, o que hoje sabemos não ser verdade, mas que, apesar disso, algumas vozes retrógradas ainda insistem nessa esdrúxula tese. De qualquer forma, como já foi ventilado, mais perto que fosse a ocorrência em relação ao governador, menor seria a violência na apuração. Não que ela inexistisse. Porém, era aplicada em muito menor escala para os padrões da época.

Na parte substantiva do Direito Penal, como chamamos modernamente, um complexo sistema penal, elaborado principalmente com vistas à consolidação de uma dominação incessantemente contestada e combatida, haveremos de perceber com clareza meridiana o quanto a ficção jurídica é a célula *mater* do tipo penal. De maneira geral e comprometida, tal como no não menos comprometido Livro V das Ordenação Filipinas, utilizava-se o Direito Penal muito mais para o fim de garantir interesses da classe dominante e sempre em nome do Estado. Na prática do cotidiano, estava como que um ente autônomo, divorciado dos anseios mais legítimos e mais imediatos da população. Não fugia à regra do Direito Penal da Idade Média: *L'État c'est moi*, segundo o chavão corrente de então entre os detentores do Poder. Um Direito Penal deveras comprometido com o bem-estar do Estado e seus apaniguados – e nunca com o do povo –, refletia-se inexoravelmente nas relações entre a casta governante e os cidadãos.

Nassau se insurgia contra a extravagância das leis penais, que eram em número incalculável, principalmente se considerarmos a aplicação da analogia no sistema de adequação do fato à norma jurídica. Inexistia, ademais, o conhecimento da máxima de Anselm Paul Von Feuerback: *nullum crimen nulla poena sine lege*, sugerida somente duzentos anos depois. Como de resto, não havia qualquer relação entre o fato, a norma e a pena, como mais tarde Kelsen nos ensi-

---

[10] Sobre o tema **tortura**, sugere-se a leitura de GASPARI, Élio, nas *Ditadura Envergonhada* e *Ditadura Escancarada*, editados pela Companhia das Letras, em 2002.

nou com aquela comparação simplista mas clara da *moldura* e a *tela*, tendo esta que se adequar àquela. Leis que visavam fatos já ocorridos, ou interpretações estrábicas visando o prejuízo pessoal de alguém especificamente. Para Nassau, era imperioso que se descriminalizasse e se despenalizasse o sistema, pois as antinomias eram excessivas e atrofiavam a operacionalidade de todo o Judiciário. O sistema legal do Brasil holandês era, como é o atual, um emaranhado digno de realce. Calcula-se, hoje, que existam cerca de quatrocentos e cinqüenta mil diplomas legais. Dessa forma, balda-se qualquer esforço de programação de um conhecimento cronológico dos temas tratados pelo sistema.

Cuidou o governador Nassau de obstaculizar os abusos militares, fazendo punir com severidade certos tipos de transgressões que, de rigor, não deveriam ultrapassar os umbrais da caserna. Exemplo dessa medida profilática foi a prisão de um tal Luiz Heines, militar holandês, que esbofeteou um judeu por motivos de preconceito religioso, *tendo sido por isso levado à prisão por outros militares*. Ainda na esteira do combate à arbitrariedade, o soldado que saísse armado do quartel sem a devida autorização era punido com *três tratos de corda*(?). Supomos que seja chibata. O soldado que agravasse um civil ou lhe despojasse de seus bens, poderia até mesmo ser punido com a pena de morte. O mesmo poderia ocorrer nos casos específicos de *saques* ou de *pilhagens*. Essas penas atingiam principalmente os soldados de nacionalidade holandesa e, subsidiariamente, os demais componentes do corpo da tropa, que era heterogênea. Crime para o qual não havia qualquer contemplação, sem perdão ou indulgência de qualquer natureza, era o de traição ao exército flamengo, e a pena era sempre a de morte.

Os portugueses, por certo, eram os mais fiscalizados, e estavam sob a égide de tipos penais especialíssimos. Mandar ou receber carta da Bahia era crime grave, independentemente do conteúdo da missiva. Não raro, punia-se com pena capital essa conduta. A Bahia era a mais visada das colônias vizinhas, mas as demais localidades não estavam excluídas, apenas recebiam penas mais brandas: *expulsão dos territórios ocupados*. Existia também severíssima rigorosidade quanto ao eventual desrespeito ao uso do espaço físico permitido: o exílio local era uma constante, e abandonar o sítio do exílio implicava em séria punição ao infrator. Açoitar soldados desertores (fugidos, como diziam) era procedimento ordinário. A mesma pena se aplicava a quem lhes desse guarida.

Porém, por qualquer motivo irrelevante, podia-se transformar a pena de açoite em pena de morte em certos casos, pois a punição haveria de servir de prevenção: geral e especial. A formação de quadrilha (o Código atual pune com pena de um a três anos – art. 288[11]) para o fim de roubo ou homicídio, também era apenada com a *solução final*. Não satisfazer na sua inteireza a produção agrícola estipulada, matar animais acima do limite autorizado: pena de açoites e de multa, além da pecha de ser considerado inimigo do Estado, o que iria embaraçar a vida do processado. Os sacerdotes que realizassem cerimônias – principalmente casamentos – sem a rigorosa prescrição eclesiástica, também eram punidos pela justiça comum, o que constituía verdadeira intromissão do Estado nos negócios da Igreja, no que a recíproca era verdadeira.

A pena capital era da essência de uma época em que a violência proliferava em todos os quadrantes[12]. Naquela época campeava o regime do terror pela prática condenável sob todos os aspectos da *solução final*. Maneira econômica de combater o crime, cuja eficácia alguns espíritos desvairados defendem, ainda hoje, à guisa de *defesa pessoal*.

Com efeito, matava-se pela forca em pelo menos oito delitos; pelo arcabuz em outros dois; pela espada em cinco casos; pela fogueira em uma só oportunidade (no crime religioso); pela entrega do criminoso aos índios, também em uma só chance; e, pelo esquartejamento (com o condenado vivo), uma vez. Como já se disse, a pena de morte tinha uso indiscriminado; imagine-se que, de uma só vez, o governo do *Arrecife* mandou executar setenta e cinco holandeses que *arribaram para ajuntarem-se aos portugueses*. Essa execução em massa deveu-se a uma denúncia anônima, que acusava João

---

[11] CP. Art. 288. *Associarem-se mais de três pessoas, em quadrilha ou bando, para o fim de cometer crimes.* Pena – reclusão de 1 (um) a 3 (três) anos. Parágrafo único. *A pena aplica-se em dobro, se a quadrilha ou bando é armado.*

[12] Aplicava-se a pena de morte tal e qual se aplica multas nas infrações de trânsito em São Paulo desde o advento Scaringella – que iniciou na esfera estadual, passou para a municipal, e chegou à federal. Maneira hierarquicamente estranha essa de ocupar cargos públicos! – sem qualquer sentido prático ou razão lógica que não seja aumentar a arrecadação. Depois veio aí a administração municipal, com seus ***amarelinhos***, horrorizando a população paulistana.

Fernandes Vieira como autor intelectual da façanha. A revolta houve, em verdade, como de resto, outro não foi o chefe que não o infeliz João Fernandes Vieira, mas a brutalidade foi tamanha que chegou a causar espanto aos portugueses ocupantes de outras bandas e não menos violentos. Havia nessa empreitada dois capitães, os quais foram recolhidos numa fortaleza e de quem nunca mais se ouviu falar, nem se soube o fim dado a eles.

Tudo era possível naquele mundo de bárbaros. Até mesmo a *sorte* poderia eventualmente decidir sobre a vida do condenado. Certa vez – relata Ruy Rebello Pinho – sete militares foram condenados por deserção. A sentença era *sui generis*: apenas um terço deles deveria morrer pelo arcabuz. Entretanto, já naquela época era impossível dividir o número sete em três partes iguais. Aí o inusitado: resolveu a Justiça que os condenados jogassem dados, e aqueles que alcançassem menor número de pontos seriam os executados. Inquestionavelmente, a repetição da decisão histórica que envolveu Jesus e Barrabás, apenas que, neste caso, houve mais critério e lógica. Ainda uma consideração: maneira estranha essa de aplicação do que hoje chamamos de *perdão judicial*.

A um tal ponto chegou a sanha de punir que a certa altura, as penas capitais não livravam pessoa de nacionalidade alguma. Houve a execução de três praças flamengos que se apropriaram e mataram um *boi de carro* de um português de nome João Velho Braga. Até mesmo Nassau, tradicionalmente avesso à pena de morte, dela lançou mão coletivamente. O fato ocorreu quando a "esquadra naval" voltou a Olinda com um coronel comandante morto. As investigações demonstraram que a morte ocorreu devido à covardia por parte de dois capitães, bem ainda de membros inferiores de comando. O governador determinou o enforcamento de cinco pessoas, bem ainda dos dois pilotos, que não se houveram com diligência na investida. Ao Almirante do Mar, a pena foi a degola em praça pública no Recife. Era a maior desonra que se poderia impingir a um militar de tão alta patente. Os esquartejamentos foram realizados por espada, conforme relatam os historiadores.

Ao que se sabe, raros foram os casos de esquartejamento, fogueira e de entrega do criminoso ao inimigo, mas nem por isso devemos passar a largo do assunto, posto que houve casos, ainda que poucos. Afinal, História é para ser contada. Trata-se, bem de ver, de formas muito violentas de aplicação da pena, quer como *retribuição*, quer como *prevenção* geral ou especial, quer, ainda, como *defesa social*. Deixar *in albis* seria desonesto até mesmo para com o não menos violento sistema penal lusitano de então, com o seu execrável Livro V, criticado mesmo pelos mais aferrados defensores da pena severa como solução para a diminuição da criminalidade. Sanções haverão sempre, mas não as que aí estão, principalmente, a de morte.

Era, em regra, por meio dessa atividade que se exercitava uma estranha forma de *composição*, vinda do Direito Germânico, conforme evidenciam os escritos de Gaspar Barleu. Contam os historiadores inúmeras passagens de pessoas que resgatavam seus crimes pela via da composição: pagamento de um *quantum* em pecúnia ou mesmo parte do patrimônio. Como já se disse, não havia qualquer inovação em tal procedimento no Brasil. Também as três Ordenações lusitanas assim agiram: Afonsinas, Manoelinas e Filipinas. Tanto lá como cá, a criticar apenas o fim dado às multas e aos confiscos, que eram, em geral divididos entre funcionários e, em certas ocasiões, entre particulares também, como na hipótese do Título XII das Ordenações Filipinas[13]. Pense-se nas conseqüências nefastas que uma tal norma jurídica pode produzir.

As penas corporais eram de uso corrente, principalmente entre a marinhagem. Mantinha-se a disciplina dos marujos debaixo da chibata, o que acontecia por simples e discricionária decisão do comandante da embarcação, mesmo que o barco tivesse aportado. A insubordinação a bordo competia ao capitão reprimir.

Mas não só o *açoite* era usado como meio de punição. Também a *vara* e a *correia de couro*. Usava-se a seguir a uma sessão de tortura, o banho de salmoura, como medida profilática. Essas penas eram, em geral, aplicadas em presença do público, visando o escopo da intimidação, com o que se pretendia a prevenção geral. Os escravos

---

[13] Título XII. *Dos que fazem moeda falsa, ou a despendem, e dos que cerceiam a verdadeira, ou a desfazem.* Nº 5. *E, defendemos que nenhuma pessoa, de qualquer condição que seja em nossos Reinos e senhorios desfaça (1), nem mande desfazer moeda de prata, ainda que a moeda seja de fóra delles (2). – E o que o contrário fizer, será degradado dez annos para a Africa, e mais perderá ametade do toda sua fazenda, ametade para nossa Camera, e a outra para quem o accusar.* Fonte: "Ordenações Filipinas - Livros IV e V", Fundação Calouste Gulbenkian, p. 1.161.

sofriam as mesmas penas, de rigor um pouco mais agravadas quanto à sua aplicabilidade. Mas, nesse caso, não era considerada senão que um ajuste disciplinar entre o *amo* e o *serviçal,* coisas de um estranho Direito Privado, e expediente como no antigo Direito Romano da mais remota idade. Em síntese, o escravo não podia ser punido pelo Estado, porque este não tinha qualquer legitimidade sobre a *res.* Das penas dirigidas aos escravos voltaremos mais adiante.

Sobre as mutilações não se têm informações exatas de sua extensão, mas sabe-se com absoluta certeza da sua aplicação profusa no tempo da dominação holandesa. Cortar a língua do alcoviteiro era pena possível. A castração era outra também de prática usual pelos portugueses, principalmente nos casos de crimes sexuais. Não raro, os *grilhões* atrofiavam os condenados para o resto de suas vidas. Da mesma forma o uso abusivo da tortura no inquisitório. Mas isso, segundo o sistema, não era pena, na acepção da palavra. Não se identifica a pena processual com a pena judicial, valendo como tal apenas esta última. E, sendo assim, nem pensar em *detração penal*, prevista no art. 42 do diploma substantivo penal atual[14].

O governador Nassau era um homem preocupado com a sorte dos negros escravos. No direito positivo implantado na Nova Holanda, havia normas mínimas – criadas por Nassau – de garantias a esse segmento da sociedade. Desse bom governador em diante ficou estipulado que somente após manifestação da Justiça seria permitido aos *senhores* marcar os seus *escravos*. O mesmo aplicando à supressão de membros e órgãos e à pena de morte, que era, nesses casos, aplicada como se direito privado fosse. Cuidava-se do assunto em pelo menos duas oportunidades: textos 35 e 39, segundo nos relata Ruy Rebello Pinho. Instituiu ainda Maurício de Nassau o descanso semanal aos escravos; o não trabalho aos domingos; e o direito à assistência religiosa – ir à missa. Era uma espécie de *norma cogente.* Assim posto, cai por terra a argumentação de que *o governo holandês mostrou muito pouco interesse pela sorte dos africanos,* conforme apre-

---

[14] CP. Art. 42. *Computam-se, na pena privativa de liberdade e na medida de segurança, o tempo de prisão provisória, no Brasil ou no estrangeiro, o de prisão administrativa e o de internação em qualquer dos estabelecimentos referidos no artigo anterior.* Essa norma jurídica é tida por muito avançada em muitos lugares. Por motivos óbvios, penso que a denominada prisão provisória nem sequer deveria existir. A meu favor inciso LVII, do art. 5º, da Constituição Federal.

goam alguns historiadores, sempre lançando mão da metalinguagem. Cuidou Nassau, dentro daquelas contingências, de fazer o que era possível. Se mais não fez é porque mais não podia, em vista da multiplicidade de interesses conflitantes naquela sociedade de rapinagem sem limites.

Havia alguns outros tipos de castigo *sui generis*: aplicava-se pena corporal, que consistia no corte da língua do alcoviteiro em relação aos assuntos da Igreja ou do Estado. A dívida, delito para o qual fazia-se pelo menos quatro referências no direito positivo (o tipo penal, como conhecemos, era tratado de texto) números 9, 34, 37 e 44. De resto, puniam o incesto, o adultério e o casamento de branco com índia. O duelo era tratado da mesma forma que o homicídio. Não queriam os tribunais dos escabinos acolher os rituais bárbaros. Reconhecia-se, entretanto, já naquela época, as excludentes do crime, nos casos específicos do *homicídio passional* e nos casos de *emocionalidade*, o que para a época constituía um avanço muito grande.

Havia uma multiplicidade infinita de penas aplicáveis, além, como já se disse, de uma profusão de tipos penais. Ruy Rebello Pinho relata com precisão as penas aplicáveis, bem ainda dá conta dos números dos textos em que elas eram eficazes.

1 – **Advertência** (n.º 28);
2 – **Exílio, Expulsão** e **Deportação** (n.ᵒˢ 13, 27, 42, 43 e 53);
3 – **Confisco** (n.º 4);
4 – **Multa** (n.ᵒˢ 30, 31, 32 e 36);
5 – **Prisão** (n.ᵒˢ 9, 30, 31, 32 e 36);
6 – **Mutilações** (n.ᵒˢ 5, 12, 19, 35, 39, 44 e 55);
7 – **Escravidão** (n.º 41);
8 – **Pena Capital** (vinte e duas hipóteses).

A pena de multa, ao que tudo indica, podia ser aplicada subsidiariamente com a pena de prisão. E mais, segundo consta, a pena de multa era aplicada e transformada em óbolo aos menos favorecidos, nunca em benefício do Estado, respeitados os desmandos cometidos pelos escoltetos, escabinos e outros funcionários, que substituíam os "menos favorecidos", não raro. Essas coisas violentavam a consciência de João Maurício de Nassau-Siegen, que muito a lastimou em seu testamento político, escrito quando estava prestes a embarcar de retorno à Holanda. Ao que tudo indica, esses abusos teriam sido um dos motivos pelos quais recusou o convite de voltar ao Brasil em 1645/1646.

O confisco de bens vinha sempre acompanhado de outras penas: prisão, exílio ou morte. Os resultados eram, de regra, rateados entre os escoltetos e os escabinos da Câmara prolatora da sentença. Veículo de ruinosa corrupção e terror, foi atacado de rijo por Maurício de Nassau enquanto governador. Fala-se de um tal *Luberg*, um escolteto que expropriou todos os bens dos conjurados das Alagoas. Meio vil de enriquecimento, usado em larga escala nas Ordenações Filipinas, esses confiscos se tornaram costume em terras do Brasil.

Não diferente era a sorte dos judeus, caso fossem apanhados – ou simplesmente acusados –, blasfemando contra o cristianismo. Eram desapropriados dos seus bens, o que, por si só, representava uma pena horrenda para os da raça semítica, posto que os atingia na parte mais sensível: suas fortunas.

A pena de *escravidão* teve efêmera duração no regime holandês. De rigor, visava principalmente os *índios rebeldes*. Baldadas foram todas as tentativas de imposição de submissão total, na esteira do direito positivo, aos silvícolas. Da mesma forma, os portugueses tentaram, por outras vias, como relatou o padre Antônio Vieira, a escravização dos silvícolas. Fracassou talvez por uma única vez uma forma de espoliação. É que os índios estavam acostumados à liberdade e a escravização não lhes caía bem, produzindo grande rebeldia, o que consistia em repetir Ghandi antes de Ghandi na sua **resistência civil**: a não colaboração. Acredita-se ter sido este o único e principal motivo da rápida supressão, ou não aplicabilidade do texto 41. Falam os historiadores na proibição da aplicação dessa esdrúxula norma jurídica penal, entretanto, não conseguimos vislumbrar o destino final dessa tão arbitrária quanto má-intencionada lei.

Por derradeiro, vê-se a barbárie em que se constituíam os métodos empregados. Se acaso um condenado à forca viesse a morrer antes, por causa outra que não a da condenação, ainda assim seu corpo seria pendurado e exposto à visitação pública, proporcionando a mesma cena horrível produzida pelo cadafalso. Houve um caso singular a explicar tanta ânsia pelo sangue do condenado: não podendo pôr a mão em um tal Teodoro de Estarte, protagonista de um caso de jogo de dados, bem como ao seu ordenança de nome Françóis de La Tour – sargento-mor – *que basta ser francês para ser traidor*, dizia a sentença – ordenou-se o cumprimento da sentença de morte em *efígie*. Enforcaram a estátua, esquartejando-a. Em seguida negaram-lhes qualquer possibilidade de reingresso à vida real, que não haviam perdido, segundo o édito. Procedimentos que tais deixam a descoberto o verdadeiro caráter de um direito penal cruel, vingativo e corporativista do ponto de vista físico-pessoal.

5. Concluindo

Não se trata absolutamente de reverenciar **Dominação Holandesa**, posto que, como dito anteriormente, nada mais foi que uma expedição espoliatória como tantas outras que assolaram nossa Pátria em particular e, genericamente, toda a então sadia América ainda não latina. Não vieram os holandeses, de igual os portugueses, como chegaram os irlandeses na parte norte do continente. Estes vieram com *animus* de ficar, de criar um **Novo Mundo**, enquanto aqueles – e outros mais – chegaram com um único objetivo: saciar a ganância e acumular riquezas para seus respectivos monarcas, que, por sua vez, ancoravam-se na Igreja então todo-poderosa. Interessa nesta oportunidade, isto sim, resgatar uma injustiça histórica que nossos escritores vêm cometendo: o ofuscamento da obra gigantesca do conde **João Maurício de Nassau-Siegen**, quiçá o mais bem-intencionado de todos os estrangeiros tenham aportado no Brasil a ser colonizado.

Nassau, que nascido em 16 de junho de 1604 e falecido em 20 de dezembro de 1679, pouco tempo permaneceu no Brasil, menos de oito anos – entre 23 de janeiro de 1637 e 11 de maio de 1644. Voltou a Holanda não porque fosse um mal governante para o povo, mas devido à W I C, que, a partir de 1642, iniciou um processo de endurecimento político e econômico, aumentando a taxa dos juros e aviltando os preços dos bens exportáveis, tudo como agora. João Maurício de Nassau, homem de princípios, não concordava com essa política de arrocho. Como resultado, foi chamado de volta à Holanda por imposição do Conselho dos XIX da Companhia das Índias Ocidentais.

E o povo, como via Nassau? Amava-o. Isto não negam historiadores e pesquisadores idôneos como o próprio Ruy Rebello Pinho, para quem a figura de Nassau ofuscava a própria corporação a que pertencia. Isto talvez tenha sido a sua maior glória e, ao mesmo tempo, a sua maior desgraça. Por reiteradas vezes encontramos informações de que Nassau era tido como poder máximo de moderação e benevolência. Comutou e indultou as penas sempre que pôde. Atenuou as perseguições e puniu, até mesmo, as brutalidades praticadas por membros do Estado em geral. Conciliar era da sua vocação. Era um verdadeiro **estadista**. O único que o Brasil conheceu nos seus primeiros séculos de existência. Que bom brasileiro foi esse nobre holandês!

Tivesse Nassau permanecido mais tempo em nosso país, e por certo teríamos hoje uma região do Brasil com outro nome: **Nova Holanda.** Mas fatalmente, teríamos uma boa parte do Nordeste em situação absolutamente diferente da que temos hoje. Tivesse Nassau tido tempo suficiente para consolidar seu plano de trabalho, e as coisas seriam outras. Mas, repita-se, não pela Holanda de então, senão pela magistral figura desse homem maravilhoso. Lúcido e sensível, tudo fez em prol de uma Justiça justa, no terreno ocupado pela força e objeto exclusivo da ganância desmesurada dos invasores. Voltou para a Holanda, onde seguiu servindo seu país. No ano de 1646, convidado a regressar ao Brasil, declinou decisivamente o convite, repetindo a postura no ano seguinte. Em 1647 foi nomeado governador de Clèves. Em 1665 foi feito comandante-chefe dos Exércitos de Sua Majestade, o rei da Holanda. Finalmente, em 1674, assumiu o governo de Utrecht, vindo a falecer cinco anos depois. Assim, perdeu o Brasil quiçá o seu mais dedicado filho adotivo.

Quanto ao rigor das penas e o critério processual em uso no século XVII, algumas considerações se fazem necessárias. Com efeito, sou visceralmente contrário à violência como meio de combater a violência. Se é verdade que o Estado tem o dever de agir com rigorosidade no combate à criminalidade, não menos verdadeira é a afirmação de que ele deve tratar prioritariamente de minimizar os fatos geradores dessa doença social: a criminalidade. Enquanto o sistema penal perseguir tão-somente o *fato consumado*, não creio ser possível chegar a parte alguma. Melhor seria combater o *fato gerador* da violência tida por criminosa. *In casu*, ter-se-á que fazer uma abordagem profunda das circunstâncias em que vive a periferia do contexto histórico numa determinada quadra de tempo, gerando a violência desenfreada.

Em primeiro lugar cumpre relatar o clima político reinante no palco da ocupação: de um lado os holandeses tentando manter a posse; do outro, os portugueses, empenhados na desesperada tentativa de reintegração na posse. Tudo ocorreu num cenário beligerante, em constante conflito armado, conforme se asseverou anteriormente. Aí está parte da brutalidade que campeava. Somente Nassau foi capaz, a duras penas, de aplacar minimamente tanta carnificina, que procurava respaldo moral no sistema normativo penal, como se isso fosse possível.

De outra sorte, eram os usos e costumes imperantes em toda a América hispano-lusitana. Vigorava em grande parte do continente a legislação espanhola, a qual exercia influência decisiva sobre Portugal, então dominado, gerido pelas ordenações Filipinas, notadamente o Livro V, que é o que nos interessa e, no dizer de Heleno Fragoso, era uma *lei horrível*. Assim, se foi brutal a Dominação Holandesa, nada está a autorizar o leitor a crer na bonança do sistema português, que padecia dos mesmos vícios. As Ordenações, como já vimos, autorizava matar de quatro maneiras, torturando e mutilando com a dureza da lei holandesa. E, para comprometer ainda mais, não ocorria como ocasional exceção, senão que de forma convencional, o que acaba por beneficiar os holandeses, que empregavam métodos próprios das forças de ocupação, embora não fosse esse o escopo da permanência em solo brasileiro, visto que pretendiam ficar por aqui para edificarem, quem sabe, um "Novo Mundo".

Sobre a corrupção, pouco a acrescentar. Os que atravessavam o Atlântico, com raríssimas exceções, não vinham por escrúpulos. Eram, em regra, aventureiros em busca de fortuna rápida e a qualquer preço. Daí a mentalidade brasileira do *jeitinho*. Nossa colonização deve assumir a parcela imensa de culpa que lhe cabe nessa barafunda, onde a marginalidade e a criminalidade criaram um quadro deplorável. O resto fica por conta do quadro social degradante – responsável em si mesmo por tudo isso – em que vivemos, **onde quem pode, pode tudo, e quem não pode, não pode nada, como sempre apregoou** Euzébio Rocha.

Capítulo 6

A PROBLEMÁTICA DA OMISSÃO NO DIREITO PENAL

1. Breve Introdução.
2. Etimologia e Conceito.
3. Estrutura Doutrinária da Omissão.
4. Fundamentação da 'Comissão por Omissão'.
5. A Questão Crucial da 'Reserva Legal'.
6. O Direito Positivo.
   6.1. O Código Penal.
   6.2. Delitos Contra o Consumidor - Lei 8.078/90.
7. Concluindo.

1. Breve Introdução

A omissão no Direito Penal é assunto relativamente novo[1]. Com efeito, no século XIX não havia preocupação em distinguir-se entre *ação* [conduta comissiva ou positiva] e *omissão* [conduta omissiva ou negativa]. Talvez a razão esteja com Paulo José da Costa Jr., quando afirma que os clássicos não deram muita importância ao aspecto físico do delito: *Deles se descuraram os clássicos, que o trataram com certa superficialidade (2)"*[2]. Se, no geral, foi assim, o que dizer da especificidade?

Somente a partir de 1920 é que os estudiosos começaram a prestar atenção nas condutas omissivas, dando-lhes maior ênfase. Atualmente, convivem pacificamente na doutrina as duas vertentes principais, comportando, como se verá, até mesmo a subdivisão. É assim graças a doutrinadores de peso, como Claus Roxin[3] e Gimbernat Ordeig, este último com uma monografia específica, *Sobre los conceptos de omisión y de comportamiento*, com várias edições, o que demonstra a importância do assunto para os autores alienígenas, principalmente entre os tedescos que, de certa forma, arrastam consigo os ibéricos.

O tema ganha relevância em meados do século XX, em razão das grandes mutações comportamentais havidas após – ou em razão de – duas grandes guerras, que forçaram o câmbio de tão variados hábitos e costumes. Assim é que a Associação Internacional de Direito Penal, no seu XIII Congresso Internacional, realizado na cidade italiana de Urbino, teve como questão primeira o debate sobre o tema, colocando-o em evidência dada sua relevância. Tratou-se da criminalização de condutas omissivas até então não tipificadas, isto fazendo parte, segundo ficou entendido, da Política Criminal. Aí está a razão de ser deste modesto apanhado, que nada mais se propõe além de despertar a atenção daqueles que virão depois de mim.

---

[1] Segundo Rosário de Vicente Martinez, em trabalho publicado pelo Centro de Estudos do Ministério da Justiça de España, Madrid, 1993.

[2] *Comentários ao Código Penal*, vol. 1, São Paulo, Saraiva, p. 29.

[3] *Problemas básicos del Derecho Penal*, Madrid, pp. 226 e s.

2. Etimologia e Conceito

Não sendo um experto na ciência da Filologia, só resta apelar aos especialistas para explicar o termo omissão. E é precisamente isto que farei: pesquisar a bibliografia pertinente, tomando como ponto de partida *AURÉLIO[4]*, já que, neste momento, cumpre estudar o termo em *lato senso*. Diz o consagrado dicionarista pátrio na sua obra, hoje verdadeira bíblia dos estudantes e estudiosos: *Omissão. (Do latim omissione) S.f. 1. Ato ou efeito de omitir{se}. 2. Aquilo que se omitiu; falta, lacuna. 3. Ausência de ação; inércia. 4. Jur. Ato ou efeito de não fazer aquilo que moral ou juridicamente se devia fazer*. Nesta parte cabe uma observação: não há, ante a Ciência Jurídica, por que comparar o reflexo moral e o jurídico na conduta humana. Com efeito, a infração moral nem sempre se constitui em ilicitude, já que esta impõe a preexistência de norma jurídica reguladora e se faz acompanhar, sistematicamente, de uma sanção; irrelevante que tenha ou não matizes de natureza criminal, toda ilicitude resulta na aplicação de uma sanção. Ao revés a situação da moral, para a qual não há sanção, salvo a reprovação popular e a vergonha por que passa o autor da façanha reprovável. Na seqüência, o autor enumera várias facetas da omissão e do omisso, focando vários termos sinônimos, que se prestam ao vernáculo.

Na assertiva de Caldas Aulete[5], encontram-se várias configurações do vocábulo omissão. A etimologia segue sendo a já mencionada: do latim: *omissio*. Fala também do omisso, (omissius) que é aquele que deixou de fazer ou dizer alguma coisa que deveria ser feita ou dita. Em seguida, diz do omissor ou omissório e do ato de omitir *omittere* relacionados com o primeiro. Assim, **a omissão é o ato de não fazer**. Um esquecimento que poderá ou não ser voluntário etc. Omisso é aquele que deixou de fazer alguma coisa que, por certo, deveria fazer. A terceira hipótese arrola com duas denominações uma só figura. Omissor, ou omissório, é aquele que pratica a omissão. No que é pertinente ao Direito, fala do Código Civil português (art. 2.362)

---

[4] *Novo Dicionário Aurélio*, Rio de Janeiro, Nova Fronteira, Rio, 1ª ed., 3ª imp.
[5] *Dicionário Contemporâneo da Língua Portuguesa*, Editora Delta S/A., pp. 3535/6.

e, em seguida, reproduz a antiga proposição contida no art. 11 do Código Penal brasileiro de 1940[6].

Viajando para a seara dos dicionaristas técnicos, iniciei por rever os conceitos de Luiz Vicente Cernicchiaro[7], para quem a omissão pode ser a feitura de algo diferente daquilo que impõe a norma jurídica penal (*aliud facere*), que quer dizer: fazer outra coisa. Não sei se posso acompanhar o ilustre magistrado e insigne professor. Segundo a doutrina de Heleno Cláudio Fragoso, *Omissão é abstenção de atividade que o agente podia e devia realizar*[8]. Sendo assim, fazer outra coisa não é ato omissivo, mas comissivo. Já quando fala do omitente, Cernicchiaro esclarece, *Pessoa que se omite, que não obedece ao imperativo de fazer, imposto pelo preceito da norma jurídica penal*. Por imperativo, deve-se entender tal procedimento como ação negativa a um comando legalmente previsto e imposto diante de tal ou qual circunstância, que o agente prefere ignorar, não obedecer esse "comando", adotando para tanto a via da inércia.

O *Dicionário Jurídico, da Academia Brasileira de Letras Jurídicas*, editado pela Forense Universitária, oferece sintética e objetiva definição do termo: *Omissão. S.f. (Lat.* Omissio) *Dir. Civ. e Pen. Ato ou efeito de não fazer, alguém, aquilo que juridicamente está obrigado, e de que resulta, ou pode resultar, prejuízo para terceiro ou para a sociedade...*

Leib Soibelman, na sua *Enciclopédia do Advogado*, foge do assunto (p. 259) dizendo: *OMISSÃO. (Dir. Pen.) Ver ação (Dir. Pen.)*. No espaço a que é remetido o leitor, nada sobre o tema: omissão. Omissão absoluta e comprometedora do renomado autor. Ainda assim, valeu a pesquisa, como de resto valerá sempre a grande colaboração desse preclaro autor pátrio[9].

---

[6] Atualmente, a matéria vem disciplinada no art. 13 e seus dois parágrafos, especificamente no §. 2º: CP. Art. 13, ... *Revelância da omissão.* §. 2º. *A omissão é penalmente relevante quando o omitente devia e podia agir para evitar o resultado. O dever de agir incumbe a quem: a] tenha por lei obrigação de cuidado, proteção ou vigilância; b] de outra forma, assumiu a responsabilidade de impedir o resultado; c] com seu comportamento anterior, criou o risco da ocorrência do resultado.*

[7] *Dicionário de Direito Penal*, edição conjunta da UFB e José Bushatsky, /editor, 1974, p. 358.

[8] *Lições de Direito Penal*, parte geral, Forense, Rio de Janeiro, 1985, p. 238.

[9] Em homenagem à verdade, devo informar que o filho do pranteado autor me telefonou para dizer que a citação era originária de texto da primeira edição, mas que, atualmente, já está sanada a omissão. Quando se tratar de alguém como Leib Soibelman, nós é que sempre ficaremos em débito. Ele nos deu muito mais do que recebeu.

Após a exaustiva consulta aos dicionários, chega-se a algumas conclusões. A primeira resolve o problema etimológico: trata-se de vocábulo de origem latina, disso não há dúvida. Quanto ao afirmar se, no latim, é *omissio* ou *omissione*, ganha a primeira posição, já que inserida em dois dicionários. Ao conceituar, prefiro ficar com Heleno Fragoso, para quem o *non facere* nada produz, o que desautoriza a afirmação de Cernicchiaro, quando afirma que omitir é agir em sentido contrário ao que determina a norma jurídica. Por exemplo, agente a transitar na contramão de autopista – onde é impossível dizer: *eu não sabia* –, sem que com isso esteja a realizar uma conduta negativa, que denominam omissão. De rigor, age em sentido contrário ao que determina a norma jurídica, mas procede comissivamente.

Além do mais, a problemática da omissão somente pode ser discutida com relação aos *delitos formais*, já que os *materiais* requerem um resultado para o mundo exterior, o que não ocorre com aqueles outros. Destarte, para prosseguir, terei de esquecer, por ora, o *nexo causal*, já que não há relação de causalidade na omissão[10]. Trabalhei apenas o § 2º do art. 13 do atual diploma substantivo penal.

3. Estrutura Doutrinária da Omissão

Do ponto de vista objetivo, *Todas as infrações penais se desenrolam no palco do mundo exterior*[11]. Como regra, temos os crimes comissivos. Como exceção, os omissivos. Mas como falar destes sem ao menos – ainda que palidamente – explicar aqueles? Comissivos são aqueles delitos que surtem resultado para o mundo exterior mercê de uma conduta positiva (ação é como chamam normalmente) do agente. Estes, *Consistem em não fazer o que a lei manda*[12]. Portanto, o caráter proibitivo da norma jurídica se

---

[10] Juan Ramíres Bustos. *Manual de Derecho Penal*, Barcelona, 1994, PPU, 4ª ed. pp. 379/380, citando Tório, Bacigalupo, Politoff, Flisfisch e a si próprio. Entre nós Heleno Cláudio Fragoso.

[11] COSTA JR. Paulo José da. *Comentários ao Código Penal*, p. 28, 3ª ed., 1989.

[12] É o que diz Heleno Fragoso na obra já mencionada, p. 237.

viu violado pelo realizador do tipo penal[13]. Na realidade, não há proibição exteriorizada, mas subentendida na proposição, que é proibitiva e incriminadora.

Em síntese, a conduta positiva (ação) deve refletir necessariamente no mundo exterior, produzindo resultado palpável. Dessa observação, ou seja, da reflexão que se exercita sobre esse "aspecto objetivo"[14], é que se emitirá um juízo axiológico sobre o fato e suas conseqüências. Diferentemente ocorre em relação ao outro "aspecto", o subjetivo, em que não se emite qualquer juízo valorativo, limitando-se ao exercício de uma linguagem descritiva[15].

Interessa, todavia, analisar o crime praticado pela via da omissão, os crimes omissivos, que são aqueles que ocorrem porque o agente deixou de obedecer a um comando[16]. A doutrina tedesca nos orienta na direção de que o agente não segue a determinação normatizada. Assim, *a)Partiremos de los casos en los que el supuesto de hecho típico penal está descripto directamente como la omisión de una acción mandada (los llamados delitos de omisión propios)...[17]*. Diz o autor ser absolutamente possível que, em certos casos, se ordene ao agente repelir o resultado, realizando uma ação em contrário ao "resultado" produzido pela conduta e conseqüente evento resultante. Como exemplo, Stratenwerth cita a hipótese do art. 330 do diploma alemão, e repete: *será punible el que en un accidente o en presencia de un peligro comun o necesidad no preste ayuda[18]*. Na essência, o

---

[13] Segundo ensinou Karl Binding, o delinqüente não transgride os termos da lei, senão que *realiza o tipo penal*. Se prestarmos atenção, a norma jurídica em parte alguma inibe a conduta. Assim, não encontramos locuções como: *não mates* ou *não subtraia coisa alheia móvel*. Há, entretanto, uma regra filosófica que é ontológica na hermenêutica, inserida na doutrina kelseniana: **Se, Mas, Ou.** Vejamos: **Se >** você matar alguém, poderá ter como sanção de seis a vinte anos de prisão. Você pode matar alguém, **Mas >** poderá ser condenado a uma pena... **Ou>** você não mata ninguém, e não será punido, **Ou >** você mata alguém e poderá ser punido, nos termos da lei. Em síntese, a norma jurídica é meramente uma descrição da conduta e sua conseqüência, em caso de culpa.

[14] Paulo José da Costa Jr. é o autor dessa constatação, distinguindo *aspecto* de *elemento*, conforme obra citada.

[15] A *linguagem descritiva* é, para Genaro Carrió, a utilizada pelo intelectual, e fica adstrita à narrativa, sem emitir juízo de valor sobre o asseverado.

[16] Segundo o pensamento de Heleno Cláudio Fragoso, na obra citada.

[17] Veja-se Günter Stratenwerth *Derecho Penal*, Parte General, I - El Hecho Punible. Madrid, Editoriales de Derecho Reunidas S/A, pp. 290/1.

[18] *Ipsis litteris* da p. 291, obra citada.

mesmo que diz nosso art. 135[19], apenas mais enxuto, qualidade esta ausente na nossa norma jurídica mencionada.

Aliás, nesse particular, nunca é demais lembrar o ensinamento vindo de Eros Roberto Grau[20], para quem não há conceito imperfeito, mas termos não muito bem definidos, que acabam por comprometer a clareza de todo o conceito. Exatamente o que ocorre com a proposição contida no citado art. 135 do Código Penal.

Já Hans-Heinrich Jescheck[21], ao discorrer sobre a ação, necessariamente adentra o espaço da omissão, dizendo tratar-se de uma "via negativa" e assevera, na página 298: *La omissión solo puede concebirse como realización de una posibilidad de reacción existente para el hombre si puede afirmarse de forma general la capacidad de realización de la acción* esperada con empreo de finalidad". E, por isso, afirma que a Teoria Geral da Ação abarca, em si mesma, o conceito de omissão no sentido de "comportamiento socialmente relevante".

Ainda assim, se toda a problemática da omissão ficasse adstrita à sua forma pura, ou própria, conforme a denominação doutrinária, não seria tarefa menos árdua a de explicá-la, já que seria necessário perquirir-se o dever de agir em sentido oposto ao fático, para que se pudesse, aí sim, localizar o crime omissivo, conforme quer o § 2º do art. 13. Para facilitar a assimilação, Alberto Silva Franco, diz o seguinte: *A omissão, enquanto descrita num tipo penal – a chamada omissão própria – não oferece dificuldade maior de enquadramento conceitual*[22].

Sempre que houver uma proposição jurídica já definida não haverá, efetivamente, qualquer dificuldade, posto que a índole preceptiva da norma jurídica penal resolve o problema, citando o autor antes aludido um texto de Francisco Muñoz Conde, *in verbis*: *o conteúdo típico é constituído pela simples infração de um dever de atuar*. Não é atuar mal, mas a ausência desse atuar, que deve ser instantâneo. Como exem-

---

[19] CP. Art. 135. *Deixar de prestar assistência, quando possível fazê-lo sem risco pessoal, à criança abandonada ou extraviada, ou à pessoa inválida ou ferida, ao desamparo ou em grave e iminente perigo; ou não pedir, nesses casos, o socorro da autoridade pública.*

[20] Veja-se do autor *Direito, Conceitos e Normas Jurídicas,* Editora RT, 1988.

[21] *Tratado de Derecho Penal,* Parte General, vol. I, tradução do alemão para o espanhol por Santiago Mir Puig. Editorial Bosch S/A, Madrid, 1978.

[22] FRANCO, Alberto da Silva, *Direito Penal e sua interpretação jurisprudencial,* São Paulo, Revista dos Tribunais, 5ª ed. p. 141.

plo, tenha-se o socorro ao atropelado que, não sendo concomitante com o evento, não será tido por eficaz, em que pese não haver garantia de que, em sendo, haverá sucesso. Pune-se, na realidade, a desconsideração do comando legal, não o resultado do evento.

Haverei de enfocar as duas vertentes nas quais deságua a omissão. São elas: *I– crimes omissivos próprios* (ou puros) e *II – crimes omissivos impróprios*, estes denominados por ampla maioria por crimes comissivos por omissão.

Os primeiros versam sobre o já mencionado *non facere*. Trata-se da ausência de obediência devida à norma de comando, ou preceito autorizador. Assim, comete o crime omissivo próprio quem devendo agir não o faz, movido por negligência. Exemplo dos mais surrados é o da enfermeira que, devendo ficar acordada para ministrar medicamento ao moribundo, adormece. No dia seguinte, lá está o ex-moribundo, agora *de cujus*. Não há como garantir que, não tivesse a enfermeira dormido, o paciente estaria vivo. Mas, o seu não fazer é que a responsabiliza penalmente pelo evento e seu resultado.

Não se pode negar, como bem colocou Quintano Ripolles[23], que entre o delito de ação e o de omissão há uma mistura morfológica, de que resulta um terceiro segmento, ao qual se designa a denominação de *crimes comissivos por omissão*.

Para prosseguir neste trabalho com alguma possibilidade de sucesso, implica buscar explicação lógica e, se possível, epistemológica, sobre a diferenciação entre uma e outra forma de conduta omissiva. É o que tentarei fazer de agora em diante. Cabe, todavia, um esclarecimento, o Congresso Internacional de 1984, realizado no Cairo, conclui de maneira salomônica: que cada legislador resolva o problema de conformidade com os interesses regionais aos quais a norma jurídica pertinente irá prestar sua colaboração. Resolveu-se, ademais a terminologia *delitos de omisión legalmente tipificados, (conocidos como delitos de omisión propiamente dichos) y delitos de comisión por omisión no tipificados legalmente*[24].

---

[23] O autor é citado por Rosário Vicente de Martinez, obra citada, fazendo menção ao trabalho *Delito de comisión por omisión*, publicado pela NEJ em 1975.

[24] Veja-se Gössel em trabalho publicado pela *Révue Internationale de Droit Penal* nº 56, em 1985, sob o título Infractions d'omissison et responsabilité pénale pour omission.

De qualquer forma, há consenso quanto à existência de duas vertentes no espaço das condutas negativas, como trato eu. Já não se questiona a existência dessa figura nova classificada como *delito comissivo por omissão*. E, se os omissivos são de fácil assimilação, o mesmo não se pode dizer, em sã consciência, da pacificação doutrinária em torno do assunto, pelo menos por agora. Uma coisa é certa, a hipótese veio para ficar[25].

Os crimes tidos por comissivos por omissão ocorrem quando o agente devia (obrigação legal) e podia (capacidade física) evitar que o evento desencadeado pela conduta produzisse o resultado. Na Alemanha, a doutrina faz referência ao fenômeno pela terminologia ali dominante: "omissão imprópria". Assim é, por exemplo, se o bombeiro de serviço e com todo o equipamento à sua disposição assiste inerte ao início e à propaganda de um incêndio, não acionando o aparato ao seu dispor. Está claro, no exemplo colocado, que se tivesse agido, teria debelado o fogo e, como conseqüência, evitado o resultado danoso. Sua inércia é a causadora do mal, já que podia e devia agir. A esse propósito, veja-se a doutrina do autor portenho Francisco Orts Alberdi: *En defintivo podemos decir que se comete un delito de comisión por omisión cuando, tiendo el deber de actuar, se causa por medio de una omisión un resultado tipicamente antijurídico o aunque no se lo haya causado no se lo evita cuando el sujeto tenia el deber jurídico de hacerlo*[26]. Esta tem sido a tônica da doutrina, quer alienígena, quer aborígene.

A doutrina que nos chega da Espanha, em que pese profundamente influenciada pela alemã, na questão da denominação segue a francesa, adotando: *comissão por omissão*. Este esclarecimento é pertinente porque os tedescos empregam usualmente a denominação *própria ou imprópria*.

4. Fundamentação da "Comissão por Omissão"

Existem alguns problemas de natureza técnica que devem ser detalhados para que se possa tentar uma aproximação conceitual dentro

---

[25] Jescheck mesmo levanta algumas questões, e para firmar sua posição cita Engisch, com o fito de combater Welzel, Fetschrisft e Jacobs, que dizem da necessidade de o comportamento transcender o mundo exterior.

[26] Delitos de Comisión por Omisión, p. 51.

do espaço dedicado ao tema *omissão*, no geral, que sirva de parâmetro para a Dogmática Penal. Mas, como se verá, o assunto não desperta interesse tão-somente para a técnica jurídica, mas que também alcança e provoca inovadoras perspectivas para a Política Criminal, já que a modernidade trouxe consigo algumas figuras que se dissimulam em menos graves, quando, na realidade, pretendem mais do que aparentam. Sem dúvida, a questão dos delitos *comissivos por omissão* se inserem nesse contexto.

A pedra de toque do Direito Penal se enevereda no sentido de que, como regra geral, as condutas positivas (ações), ou condutas ativas, são as que têm presença predominante no universo da criminalidade, quando estudadas do ponto de vista do aspecto objetivo[27]. Nem seria necessária tanta reiteração, afinal, já se disse ser a *omissão* (em ambas as modalidades) a exceção. E, como ponto de desfecho, algumas condutas podem ser realizadas pela via de uma falsa omissão, ao que se chama de *comissão por omissão*. Há situações fáticas em que o não fazer significa alcançar o resultado desejado.

Tem-se que, o tema conduta comissiva por via omissiva ganhou corpo na Prússia no amanhecer do século XIX, por volta de 1800. É de Tório Lopez[28] o texto: *no existir dudas de que el asesinato, igual a cualquier otro delito, puede cometerse mediante omisión de lo que la ley exige de cualquiera Limites político-criminal*, p.127. A criação dessa figura, a do delito realizado por comissão omissiva, veio para solucionar algumas lacunas que a legislação não conseguia transpor. Essa insuficiência do sistema normativo penal que, até então, não tinha previsto a hipótese, gerou a necessidade de criar-se a previsão legal para certas condutas passivas de pessoas que, obrigadas a agir – garantidor no dizer de Fragoso – não o faziam, permanecendo inertes quando deveriam ao menos tentar preservar o bem jurídico sob sua responsabilidade[29].

---

[27] Sobre esses "aspectos objetivos do crime", veja-se Paulo José da Costa Jr., que escreveu tese sobre o Nexo Causal, além de oferecer grande espaço ao tema nos seus *Comentários*, quando discorre sobre o art. 13 do CP.

[28] Conforme informa Rosário de Vicente Martinez.

[29] Veja-se Novoa Monreal in *Fundamientos de los delitos de omisión*, Buenos Aires,1984, p. 127, sem editor identificado.

Uma corrente da escola alemã, mais precisamente aquela que defende a *teoria finalista da ação*[30], tem como ponto de partida para admitir e justificar a existência dos crimes comissivos por omissão, a equiparação de um tipo penal comissivo já existente, que tenha por finalidade punir a lesão causada, ou mesmo a possibilidade de perigo a que fica exposto determinado bem juridicamente protegido. Ainda para aqueles pensadores, deverá existir sempre um mandado (um comando) no sentido de evitar a lesão ao bem jurídico, e cuja inobservância tenha peso pelo menos equivalente ao que se exige na aferição axiológica do injusto culpável, o que lhe habilitaria ao sancionamento tal como se tivesse agido ativamente (comissivamente).

São duas as observações que entendo necessárias. A primeira versa sobre a exigência de existência de lei, o que é em si mesmo despiciendo, pois nada pode ocorrer no Direito Penal contemporâneo sem que se respeite a máxima de Anselm Paul Von Feuerback: *nullum crimen nulla poena sine lege.* Mais forte que essa viga-mestra do nosso diploma repressivo, é norma constitucional de eficácia plena, inciso XXXIX do art. 5º, conforme preleciona o professor José Afonso da Silva[31]. Mais adiante retornaremos ao assunto.

Outra posição dessa mesma linha doutrinária visa demonstrar certa incoerência na assertiva da equiparação. O Direito Penal, parece até querer ser acaciano[32], não trabalha com qualquer forma de analogia, e essa "equiparação" está mais para o análogo do que para qualquer forma de técnica jurídico-penal. A redação ofertada é a seguinte para esse autor – Armin Kaufmann *la esencia de la comisión por omisión axiológica, para la cual ha de existir um mandato con contenido de impedir la lesión o el peligro de lesión al bien jurídico própio de un tipo de acción, en los casos en que esa lesión o peligro sea equivalente al injusto y culpabilidad a dicho tipo de acción.* Ora, se ausente a culpabilidade, nem há falar em injusto punível, já que a inexistência da primeira arrasta ao ostracismo tudo o mais.

---

[30] Armin Kaufmann é mencionado por Rosário de Vicente na obra já citada.

[31] Para o Mestre das Arcadas, a norma jurídica constitucional pode ser dividida em quatro categorias diferenciadas: as *normas jurídicas de eficácia plena;* as de *eficácia contida;* as de *eficácia limitada* e as *normas jurídicas programáticas.*

[32] Personagem de um dos muitos romances de Machado de Assis, lembrado por se esmerar em falar o óbvio.

Melhor mesmo é o pragmatismo de Hans-Heinrich Jescheck que, quando trabalhou nas Jornadas sobre a Reforma do Código Penal da Alemanha, ofertou em síntese, a seguinte definição: *o delito impróprio de omissão é um delito de resultado cuja particularidade está em que o resultado típico não se produz por uma ação, senão que deixa de evitar-se-lhe mediante a omissão de uma ação absolutamente possível ao autor*[33]. Quer dizer: tivesse o autor agido, e o resultado danoso teria sido descartado, com certeza absoluta. Não fosse essa "certeza absoluta" e estaríamos diante de um quadro de *omissão própria.*

Para Santiago Mir Puig[34], parece razoável que quem tenha criado um perigo possua um dever especial de evitar sua conversão em lesão – tradução *ipsis litteris.* Não basta, todavia, como bem diz o autor catalão, a exigência de um dever de atuar para que a omissão assuma foros de "causasión compositiva". E, citando Bacigalupo, diz *una cosa es que exista el deber, y outra muy distinta que su infracción omisiva realice un tipo de comisión.* Prossegue elencando exemplos no sentido de demonstrar que alguém que atropela e não proporciona imediato socorro não pode, por isso só, responder por homicídio doloso. Apresenta tal proposição sob forma de indagação.

A resposta não pode ser outra que a de negar dolosidade na conduta. Penso que, para aferição de conduta comissiva por omissão, deverá haver comprometimento com outros componentes. Se o motorista da hipótese não agiu em estado de comissão omissiva, mas no estágio da omissão própria, não há como negar responsabilidade maior à enfermeira que dormia quando deveria estar ministrando a medicação. Mas, mesmo aqui, ainda se está agindo no campo do injusto culposo, jamais doloso. É questão apenas de aumento ou diminuição da culpabilidade do agente, locução bem ao gosto de certos autores ibéricos, não de câmbio no *animus* do agente, que permanecerá sendo culposo, no aspecto subjetivo da culpa lata.

Há uma hipótese bem clara, além da badaladíssima tese do "garantidor"[35], segundo a qual o dever de agir em sentido inverso ao fato danoso resulta numa forma *sui generis* de comissão, ou causação

---

[33] Citação contida na obra mencionada na NR 1.

[34] *Derecho Penal*, parte general, Barcelona, PPU, 3ª edição, 1990.

[35] Conforme relata Rosário de Vicente Martinez.

como dizem alguns. Trata-se da conduta omissiva com o fim delibe-
rado de alcançar o resultado positivo. Por exemplo, pense-se no caso
de um discípulo de Esculápio que, desejando o "êxito letal" do paciente por motivos egoísticos, deixa de ministrar-lhe certo medicamento que, de rigor, garantiria-lhe a vida. Ou então, o caso da governanta
que, sabendo ter sido contemplada no testamento do ancião diabéti-
co, advertida pelo médico de que o paciente não pode ingerir qualquer alimento que contenha sacarose[36] em hipótese alguma, facilita-
lhe os meios de acesso a grandes quantidades de açúcar e outras gulo-
seimas da espécie. Não lhe serve, mas não afasta a possibilidade do
eventual abuso, nem lhe obstaculiza o acesso embora sabendo de sua
compulsão por esse alimento. Não se poderá, em sã consciência, dizer de uma simples omissão, despretensiosa, descuidada. Há, à evidência, uma vontade férrea de obtenção do resultado – morte do paciente, usando-se o *non facere*.

Assim colocadas as coisas, parece não restarem dúvidas quanto à existência real de certas condutas negativas (omissivas), que refletem, na verdade, condutas positivas, eivadas de vícios próprios do
conteúdo dos delitos comissivos, como a vontade deliberada de alcançar o resultado, ou o descuido maldoso daquele que, obrigado a
agir para evitar a lesação, assiste ao evento como se nada tivesse em
comum com aquele quadro. Exemplos: pode-se repetir o surrado do
"guarda-trilhos", entre tantos, além daqueles outros já mencionados
no parágrafo anterior.

Há também o caso da mãe que deixa de amamentar o filho,
levando-o a morrer de inanição[37]. Stratenwerth[38] recorda o exemplo
na seguinte linguagem: *El viejo ejemplo de la madre que deja morir
de hambre a su niño, muestra esta problemática de una manera evidente. Si este comportamiento debe ser punible, a falta de otras
regulaciones legales, sólo se podrán aplicar las prescripciones vigentes para el correspondente delito de comisión, lo que nuevamente*

---

[36] Componente principal do açúcar, responsável primeiro pelo dano que o açúcar
causa aos diabéticos.

[37] O exemplo pode ser encontrado em Jescheck, obra citada, p. 836, ou em
Damásio de Jesus, p. 222, do seu *Direito Penal*, vol. 1. Na realidade, os autores
tedescos, Stratenwerth, por exemplo, chegaram bem antes que o oborígene.

[38] Stratenwerth, obra citada, p. 292, que antecede Damásio, conforme já
asseverado.

se justifica cuando la omisión, em principio, resulta tan grave como el comportamiento activo amenazado con pena[39]. Acredito que, com esses exemplos, ficará bem mais fácil distinguir a omissão própria daquela outra, a omissão imprópria, tratada convencionalmente por delito comissivo por omissão.

A discussão toma contornos aporéticos a partir do momento em que se torna necessário valorar objetivamente o alcance do § 2º do art. 13 do Código Penal. Com efeito, a locução "quando o omitente devia e podia agir", me parece um tanto equivocada, precisamente na inserção do vocábulo *podia*. Ou o agente está obrigado a uma tal conduta, pela força do verbo *dever*, ou ele se encontra em condição de optar: faço ou não faço, tanto faz !!! Sou pela posição de que o agente desfruta de condições materiais para agir. De qualquer forma, como é de domínio popular a equivocidade lingüística nunca esteve ao lado da Ciência Jurídica, complicando sempre a vida do hermeneuta.

Ademais, as três alíneas que completam o § 2º ora em comento não dão espaço para a eventualidade de conduta alternativa. Basta ler os verbos. Na alínea (a), está claro "tenha por lei obrigação..."; na alínea (b), "de outra forma, assumiu a responsabilidade de impedir..."; finalmente, a alínea (c), "... criou o risco da ocorrência".

O Desembargador Dante Busana [40] diz textualmente inexistir o crime comissivo por omissão se não houver previsão normativa sobre o especial dever jurídico de impedir o dano ou o perigo ao bem tutelado. Diz mais: que, na hipótese da ação negativa (omissão) dolosa, fica esta ação também condicionada à existência da vontade de omitir. Pessoalmente, encontro certa dificuldade em entender a figura do crime omissivo impróprio sem vislumbrar a presença do elemento subjetivo do crime chamado dolo. Ao revés, entendo ser sempre culposa a conduta omissiva própria.

Essa previsão normativa exigida no início do § 2º do art.13 do diploma substantivo penal é, de resto, uma conseqüência natural da

---

[39] Eis aí, ainda uma vez, a questão da *reserva legal* a perturbar o trabalho do jurista julgador, que tem de criar "ficção jurídica" – termo bem ao gosto do Desembargador e Professor Dirceu de Mello, em suas aulas no curso de Pós-Graduação da PUC/SP.

[40] *RT* 643/276.

norma constitucional, da qual já falei antes. O que prevalece, a meu juízo, é uma quase lacuna no aperfeiçoamento normativo na Parte Geral. Mas espero voltar ao tema para expor minha opinião. Penso que tratar de assunto tão palpitante exclusivamente na Parte Especial do Código é muito pouco. De outro lado, não vejo como se possa descartar a apuração em profundidade da culpa lata do agente, apenas em homenagem à aplicação da pena.

5. A Questão Crucial da "Reserva Legal"

A adequação do princípio da legalidade à aplicação extensiva de sanção nos delitos omissivos impróprios tem sido problemática. Isto se dá em razão da falta de coragem do legislador – ou, quem sabe, se excesso de zelo para com a máxima Von Feuerback. Não se pense que abro mão do princípio do *nullum crimen, nulla poena sine lege,* entretanto, atrevo-me a questionar o estreito espaço descrito no § 2º do art. 13. Penso ser possível separar a omissão própria da omissão imprópria, criando-se, na Parte Geral, a hipótese de culpa estrita em certas condutas e o dolo, como regra não tão geral. Aí, sim, todo o raciocínio axiológico recairá sobre proposição jurídica contida no *dever-ser subjetivo[41]*.

Atualmente, setores da jurisprudência e da doutrina, com forte ressonância na Espanha, asseveram haver legitimidade na exigência de responsabilização por delitos comissivos por omissão[42]. Um outro segmento contesta, colocando sérias reservas, alegando haver violação ao princípio da legalidade, já que não expressamente prevista em lei essa responsabilidade. Insistem, como eu, na inclusão de uma norma jurídica que defina essa responsabilidade. Penso ser possível contornar o problema pela via de aclaramento dos elementos subjetivos do crime, como já exposto acima.

Na Espanha, convergentemente com o que aqui se discute neste momento, há uma pequena parcela da doutrina que pretende suplantar a necessidade da apuração da existência evidente da cul-

---

[41] Conforme os ensinamentos de Hans Kelsen na sua *Teoria Pura do Direito.*
[42] Por todos, veja-se Gunter Stratenwerth, obra citada.

pabilidade em homenagem à necessidade de punir[43]. Edgardo Gramacho[44], assim como Juan Cordoba Roda[45], não vislumbra essa possibilidade, socorrendo-se inclusive de Liszt para prosseguir argumentando. É claro que não se pode admitir mera causação do resultado para punir. A culpabilidade, já se sabe[46], é composta de pressupostos que, ausentes, desfiguram por completo a ação criminosa. Agora, voltam-se os partidários da idéia – a meu juízo, *teratológica* – de exclusão da culpabilidade em razão da necessidade essencial de punir, como se o Direito Penal existisse exclusivamente para esse fim, como se a pena não fosse apenas um meio velhaco de tentar amenizar o mal causado pelo delito, para dizer da necessidade de legislar no sentido de esclarecer correta e coerentemente cada uma das hipóteses contidas no campo da omissão.

Seria de Juan Bustos Ramirez[47] a posição de que: *lo más adecuado es no legislar sobre esta materia y dejarla a la labor interpretativa, que terá que trabajar com criterios restritivos em su elaboracion conforme los principios generales del Derecho penal...* Se considerarmos que o julgador é uma pessoa humana, comprometida com todas as nuances próprias do cotidiano, tais como a simpatia, empatia, antipatia, idiossincrasia, etc., haveremos de admitir quão perigoso é deixar à deriva assunto de tal magnitude. Teríamos, fatalmente, decisões diferentes para casos iguais, o que não seria a melhor forma de aplicação da boa e justa Justiça. Tenha-se como exemplo a questão, terrível, para nós, dos *antecedentes criminais* que, sem regulamentação normativa coerente, fica ao alvedrio de cada magistrado, criando situações não raro verdadeiramente teratológicas.

Alterando um pouco curso da matéria, sem contudo modificar o conteúdo, veja-se Juan Manoel Benitez[48], quando afirma que mais

---

[43] Nesse sentido, veja-se Juan Cordoba Roda in *Culpabilidad y Pena*, Barcelona, Editorial Bosch, 1977, onde critica veementemente tal postura, como, aliás, não poderia deixar de ser.

[44] Edgardo Gramacho: *La acción en la teoria del delito*, p. 35, Buenos Aires, Astres S/A., 1975.

[45] Diz o autor ibérico: *I los iresgos antes aludidos no siempre resultan de la ilimitación de la culpabilidad en el referido sentido estricto, sino, en muchos casos, de la pretensión de sustituir el fundamento que hasta ahora há sido atribuido a determinadas regulaciones, por el necesidad de la pena.*

[46] Sobre o tema "culpabilidade", há um capítulo inteiro.

[47] Rosário de Vicente Martinez em nota de rodapé, na obra amplamente citada.

[48] BENITEZ, J.M. *Teoria Juridica del Delito*, Madrid, Civitas, 1988.

respeitoso para com o *princípio da legalidade*, ainda que pareça paradoxo, seria não incluir no Código Penal uma cláusula de equivalência da *omissão específica* à ação típica, ao modo alemão, já que, na realidade, estas *omissões específicas* também realizam o *tipo de resultado* correspondente. Vale dizer que a tipicidade dessas condutas omissivas pode chegar muito bem pela via da equiparação. Diz mais. Diz que a via adotada será sempre a da interpretação para o fim de equiparação. O método, segundo o autor, visa atender o significado social e não o causal, naturalístico.

Mesmo não sendo, como não sou, súdito do dogmatismo fanático, encontro muita dificuldade em trabalhar sem observar dois pressupostos, a meu juízo maiores, para o Direito Penal: *princípio da legalidade* e *teoria da culpabilidade*. Portanto, penso seja melhor a clara definição das condutas omissivas culposas – negligência, por exemplo – daquelas dolosas, conforme anteriormente exemplificado. No *tipo penal próprio* deveria estar prevista a modalidade culposa. Com isso, penso, evitar-se-ia uma gama imensa de raciocínios hermenêuticos nem sempre de boa qualidade. Afinal, os homens não são perfeitos, não são máquinas e, por isso mesmo, são suscetíveis de erros e equívocos.

Neste terreno lacunoso, a doutrina hispânica vem insurgindo desde a elaboração do Projeto de Ley Orgánica de Código Penal de 1980, onde vários autores da melhor estirpe propugnaram pela inclusão de uma norma jurídica que dimensionasse o âmbito e os requisitos da punição para os casos de delitos comissivos por omissão. Santiago Mir Puig chega a indagar se não seria possível que o Projeto impusesse desde logo uma definição da conduta *comissiva por omissão*[49]. Cerezo Mir[50] propôs, inclusive, a redação que julgava ideal, dizendo em resumo que aquele que, podendo, não impede a produção do resultado descrito na lei penal incorre na pena estabelecida, desde que tenha o dever jurídico de evitar, tornando assim a omissão equivalente à ação. Parece-me que este seria o caminho para uma norma jurídica de caráter geral, que viria para facilitar a aplicação do tipo penal concreto, desde que, como dito, se incluísse a modalidade culposa nos tipos penais omissivos.

---

[49] Segundo informa Rosário de Vicente, tal assertiva está inserida nas discussões realizadas em Santiago de Compostela, em 1980, p. 500/1, sobre o Projeto.

[50] *Observaciones críticas al Proyecto de Ley Orgánica de Código Penal*, pp. 202/3

Seja como for, tanto a jurisprudência quanto a doutrina atuais são unânimes em afirmar que os delitos omissivos impróprios devem ser apenados. Não resolve dizer da antinomia possível entre a aplicabilidade de norma por equiparação, ou mesmo deixar o assunto à mercê de interpretações esparsas. Deve o Estado (mais precisamente a União), responsável único pela legiferação penal, tratar de aparelhar melhor o Poder Judiciário para que este possa conhecer e aplicar a lei conforme o caso concreto. Aliás, o que se diz aqui nada tem de inovador, posto que já recomendado pelo XIII Congresso Internacional de Direito Penal, que teve lugar na cidade do Cairo, em 1984. Portanto, não poderia deixar de ser, insiste-se na reformulação legislativa já apregoada em outra parte deste trabalho.

Em síntese, é de se adotar como parâmetro a orientação de Benitez[51], para quem o Código Penal da Espanha poderia ter previsto norma jurídica que autorizasse a ordenação expressa dos crimes *comissivos por omissão*, tal como disposto no § 13.1 do congênere alemão[52]. Para o autor, com tal proposição, estariam vencidas as barreiras mais contundentes para a admissão da conduta comissiva por omissão na esfera rígida da *reserva legal.* Não seria, à evidência, a panacéia de todos os males, mas seria, pelo menos, uma linha mais clara no sentido de identificação e separação entre as duas modalidades[53].

6. O Direito Positivo

Doravante, para encerrar este despretensioso arrazoado, é necessário que se analise o que há em nosso Código Penal. E, para não deixar passar a oportunidade, far-se-á também um apanhado do que existe no Código do Consumidor, Lei 8078, de 11 de setembro de

---

[51] Obra citada, p. 585.

[52] *In verbis. Comisión por omisión. El que omitir e evitar un resultado, pertenciente a un tipo penal. Sólo será punible segun ese tipo si está juridicamente emplazado a que ese resultado no tenga lugar y siempre que la omisión equivalga a la realización del tipo penal por un hacer.*

[53] No mesmo sentido veja-se Stratenwerth, obra citada, p. 292, tópicos 987/988.

1990, onde as infrações penais estão nos arts. 61/80, e que, entre as normas incriminadoras, cinco de caráter omissivo[54].

6.1. O Código Penal

Como primeiro passo, retornaremos ao § 2º. do art. 13, a partir do acórdão da lavra do Desembargador Marcelo Fontes Barbosa: *Havendo, no hospital, equipamentos passíveis de serem usados para as providências que eram esperadas e não foram tomadas, de alguma maneira houve concurso culposo, por via de omissão culposa ao evento morte do paciente e este concurso decorre da negligência, da ausência da* **obligatio ad diligentiam**, *da omissão dos deveres de cuidado*[55]. Crime culposo pela via da omissão, que é precisamente o que se afirmou acima. Não houve, *in casu*, a vontade de qualquer resultado, apenas a falta de previsibilidade dos agentes. Portanto, está-se diante de um caso típico de crime culposo por omissão própria.

Para justificar e exemplificar a hipótese de crime comissivo por omissão, reproduzimos outros dois acórdãos: *Devendo e podendo prever o resultado e não tendo feito, estende-se até ele a responsabilidade e uma vez que o perigo ou dano resultam de sua inatenção na prática ou omissão de um ato*[56]. Neste caso, o magistrado igualou a comissão (prática) à omissão. Em outro julgado, vindo do TAGB, lê-se: *Nos crimes comissivos por omissão somente fica apurada a culpa do agente que tinha o dever de evitar o resultado lesivo, quando demonstrado que o mesmo decorreu de abstenção daquele*[57]. Pouco ou nada adiantamos em direção ao aperfeiçoamento do instituto. Na realidade, o que reprisei já

---

[54] A Lei 8.078, de 11 de setembro de 1990, prevê cinco hipóteses de conduta negativa, omissivas portanto. As normas jurídicas penais omissivas ali contidas são: Art. 63. *Omitir dizeres ou sinais ostensivos sobre a nocividade ou periculosidade de produtos, nas embalagens, nos invólucros, recipientes ou publicidade.* – Art. 64. *Deixar de comunicar à autoridade competente e aos consumidores a nocividade ou periculosidade de produtos cujo conhecimento seja posterior à sua colocação no mercado.* – Art. 69. *Deixar de organizar dados fáticos, técnicos e científicos que dão base à publicidade.* – Art. 73. *Deixar de corrigir imediatamente informação sobre consumidor constante de cadastro, banco de dados, fichas ou registros que sabe ou deveria saber ser inexata.* – Art. 74. *Deixar de entregar ao consumidor o termo de garantia adequadamente preenchido e com especificação clara do seu conteúdo.*

[55] *Direito Penal e sua Interpretação Jurisprudencial*, 5ª ed. São Paulo, Revista dos Tribunais, p. 144.

[56] RT 617/315, Relator Des. Munhoz Soares.

[57] Rel. Juiz Luciano Belém, *RDP* 14-14/138.

estava dito anteriormente. Serve, contudo, como demonstração da prática exercitada em nossos tribunais.

Já que quase toda a doutrina está direcionada à preexistência da hipótese tipificada, cumpre que se avalie, ainda que *en passant*, algumas dessas hipóteses, contidas no Código Penal, Parte Especial, que, diga-se, data de 1940 (Lei 2.848, de 7 de setembro de 1940). Estou procurando trabalhar em cima apenas do que, a meu juízo, é mais saliente no dia-a-dia.

O primeiro tipo penal versa sobre a direta omissão de socorro. Trata-se do art. 135[58]. Diz a norma jurídica não prestar socorro, mas "Deixar de prestar assistência", portanto, vê-se que não se trata especificamente de prestação de socorro, mas de uma tal assistência, que tem mais compromisso com a consciência humanitária do cidadão do que com qualquer outro segmento da vida social, principalmente com a jurídica. A omissão, está em *não pedir, nesses casos, o socorro da autoridade pública.*

A autoridade pública, esta sim, está vinculada à prestação do socorro. Na hipótese, por exemplo, de acidente em rodovia, o *homem médio comum* está comprometido com a comunicação à Polícia Rodoviária, não com a remoção de feridos. O que acontece, de ordinário, é ocorrer uma *requisição*[59], que finda por vincular o prestador de assistência ao fato pretérito, ligando-o à prestação material do socorro, como se ele fosse partícipe da *conduta, evento* e *resultado*. Aqui sim, não fossem os abusos dos agentes do Estado, ter-se-ia o tipo penal que a doutrina denomina *delito omissivo próprio,* a despeito de poder sua descrição ser mais enxuta do ponto de vista gramatical, conforme já se disse. A mim não agrada os *tipos penais abertos*, posto que, não raro, tornam-se vacilantes.

---

[58] CP. Art. 135. *Deixar de prestar assistência, quando for possível fazê-lo sem risco pessoal, à criança abandonada ou extraviada, ou à pessoa inválida ou ferida, ao desamparo ou em grave e iminente perigo; ou não pedir, nesses casos, o socorro da autoridade pública.*

[59] O agente do Estado tem prerrogativas para, em situações que julgar necessário, requisitar o cidadão comum. Ocorre, entretanto, que nem sempre essa avaliação é feita criteriosamente. Certa feita prestei socorro espontaneamente num acidente de monta. Quando entreguei o ferido ao policial, este me arrolou como "testemunha". Acabei passando a noite toda na Delegacia de Polícia, para relatar algo a que não tinha assistido!

No Título VII do Código Penal, "Dos Crimes Contra a Família", mais precisamente no Capítulo III, "Dos Crimes Contra a Assistência Familiar", duas normas jurídicas de comando amparam a figura do *garantidor* – ou "garante", como dizem os autores hispânicos. A primeira é o art. 244[60], e ostenta textura aberta[61] quando emprega linguagem como *recursos necessários* e *gravemente enfermo*. A prática tem demonstrado que toda vez que se empregam os tipos penais de textura aberta, corre-se o risco de praticar injustiças, quer não punindo quando necessário, quer punindo quando absolutamente desnecessário. Quanto mais fechado for o tipo penal, mais seguro ele é quanto ao seu escopo de realizar a boa Justiça.

No mesmo espaço uma outra norma jurídica que, embora usando termo lacunoso: *sem justa causa,*[62] é bem mais fechada, diria mesmo correta no pertinente à redação. Afinal, a justeza da causa para deixar de atender ao comando é de fácil comprovação. Apenas uma observação: a estrutura de ensino foi alterada, não temos mais o *primário* e sim o *primeiro grau*, que englobou a antigo *ginasial*. Numa primeira oportunidade pensou ter-se tornado ineficaz a norma jurídica. Entretanto, quero agora me redimir. Interprete-se por "primário" todo o tempo à realização do "primeiro grau". Afinal, se antes a criança recebia seu primeiro diploma ao completar o quarto ano de estudos, agora não mais, tendo de completar o oitavo ano. Poder-se-ia dizer que interpreto em nível de *reformatio in pejus*, mas considero, acima de tudo, o bem jurídico protegido, que é dos mais relevantes dentro de qualquer núcleo social: a educação fundamental ao jovem, ainda criança, que sozinha nada pode fazer. Eis por que disse em outra parte que não fico ajoelhado à dogmática. Meu compromisso maior é com o Ser Humano, que é meu semelhante.

---

[60] CP. Art. 244. *Deixar, sem justa causa, de prover à subsistência do cônjuge, ou de filho menor de 18 [dezoito] anos ou inapto para o trabalho, ou de ascendente inválido ou valetudinário, não lhes proporcionando os recursos necessários ou faltando ao pagamento de pensão alimentícia judicialmente acordada, fixada ou majorada; deixar, sem justa causa, de socorrer descendente ou ascendente, gravemente enfermo.*

[61] Para Claus Roxin, os tipos penais são "fechados" ou de "textura aberta". Fechados são aqueles que não deixam espaço para interpretações: "matar alguém"; "estuprar"; "cometer adultério", etc. Textura aberta, por exemplo, surge quando a norma diz: "ou qualquer outro meio fraudulento"; "ato libidinoso diverso da conjunção carnal" e assim por diante.

[62] Trata-se do art. 246, cuja redação é a seguinte: *Deixar, sem justa causa, de prover à instrução primária de filho em idade escolar.*

Por outro lado, há um aspecto que não pode ser descartado, posto tratar-se de matéria constitucional. Trata-se da obrigação do Estado de manter esse patamar de escolaridade. Então, o genitor que não pode pagar pode e **deve** exigir do Estado essa prestação, visto estar amparado pela Carta Magna nessa avença em si mesma perversa: somente o "primeiro grau" é muito pouco, e todos sabemos disso. Na realidade, esta é uma norma jurídica típica daquelas que Hans Kelsen denominou de *ineficaz*[63], já que rarissimamente agilizada e de difícil aplicabilidade. Ademais, uma norma jurídica de natureza penal que pretenda punir alguém com 15 dias de detenção [pena privativa de liberdade!], convenhamos, não pode ser levada a sério e tampouco merece o respeito da sociedade. Com o advento da Lei 9.099/95, que instituiu os Juizados Especiais, pode ser que ela se torne eficaz. De minha parte, sigo cético.

Situação deveras curiosa é a criada na primeira parte do art. 261, do Código Penal vigente[64], quando diz: *Expor a perigo*. Há que perquirir se a locução abrange ou não o espaço da *inércia*. Afinal, expor de que forma? Seria por acaso o ato de abandonar aqueles instrumentos em local não apropriado? Pode ser. Já que na parte final menciona o termo *ato*. Dessa forma, então ação positiva, comissivo. Mas se ocorreu um mero esquecimento, aplique-se o § 3º, que contempla a modalidade culposa na conduta do agente.

Não muito diferente o que ocorre com a redação do art. 262[65] do mesmo diploma, na primeira parte. Esse vocábulo *expor* pode muito bem ser obra de uma conduta negativa de caráter negligente. Portanto, a regra é a mesma que a acima exposta. No

---

[63] Para Kelsen, a norma jurídica só é perfeita quando é vigente e eficaz. Vigente quando inserida no corpo do sistema normativo, tendo recebido a aprovação do Legislativo, a sanção presidencial e a publicação. A eficácia, todavia, segue outra orientação, outro caminho. Se, na prática, a norma jurídica não encontra meios adequados para sua efetiva aplicação, trata-se, bem de ver, de uma *norma jurídica ineficaz*. Por todas, veja-se o art. 149 do Código Penal. Ao usar a analogia para definir quem é "escravo", suicidou-se!

[64] CP. Art. 261. *Expor a perigo embarcação ou aeronave, própria ou alheia, ou praticar qualquer ato tendente a impedir ou dificultar navegação marítima, fluvial ou aérea.*

[65] CP. Art. 262. *Expor a perigo outro meio de transporte público, impedir-lhe ou dificultar-lhe o funcionamento.*

mais, em ambas as hipóteses o *dever-ser subjetivo*[66], parece-me está muito mais comprometido com a *conduta comissiva*, mas, nem por isso, se pode descartar a eventualidade da *omissão.*

O art. 269[67] versa sobre a *omissão de notificação de doença*. Trata-se, bem de ver, de um tipo penal próprio no pólo ativo, já que exige seja o médico a pessoa obrigada àquela exigência legal. Sendo assim, como legalmente o é, há um direcionamento a um profissional especializado, encaixando-se a hipótese no § 2º do art. 13 do Código Penal. Seguindo a boa doutrina de Alberdi[68]: *En los delitos de comisión por omisión el deber generalmente no surge del tipo sino de otras fuentes jurídicas y obliga a un limitado y determinado número de personas que están colocadas en posición de garantizar que el resultado no se produzca.* No caso, o médico relapso não se encontra na condição de *garantir* que o resultado não se produza. Poderá, quando muito, evitar que a eventual endemia se transforme em epidemia. Mas, a seu desfavor, o a peculiaridade de ser ele o especialista e, somente ele, poder e dever promover respectiva notificação ao órgão competente.

Sem querer polemizar, o médico é a figura que mais se pode mencionar nessa hipótese de ficção jurídica convencionalmente chamada de garantidor. Afinal, se ele, médico, não notificar a "autoridade pública", quem o fará? Quem teria, além do médico, capacitação para tal fim, já que tal providência exige conhecimentos científicos do obrigado? Eis aí uma questão que deve ser revista em toda a doutrina da problemática da *omissão*. A situação do médico, enquanto *expert*, não é a mesma daquele que, dono de uma lancha a motor, deixa de prestar socorro aos náufragos da Baía da Guanabara[69]. Eis por que propugno por melhor definição legal de certas condutas, inserindo-se nelas mesmas *quando*, *como* e *quem* se transveste

---

[66] Dever-ser subjetivo", na linguagem kelseniana vale por "preceito" dos autores clássicos ou convencionais. Kelsen estrutura a norma jurídica da seguinte forma: *dever-ser subjetivo* como sendo a proposição jurídica contida na norma; *dever-ser objetivo* como sendo a sanção cabível a cada conduta. No todo, ele trata a lei como um *dever-ser prescritivo.*

[67] CP. Art. 269. *Deixar o médico de denunciar à autoridade pública doença cuja notificação é compulsória.*

[68] Francisco Orts Alberdi: *Delitos de comisión por omisión.* Buenos Aires, Ghersi, 1978, p. 73.

[69] Referência que se faz ao caso ocorrido anos atrás com o barco "Bateau Mouche", num reveillon em Copacabana, onde morreram várias pessoas, e o dono de uma lancha ancorada na Marina de Botafogo, recusou-se a prestar socorro.

de mero *omitente* à figura de *garantidor*. Tal como proposto na doutrina, no caso do art. 269, o médico não é, mas, nem por isso vou cambiar meu ponto de vista.

Das condutas exigidas nas hipóteses de *falso ideológico*, descritas no art. 299[70] do diploma substantivo penal, algumas são comissivas, outras não. A meu juízo, o escopo da conduta ali realizada é bem diversa daquele que se reveste de simples alteração de texto etc. Há sempre o fim do lucro fácil em prejuízo alheio. Mesmo tratando-se, invariavelmente, de *crime meio*, a conduta do omitente, principalmente se o documento é público e apenas ocorreu porque o agente público facilitou ou executou uma omissão que lhe fora solicitada, há de punir-se com mais rigorosidade. Afinal, é o agente do Estado que está a trair o cidadão, aproveitando-se de uma fé pública que lhe foi confiada.

O assunto é complexo e recheado de nuanças, o que dificulta o aprofundamento do debate. Todavia, pelo menos mais quatro normas jurídicas devem ser comentadas aqui, servindo de amostragem para casos outros. Essa escolha não quer dizer inexistirem outros tantos casos merecedores de considerações axiológicas. Apartamos, para esta oportunidade, os arts. 318, 319, 320 e 334[71]. Cada um, à sua maneira, apresenta pelo menos uma hipótese de *omissão*, sem, entretanto, configura tipos penais ontologicamente *omissivos*.

O art. 318 versa sobre a *facilitação* de que dispõe o funcionário público nos casos de *contrabando* e *descaminho*[72]. Para Paulo José da

---

[70] CP. Art. 299. *Omitir, em documento público ou particular, declaração que dele devia constar, ou nele inserir ou fazer inserir declaração falsa ou diversa da que devia ser escrita, com o fim de prejudicar direito, criar obrigação ou alterar a verdade sobre fato juridicamente relevante.*

[71] CP. Art. 318. *Facilitar, com infração de dever funcional, a prática de contrabando ou descaminho.* – Art. 319. *Retardar ou deixar de praticar, indevidamente, ato de ofício, ou praticá-lo contra disposição expressa de lei, para satisfazer interesse ou sentimento pessoal.* – Art. 320. *Deixar o funcionário, por indulgência, de responsabilizar subordinado que cometeu infração no exercício do cargo ou, quando lhe falte competência, não levar o fato ao conhecimento da autoridade competente.* – Art. 334. *Importar ou exportar mercadoria proibida ou iludir, no todo ou em parte, o pagamento de direito ou imposto devido pela entrada, pela saída ou pelo consumo de mercadoria.*

[72] As duas figuras: *contrabando* e *descaminho*, embora vivendo no mesmo contexto, têm características diversas. A primeira se realiza quando da introdução em território nacional, de mercadoria proibida; a segunda versa sobre o não-recolhimento dos tributos que, realizado, tornaria a conduta lícita. Em síntese: uma aceita retratação, a outra não.

Costa Jr. a norma jurídica posta em discussão não é das mais inteligentes, e diz: *Despicienda a incriminação[121]. Seria mais natural que o legislador pátrio, no dispositivo relativo ao contrabando e ao descaminho, num parágrafo, fizesse constar a modalidade agravada*[73]. Para o autor, há a possibilidade de a conduta ser realizada sob os auspícios da *comissão* ou da *omissão*. Podendo esse *facilitar* consistir na conduta física de *remover* ou auxiliar na remoção de obstáculos; se assim, então, conduta comissiva. Vista pelo prisma da omissão, estaria contida naquele "fechar os olhos". Sem dúvida, uma conduta negativa, omissiva.

Aqui, visando a clarear na medida do possível a assimilação, vale a pena antecipar o comentário sobre o art. 334, já que cria, por certo, uma simbiose. Na realidade, interessa mesmo para a oportunidade avaliar a segunda conduta: *descaminho*. Na opinião de Maria Domitila Lima de Carvalho, esse *iludir, no todo ou em parte, o pagamento de direito ou imposto...*[74], constitui uma forma cristalina de omissão. Ademais de tudo, esse *não declarar* tudo aquilo quanto obrigatório declarar, não fosse a tipificação expressa, e estaria enquadrada no art. 299, sem o risco de se cometer qualquer violência contra o *princípio da reserva legal*, com o brocardo instituído por Anselm Paul Von Feuerback: *nullum crimen, nula poena sine lege,* inserido no nosso sistema desde o primeiro diploma repressivo, obra gigantesca de Bernardo Pereira de Vasconcellos. É possível admitir que, o art. 299 seria até de melhor aproveitamento, já que mais rigoroso, o que seria certo para a conduta descrita.

O art. 319 traz consigo orientação de dupla direção: *retardar* ou *deixar de praticar*. Esta última nos dispensa de comentários prolongados, já que o "deixar de" não oferece alternativa que não seja a omissão. Diferentemente ocorre com a primeira locução: retardar. Pode-se retardar pela via *comissiva*, exigindo a realização de expedientes absolutamente desnecessários. Ou então pela via *omissiva,* o que consistiria, por exemplo, em não receber para despacho um documento, ou levar um processo para casa e não decidir sobre o assunto, dentro dos prazos estipulados pela lei, para com isso satisfazer interesses ou sentimentos pessoais[75].

---

[73] Veja-se *Comentários ao Código Penal,* vol. 2, p. 478. A menção de rodapé inserida no texto copiado:{121}, diz respeito à metalinguagem feita a Basileu Garcia.

[74] A autora é mencionada por Paulo José, em nota de rodapé da p. 479.

[75] Este fato verídico dá bem a medida do que pode ocorrer em certas oportunidades: como advogado militante, entre muitas, houve uma situação que muito me impressionou e me marcou pela falta de ética de um julgador. Em 1991, precisamente no dia 27 de novembro, impetrei um *habeas corpus* perante a 3ª Região da Justiça

Nesse caso, representando o Ministério Privado, tinha a meu favor – a favor do Justo – o parecer favorável o do Ministério Público. O cidadão procurou a tutela jurisdicional e não a teve. O profissional, fatalmente, se passou por incompetente, correndo o risco de ser desacreditado. Cabe uma indagação que antecipo a resposta: por que não representou contra essa forma teratológica de prevaricação? Simplesmente porque existe uma coisa chamada *l´espirit du corp*, que massacraria meu constituinte e a mim de uma só vez. Aí está! Uma forma velhaca de omissão do órgão estatal[76].

Sobre o art. 320, entendo ser necessário muito critério no exercício hermenêutico da proposição da norma jurídica em discussão. É essencial haver muita condescendência e valorar humanitariamente o comportamento do agente ativo com relação a este artigo Em síntese: é imperioso que se raciocine axiologicamente a razão de ser do tipo penal *condescendência criminosa*. De ordinário, utiliza-se o tipo penal para efeito de *prevenção geral*[77]. Vale dizer: pune-se um pequeno delinqüente, acobertando-se o grande. Por todos, os *crimes do colarinho branco*. Esta a primeira proposição contida na norma jurídica discutida.

Pela segunda, o legislador pretende obrigar alguém que não tenha por obrigação fiscalizar e comunicar fatos a se passar para a condição indecorosa de delator, com o que a Moral e a Ética não podem concordar e a Sociedade não deveria ser compelida a conviver. Não gastarei meu tempo, e tampouco roubarei o dos leitores, discutindo a razão de punir o "não delator", já que, se aquele é a escória, este jamais poderá ser punido, por não se permitir a ingressar naquele grupo de iguais da pior espécie.

Federal, o qual recebeu o número 91.03.39062-4, tendo ido ao Relator no dia 19 de dezembro. O tempo passou e nada. Tomei coragem, coisa que nunca me faltou, e fui falar com o nobre magistrado. Ele, sem qualquer cerimônia, justificou: *tem um colega em quem eu não confio. Enquanto não mudar um membro da Câmara, não coloco em pauta!* Até 1996 o caso ainda não tinha sido julgado! Meu constituinte foi salvo pela prescrição, a despeito de todo o seu direito. Que vergonha!!!

[76] Usa-se o Poder público como se fosse uma *res privatum* posta à disposição! Aqui, vai mais que um desabafo, mas principalmente um chamado à reflexão e uma advertência.

[77] Regra instituída pelos positivistas, mais precisamente pela doutrina de Enrico Ferri, segundo a qual punindo-se um, coíbe-se o intento daqueles que, eventualmente, pretenderem delinqüir. A prevenção especial é a punição aplicada diretamente ao realizador da infração penal.

A despeito de se tratar de uma forma de *comissão por omissão*, penso que a "indulgência", em certos casos, precisa e deve ser avaliada com muito critério, quer quanto à rigorosidade da sanção, quer quanto a seu abrandamento. Portanto, o julgador precisará dispor de dose redobrada de bom senso e sensibilidade. Não raro, omitir a denúncia é tão relevante quanto o denunciar. Se o infrator não causou mal algum – e o aqui *agente ativo* do tipo penal nº 320 agiu com sensatez –, para que punir?[78]. Sem desconsiderar que já nos divorciamos da teoria da *responsabilidade objetiva* há muito tempo.

Concluindo, *de lege ferenda*, há de se aproveitar o preceituado no inciso IX do art. 107 do Código Penal, elastecendo as hipóteses. Seria o caso, por exemplo, de acrescentar um parágrafo nesse sentido, o qual viria para aumentar as oportunidades para a aplicação do *Non Liquet,* em casos que o julgador entendesse compatível. Afinal, se utilizada com sinceridade, a *indulgência* é um sentimento nobilíssimo, ao mesmo tempo que não muito usual entre nós!

6.2. Delitos Contra o Consumidor – Lei 8.078/90

Neste espaço, é nosso objetivo realçar a importância que o Estado dispensou para a fiscalização da publicidade sobre os bens e serviços oferecidos ao consumidor. A considerar que vivemos numa sociedade altamente consumista, o que, por si só, já é motivo bastante para cuidados especiais. A rigor, os arts. 63, 64, 69, 73,[79] versam sobre a publicidade. O primeiro deles trata de impor ao fabricante a eventual nocividade deste ou daquele produto. Para exemplo, o cigarro, que deve conter informações pertinentes sobre os males que pode causar ao usuário. No mesmo sentido, recentemente, a publicidade de remédios chamados "populares". Não se pode negar, entretanto, que o Estado tem por hábito preparar-se formalmente, porém, nunca materialmente, para a boa aplicação da lei.

---

[78] Nessa linha de raciocínio Claus Roxin em *Culpabilidad y Prevención en Derecho Penal,* Madrid, Editorial Reus, 1981, seguido por Muñoz-Conde e Paulo José da Costa Jr., para quem, a pena só será válida se puder surtir algum benefício à sociedade.

[79] Além dessas normas jurídicas omissivas, outra existe versando sobre o certificado de garantia do bem ou do serviço. Assim, o art. 74 do Código do Consumidor, pune o fornecedor que não documentar o consumidor.

No artigo seguinte: 64, obriga-se o empresário a comunicar às autoridades e aos consumidores fato redibitório que possa vir a ser nocivo, ou mesmo aqueles que representem potencial periculosidade genérica. O fabricante tem o dever de informar o consumidor e o Estado. Não o fazendo – omitindo –, ficará exposto às sanções pertinentes, que não são somente de natureza penal. Resta saber se este *comando* visa tão-somente o produtor, ou vai além, alcançando também o distribuidor de todos os matizes[80]. A criticar tem-se a redação do art. 75, que restaura a execrável teoria da *responsabilidade objetiva*. Não será por aí que se irão combater os abusos, tampouco nos é permitido retroagir.

Por essa razão, é meu dever abrir um hiato para tratar de um possível retrocesso que representaria o retorno aos umbrais da *responsabilidade objetiva*. Como já asseverado, há minúsculo grupo de juristas que defende esse nefasto retorno, pretendendo descurar o avanço que representa a adoção da teoria da *culpabilidade*. E, o que é pior: tudo em homenagem à uma pseudo-necessidade de punir! Quer dizer: punir por punir! Na Espanha, doutrinadores como Francisco Muñoz Conde e Juan Córdoba Roda combatem essa postura. Entre nós um sem número de juristas.

Mas, a despeito de toda essa superioridade, tenho medo. E tenho medo por causa de julgados como este: *É admissível, em tese, a responsabilidade do patrão, sócio ou gerente, de empresa comercial ou industrial por acidente de trabalho com vítima, podendo caracterizar-se delito culposo quando se revela negligência consistente em não dotar o operário das mínimas condições de segurança para o desempenho de sua atividade laboral*[81]. Se houver negligência, que se apure quem o é responsável. Não se pode considerar todos culpados até prova em contrário. Isso é inconstitucional. Esse julgado deixa claro a despreocupação em apurar a verdade real e, conseqüentemente, o culpado. Agora sim, retorno ao tema central.

Pensou o Estado em proporcionar ao consumidor informações de conteúdo epistemológicos, quer sobre o uso da publicidade, quer sobre o que realmente está consumindo o cidadão, quer, ainda, sobre seus direi-

---

[80] Por distribuidor tem-se o atacadista, as várias formas de varejo, incluindo-se, agora, essa figura nova do "ambulante", que, de regra, é o maior repassador de produtos já vencidos, deteriorados, etc.

[81] TACRIM, Rel. Juiz Lourenço Fº, reproduzido por Alberto Silva Franco, obra citada, p. 145. Esse regresso ao art. 25 da anterior Parte Geral do Código Penal – *Quem, de qualquer modo, concorre para o crime incide nas penas a este cominadas* –. Não faz bem a ninguém.

tos elementares em relação aos serviços comprados. Portanto, o fornecedor, ao deixar de informar certas circunstâncias, pratica ilícito de natureza penal. Seria uma maravilha se o grande público pudesse entender na sua inteireza o alcance da lei. O art. 69 exige do fabricante que forneça "dados fáticos, técnicos e científicos" nos quais se ampara toda a publicidade. Não há mais espaço para a publicidade enganosa, a despeito de ainda existirem algumas empresas que a utilizem[82]. Porém, o art. 69 tem efeito meramente formal, porque, materialmente, as coisas funcionam de outra forma. Utilizando uma linguagem técnica, o produtor, através seus agentes de publicidade, somente diz o que efetivamente interessa à comercialização do produto, mantendo órfãos de esclarecimentos aqueles que sempre o foram.

O art. 73, de sua parte, trata da mesma coisa que o 69, apenas que, neste espaço, quando os fatos chegam ao conhecimento do fabricante após a publicidade ter veiculado. Aí também nos deparamos com a *responsabilidade objetiva*. Com efeito, quando a norma jurídica prescreve: *que sabe ou devia saber*, cai na vala comum. Mesmo sendo uma norma jurídica que parcialmente combate os "arquivos paralelos", não posso aceitar a textura aberta do tipo penal. Penso que todos os "arquivos paralelos"[83] deveriam ser expungidos, mas penso também que ninguém deve estar condicionado a esse maldito "devendo saber". Esse expediente gera alimentação para essa máquina maldita chamada *imprensa marrom*[84]. Esta, pior mesmo que qualquer mal que possa causar a publicidade enganosa. Afinal, na publicidade nem sempre se acredita, mas no noticiário as coisas funcionam diferentemente.

Por fim, a questão de negar o certificado de garantia ao consumidor. O art. 74, impõe ao fabricante/comerciante, a expedição do "termo de garantia", também ao prestador de serviços.

---

[82] Exemplo se tem em casos de televendas, que oferecem produtos "maravilhosos" para emagrecer. Verdadeiras aratacas que ainda não foram alcançadas pelas autoridades. Oferecem um corpo atlético ou escultural mediante simples contato com ondas magnéticas, etc. Enquanto os remédios são obrigados a advertir que, não obtendo resultado, o usuário deve procurar um médico, esses empresários milagrosos nem isso fazem.

[83] Sobre o tema: *arquivos paralelos*, sugiro a leitura do meu *Reabilitação Criminal*, precisamente na parte que ataco a questão dos antecedentes criminais.

[84] Na verdade, fatos recentes demonstram o uso dessa modalidade de imprensa para eleger algumas pessoas: "Bem, se está bom para ambas as partes!". Anteriormente tivemos o famigerado "Homem do Sapato Branco".

Essa forma de proteção respaldada pelo Direito Penal, pois a proteção de natureza civil nem sempre alcança os efeitos que dela se espera. Essa proteção ganha maiores contornos quando o empresário tem a seriedade tão distante da classe produtora nacional, principalmente. Em nossos dias tornou-se usual as montadoras virem a público comunicar vícios redibitórios de seus produtos e os reparos necessários. Questão de idoneidade. Enfim, o que deveria ser a regra se transforma em exceção digna de elogios.

7. Concluindo

Não creio ter esgotado o tema, tampouco este teria sido o escopo inicial deste trabalho, nem o espaço se presta a tanto. Visou-se principalmente chamar a atenção dos estudiosos, máxime os que se dedicam à rama penal, para alguns aspectos relevantes. E isso, parece-me, foi conseguido em seu nível mínimo. Penso que, a partir deste marco, será possível evoluir para o encontro de soluções para algumas situações ora aporéticas, ou mesmo não visualizadas pelos doutrinadores e legisladores.

Por enquanto, fica a convicção de que a solução para os casos de *omissão própria [ou pura]* é de fácil resolução. As coisas se complicam quando se adentra o campo lodoso das *omissões impróprias*, conhecidas doutrinariamente também por *crimes comissivos por omissão*. Até porque existem hipóteses não trabalhadas até agora, como é o caso daquele que o resultado é pretendido, e o agente, tendo o dever legal de evitar, não o faz, alimentando assim seus sentimentos egoísticos.

Muito há a ser feito. Espero, destarte, que alguém com mais engenho e arte prossiga. Uma coisa é absolutamente certa: algo precisa ser feito. Dei início, deixando consignada e registrada esta modesta colaboração, esperando confiante que outros continuem pesquisando e trazendo novas luzes e, no porvir, chegue-se à solução definitiva para a problemática da omissão no seio da Ciência Jurídica Penal e, conseqüentemente, alcance o Direito Penal.

BIBLIOGRAFIA

ALBERDI, Franciso Orts. *Delitos de Comisión por Omisión*, Ghelsi, Buenos Aires, 1979.

ALBOR, Agustin Fernandez. *Estudios Sobre Criminalidad Economica*, Bosch, Casa Editorial S.A. Barcelona, 1981.

Ordenações Filipinas, Fundação Calouste Gulbenkian, Lisboa.

ANCEL, Marc. *A Nova Defesa Social*, Forense, Rio, 1979.

ARISTÓTELES. *A Ética*, Edipro – Edições Profissionais – São Paulo. *Dos Argumentos Sofistas*, Victor Civita, Editor, 1979.

ARRUDA Jr., Edmundo Lima de. *Direito, Marxismo e Liberalismo*. Florianópolis, Cesusc, 2001.

BACIGALUPO, Enrique. *Manual de Derecho Penal*. Editorial Temis, Bogotá, 1983.

BARLEU, Gaspar. *História dos Feitos do Conde de Nassau.*

BARSA. Enciclopédia Britânica, 1964.

BATTAGLINI, Giulio. *Direito Penal*, Editora Saraiva, São Paulo, 1964, trad. P.J.Costa Jr.

BECCARIA, Cezare Bonesana. *Dos Delitos e das Penas*, Editora Hemus, Portugal, 1974.

BENITEZ, José Manuel Gomez. *Teoria Jurídica del Delito*, Civitas, Madrid, 1988.

BETIOLI, Antônio Bento. *Introdução ao Direito*, Letras & Letras, 5ª ed., 1995.

BITTAR, Eduardo Carlos Bianca. *Linguagem Jurídica*, Saraiva, 2001.

BOBBIO, Norberto. *A Era dos Direitos*, Editora Campus, Rio de Janeiro, 4ª ed., 1992.

BUSTOS, Juan Ramirez. *Manual de Derecho Penal*, PPU, 4ª ed. Barcelona, 1994.

CALAMANDREI, Piero. *Eles, os Juízes, Vistos por Nós, os Advogados*, Liv. Clássica de Lisboa, 1975.

CALMON, Pedro. *Curso de Direito Público*, 1972.

CANDAUDAP, Celestino. Port Petit. *Program de Derecho Penal*, Universidade Autônoma de México, 1968.

CANTU, Cesare. *História Universal*, Editora das Américas, São Paulo, 1947. [27 vols.]

CAPELLA, Juan-Ramon. *El Derecho Como Linguaje*, Ediciones Ariel, Barcelona, 1968.

CARCOVA, Carlos Maria. *A Opacidade do Direito*, Editora LTr, São Paulo, 1998.

CARNELUTTI, Francesco. *Teoria Geral do Direito*, Armênio Amado, Editor, Coimbra, 1942.

CARRARA, Francesco. *Programa de Direito Penal*, vols. 1 e 2, Saraiva, 1957.

CARVALHO, Américo Taipa. *Condicionamento Sócio-Cultural do Direito Penal*, Editor Armênio Amado, Coimbra, 1974.

CERNICCHIARO, Luiz Vicente. *Estrutura do Direito Penal*, José Bushatsky, Editor, 1974. *Dicionário de Direito Penal*, Bushatsky, 1976.

CANTÚ, Césare. *História Universal*, Editora das Américas, São Paulo, 1947.

COELHO, Luiz Fernando. *Lógica Jurídica e Interpretação das Leis*, Forense, Rio, 1979.

COPI, Irving M. *Introdução à Lógica*. Editora Mestre Jou, 1974.

CORREIA, Eduardo. *Direito Criminal*, Almedina, Coimbra, 1988.

COSTA, Álvaro Mayrink da. *Direito Penal*, Parte Geral, Forense, 3ª ed., 1991.

COSTA Jr., Paulo José. *Consideraciones Acerca de la Supra-Legalidad en el Derecho Penal*, Separata da publicação *Estudos Penales, Homenaje a J.Pereda,* S.J. Bilbao, 1965.

COSTA JR., Paulo José da e PEDRASE, Cesare. *Direito Penal Ecológico*, Forense Universitária, São Paulo / Rio, 1996. *Comentários ao Código de Direito Penal*, Saraiva, 2000.

DIAS, Jorge de Figueiredo. *Liberdade, Culpa, Direito Penal*, Coimbra Editora, Coimbra, 1976.

DIAZ, Gerardo Landrove. *Los Fraudes Colectivos*. Bosch Casa Editorial S.A., Barcelona, 1978.

Dicionários:

HOUAISS, MICHAELIS, SERGIO BUARQUE DE HOLANDA e Contemporâneo Delta,1958.

DINIZ, Maria Helena. *A Ciência Jurídica*, Ed. Resenha Universitária, São Paulo. *Conceito de Norma Jurídica como Problema de Essência*, RT, 1976.

DOHNA, Alexander Graf Zu. *La Estructura de la Teoria del Delito*, Ed. Abeledo-Perrot, Buenos Aires, 1958.

DORADO y MONTERO, Pedro de Garcia. *Bases para un Nuevo Derecho Penal*, Depalma, 1973. *El Derecho de los Criminales*. Reus, Madrid, 1915.

DUGÜIT, Léon. *Fundamentos do Direito*, Ícone Editora, São Paulo, 1996.

ENGISCH, Karl. *Introdução ao Pensamento Jurídico*, Editora da Fundação Calouste Gulbenkian, Lisboa, 1964.

FERREIRA, Manuel Cavaleiro De. *Direito Penal Português*, vols. I e II, Editora Verbo, Lisboa, 1982.

FERREIRA, Waldemar Martins. *A História do Direito Brasileiro*, Edição Própria.

FERRAZ JR., Tércio Sampaio. *Conceito de Sistema no Direito*, RT Editora, 1976. *Teoria da Norma Jurídica*, Forense, Rio/São Paulo, 1978.

FERRI, Enrico. *Princípios de Direito Criminal*, Boockseller, 2ª ed. Campinas, 1998.

FILOMENO, José Geraldo Brito. *Manual de Direitos do Consumidor*, Atlas, São Paulo, 1991.

FOUCAULT, Michel. *Vigiar e Punir, 1990.*

FRAGOSO, Heleno Cláudio. *Lições de Direito Penal*, Bushatsky, Editor, 7ª ed. São Paulo, 1985.

FRANCO, Alberto Silva. *Direito Penal e sua Interpretação Jurisprudencial*, RT, 5ª edição, 1997.

GARCIA, Basileu. *Instituições de Direito Penal* Tomo I, vol.I., Editora Max Limonad, 1972.

GASPARI, Elio. *A ditadura envergonhada* e *A ditadura escancarada*. São Paulo, Companhia das Letras, 2002.

GOULART, Enny. *A Individualização da Pena no Direito Brasileiro*, tese, 1970.

GRAMACHO, Gerardo. *La Acción en la Teoria del Derecho*, Astrea, Buenos Aires, 1975.

GRAMATICA, Filippo. *Princípios de Defensa Social*, Editorial Montecorvo, Madrid, 1974.

GRAU, Eros Roberto. *Direito, Conceitos e Normas Jurídicas*, Revista dos Tribunais Editora, 1988.

HART, Herbert L.A. *El Concepto de Derecho*, Editora Nacional, México - DF, 1961. Versão em português publicada pela Fundação Calouste Gulbenkian, 1994.

IHERING, Rudolf von. *A Luta Pelo Direito,* Editora Acadêmica, São Paulo, 1988.

JESCHECK, Hans-Heinrich. *Tratado de Derecho Penal*, vol. 1, Bosch, Barcelona, 1978.

JESUS, Damásio Evangelista de. *Direito Penal*, Parte Geral, Saraiva, 1991.

KANT, Emanuel. *Doutrina do Direito*, Ícone Editora, São Paulo, 1993.

KELSEN, Hans. *Teoria Pura do Direito*, 3ª edição, Armênio Amado, Editor, Coimbra, 1972.

KUNDERA, Milan. *A Insustentável Leveza do Ser*.

KUNZ, Josef L. *La Teoria Pura Del Derecho* [Cuatro Conferencias], Editora Nacional, México - DF 1974.

LEIRIA, Antônio José Fabrício. *Autoria e Participação Criminal*, Davidip, Editores, São Paulo, 1974.

LIONS, David. *Ética y Derecho*, Editorial Ariel S.A., Barcelona, 1986.

LISZT, Franz Von. *Tratado de Derecho Penal*, vol. II, Bosh Editorial, Barcelona, 1980.

LÍVIO, Tito. *História de Roma, Editora Paumape*, 1990 [6 vols.].

LUCCA, Newton De. *Direito do Consumidor*, Ed. Revista dos Tribunais, São Paulo, 1995.

LUISI, Luiz. *O Tipo Penal e a Teoria Finalista da Ação*, tese, Editora Fabri, 1975.

LUMIA, Giuseppe. *Principios de Teoria e Ideologia del Derecho*, Editorial Debate, Madrid, 1993.

LUNA, Everardo da Cunha. *Estrutura Jurídica do Crime*, Edição UFPE, 1970.

MACHADO, Raul. *A Culpa no Direito Penal*, edição não identificada, 1943.

MAGGIORE, Giuseppe. *Derecho Penal*, vol. II, Parte General, Temis. Bogotá, 1985.

MAINE, Henry Sumner. *El Derecho Antiguo*, Editorial Civita S.A., Madrid, 1993.

MANFREDI, Ulises Montoya. *Responsabilidad de los Directores de las S. As.*, Lima – Peru, 1977.

MARTINEZ, Rosario de Vicente. *Responsabilidad Penal del Funcionario por Delitos Contra el Medio Ambiente*. Publicação da Universidade Camplutense de Madrid, 1993.

MEZGER, Edmund. *Tratado de Derecho Penal*, Editorial Rev. de Derecho Privado, Madrid, 1933.

MONIZ SODRÉ, Antônio de Aragão. *As Três Escolas Penais*, Freitas Bastos, Rio de Janeiro, 1977.

MONTORO, André Franco. *Introdução à Ciência do Direito*, Livraria Martins Editora, São Paulo, 1970.

MUÑOZ-CONDE, Francisco. *Derecho Penal*, Tirant lo Branch, Valência, 1993.

NASCIMENTO, Edmundo Dantès. *Lógica Aplicada à Advocacia*, Saraiva, São Paulo, 1987.

NORONHA, Edgard Magalhães. *Direito Penal*, Saraiva, São Paulo, 1985.

NOVOA, Monreal. *Fundamientos de los Delitos de Omisión*, s/editor identificado, Buenos Aires, 1984.

PACHUKANIS, Evgeny B. *Teoria Geral do Direito e Marxismo*, Ed. Acadêmica, São Paulo, 1988.

PASOLD, Cesar Luiz. *Prática da Pesquisa Jurídica*, OAB/SC Editora, 4ª ed..

PEDRAZZI, Cesare e COSTA Jr., Paulo José. *Direito Penal Societário,* Malheiros Editores, São Paulo,1996.

PERELMAN, Chaïm. *Ética e Direito*, Martins Fontes, São Paulo, 1996.

PINHO, Ruy Rebello. *História do Direito Penal*: A Org. da Just., o *Processo* e o *D. Penal Brasil Holandês.*

POZO, Jose Hurtado. *Manual de Derecho Penal*, Parte General, EDDILI, Lima, 1987.

PRACIDO E SILVA. *Vocabulário Jurídico*, Forense, 1973.

PUIG, Santiago Mir. *Derecho Penal*, 3ª ed. PPU, Barcelona, 1990.

QUEIJO, Maria Elizabeth. *Revisão Criminal*, Malheiros, São Paulo, 1998.

―――――. *Comentários aos Crimes de Trânsito*, em co-autoria com prof. Paulo José da Costa Jr., Saraiva, 2ª edição, São Paulo, 2000.

―――――. *Os Crimes do Colarinho Branco*, em co-autoria com prof. Paulo José da Costa Jr. e Charles Machado, Saraiva, 2ª edição, São Paulo, 2002.

RABBRUCH, Gustav, *Derecho Injusto y Derecho Nulo*, Aguilar S.A., Madrid, 1971.

REALE, Miguel. *Teoria Tridimensional do Direito*, Saraiva, 4ª ed., 1986.

RECÁNSENS SICHES, Luis. *Tratado de Sociologia* [volumes 1 e 2], Editora Globo, 1965. *Nueva Filosofia de la Interpretación del Derecho,* Editorial Porrua, México, 1973.

RIGHI, Esteban. *Derecho Economico Comparado*, Editoriales de Derecho Reunias, Madrid, 1991.

RODA, Juan Córdoba. *Culpabilidad y Pena*, Casa Editorial Bosch, Barcelona, 1974.

ROMERO, Jorge Alberto. *Elementos de Direito Penal e Processual Penal*, Saraiva, 1978.

ROSS, Alf. *Sobre el Derecho y la Justicia*, Editorial Universitaria de Buenos Aires, 1977. *Logica de las Normas*, Edição apócrifa, Copenhague, 1967.

ROUSSEAU, Jean-Jacques. *O Contrato Social*, Editora Cultrix, 4ª edição. Idem Martins Fontes, 1996.

ROXIN, Claus. *Culpabilidad Y Prevención en Derecho Penal*, Editorial Reus, Madrid.

RUSSO, Eduardo Angel. *Vocabulario Logico*, Cooperadora de Derecho y Ciencias Sociales, 1972.

SALMON, Wesley C. – *Lógica*, Zahar Editores, 4ª edição, 1978.

SCHMIDT, Ebehard. *Derecho Injusto y Derecho Nulo*, Aguilar S.A., Madrid, 1971.

SOEBELMAN, Leib. *Enciclopédia do Advogado*, Editora Ria, 1976.

SOLER, Sebastian. *Derecho Penal Argentino*, Parte General, vols. I e II, T.E.A., Buenos Aires, 1951.

SOUSA, João Castro e. *As Pessoas Coletivas Em Face do Direito Criminal e do chamado 'Direito de Mera Ordenação Social'*, Coimbra Editora Limitada, Portugal, 1985.

SPINOZA. Benedictus de. *Tratado Político*, Ícone Editora, São Paulo, 1994.

STRATENWERTH, Günter. *Derecho Penal El Hecho Punible*, Parte General, EDERSA, Madrid, 1988.

STUCKA, Petr Ivanovich. *T.G.D. – Direito e Luta de Classes*, Editora Acadêmica, São Paulo, 1988.

TIEDELMANN, Klaus. *Poder Economico y Delito*, Ariel Derecho, Barcelona, 1985.

TOLEDO, Francisco de Assis. *O Erro no Direito Penal*, Saraiva, São Paulo, 1977.

THOMPSON, Augusto. *Escorço Histórico do Direito Criminal Luso-Brasileiro*, Rio de Janeiro, 1982.

TORRES, Douglas Dias. *O Fundamento Constitucional da Responsabilidade Penal Da Pessoa Jurídica*, Rev. da Faculdades Integradas de Guarulhos, nº 4, jan/jun 2001.

VILANOVA, Lourival. *Lógica Jurídica*, José Bushatsky, Editor, 1976. *As Estruturas Lógicas e o Sistema do Direito Positivo*. RT, 1977.

WELZEL, Hans, *Derecho Injusto y Derecho Nulo*, Aguilar S.A., Madrid, 1971.

Provo *Distribuidora e Gráfica*
Pabx: (011) 4178 05 22 fax ramal: 30
provografica.com.br